챗GPT와 엑셀로 만드는
주식 & 암호화폐 자동매매 시스템

챗GPT와 엑셀로 만드는 주식 & 암호화폐 자동매매 시스템

ⓒ 2025. 설근민 All rights reserved.

1판 1쇄 발행 2025년 8월 28일

지은이 설근민
펴낸이 장성두
펴낸곳 주식회사 제이펍

출판신고 2009년 11월 10일 제406-2009-000087호
주소 경기도 파주시 회동길 159 3층 / **전화** 070-8201-9010 / **팩스** 02-6280-0405
홈페이지 www.jpub.kr / **투고** submit@jpub.kr / **독자문의** help@jpub.kr / **교재문의** textbook@jpub.kr

소통기획부 김정준, 이상복, 안수정, 박재인, 박새미, 송영화, 김은미, 나준섭, 권유라
소통지원부 민지환, 이승환, 김정미, 박예은 / **디자인부** 이민숙, 최병찬

기획 및 진행 송영화 / **교정·교열** 김은미 / **표지 및 내지디자인** 이민숙 / **내지 편집** 남은순
용지 타라유통 / **인쇄** 해외정판사 / **제본** 일진제책사

ISBN 979-11-94587-58-3 (93000)
책값은 뒤표지에 있습니다.

※ 이 책은 저작권법에 따라 보호를 받는 저작물이므로 무단 전재와 무단 복제를 금지하며,
　이 책 내용의 전부 또는 일부를 이용하려면 반드시 저작권자와 제이펍의 서면 동의를 받아야 합니다.
※ 잘못된 책은 구입하신 서점에서 바꾸어드립니다.

제이펍은 여러분의 아이디어와 원고를 기다리고 있습니다. 책으로 펴내고자 하는 아이디어나 원고가 있는 분께 서는 책의 간단한 개요와 차례, 구성과 지은이/옮긴이 약력 등을 메일(submit@jpub.kr)로 보내주세요.

챗GPT와 엑셀로 만드는

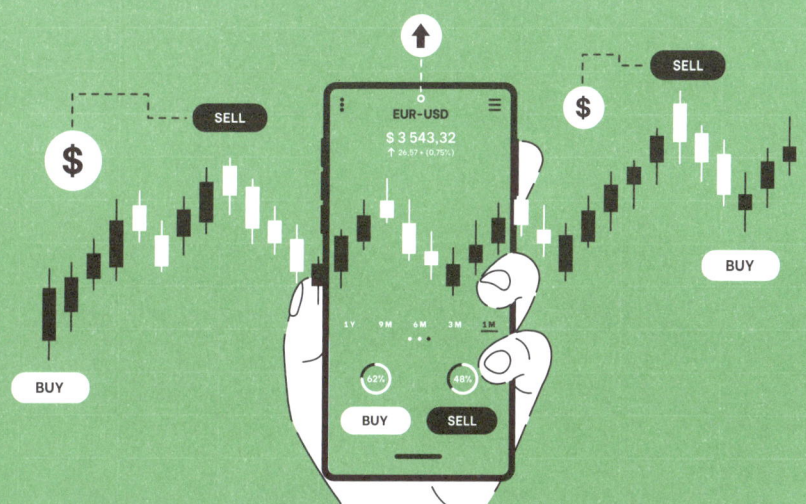

주식 & 암호화폐 자동매매 시스템

설근민 지음

jpub
제이펍

※ 드리는 말씀
- 이 책에 기재된 내용을 기반으로 한 운용 결과에 대해 지은이, 소프트웨어 개발자 및 제공자, 제이펍 출판사는 일체의 책임을 지지 않으므로 양해 바랍니다.
- 이 책에 등장하는 각 회사명, 제품명은 일반적으로 각 회사의 등록상표 또는 상표입니다. 본문 중에는 ™, ⓒ, ® 등의 기호를 생략했습니다.
- 이 책에서 소개한 URL 등은 시간이 지나면 변경될 수 있습니다.
- 독자의 이해를 돕기 위해 인공지능의 답변을 일부 교정 및 윤문하였습니다.
- 책의 내용과 관련된 문의사항은 지은이나 출판사로 연락해주시기를 바랍니다.
  - 지은이: https://cafe.naver.com/aiprograming
  - 출판사: help@jpub.kr

차 례

머리말 ... viii

CHAPTER 01 서론

1.1 엑셀과 금융 프로그래밍 ... 3
1.2 챗GPT로부터 얻을 수 있는 것들 ... 4
1.3 챗GPT와 결합한 엑셀 VBA 프로그래밍 ... 5

CHAPTER 02 생성형 AI 기술을 만나기 위한 준비

2.1 OpenAI 챗GPT 사용법 ... 10
2.2 구글 제미나이 사용법 ... 14
2.3 마이크로소프트 코파일럿 사용법 ... 16
2.4 앤트로픽 클로드 사용법 ... 19

트레이더 이야기 증권사 트레이딩 부서에서는 엑셀을 어떻게 사용하나요? 24

CHAPTER 03 엑셀 VBA 기초

3.1 엑셀 VBA 시작 ... 29
엑셀 VBA 설정하기 30 / 엑셀 VBA 첫 코드 작성 33

3.2 엑셀 VBA 기본 문법 ... 36
변수 선언과 데이터 타입 37 / 조건문 43 / 반복문 44
배열 45 / 서브루틴과 함수 46 / 주석 47

차 례 **V**

3.3 생성형 AI를 활용한 엑셀 VBA 프로그램 작성 48

　생성형 AI 질문법　52　/　챗GPT로 만들어보기　54
　제미나이로 만들어보기　57　/　코파일럿으로 만들어보기　60
　클로드로 만들어보기　63

3.4 엑셀 VBA 기초 프로그래밍 연습 1 67

3.5 엑셀 VBA 기초 프로그래밍 연습 2 72

(트레이더 이야기) 기존 엑셀과 비교해 VBA는 트레이딩에 얼마나 유용할까요?　78

CHAPTER 04 챗GPT와 엑셀을 활용한 데이터 수집

4.1 주식 데이터 API 셋업 84

4.2 주식 데이터 받아보기 88

4.3 암호화폐 API 셋업 101

4.4 암호화폐 데이터 받아보기 107

(트레이더 이야기) 파이썬과 VBA의 차이점은?　115

CHAPTER 05 챗GPT와 엑셀을 활용한 데이터 분석

5.1 챗GPT를 활용한 상관관계 분석 121

　주식 상관관계 분석　122　/　암호화폐 상관관계 분석　138

5.2 챗GPT를 활용한 기술적 지표 분석 147

　주식의 이동평균선 구현　149　/　주식의 MACD 구현　166
　암호화폐의 RSI 구현　185　/　암호화폐의 볼린저 밴드 구현　194

(트레이더 이야기) 증권사의 프런트, 미들, 백이란 무슨 뜻인가요?　200

CHAPTER 06 엑셀 VBA 실전 시스템 만들기

6.1 텔레그램 봇 구축하기 ... 207
텔레그램 봇 생성 방법 208 / 텔레그램 봇을 엑셀로 사용해보기 212

6.2 암호화폐 실시간 시세 전송 시스템 만들기 ... 215
비트코인의 실시간 시세 받아보기 216 / 실시간 시세를 텔레그램에 전송하기 224

6.3 주식 백테스트 시스템 만들기 ... 230
백테스트 전략 수립 232 / 백테스트 시스템 구현 234

트레이더 이야기 노코드와 엑셀, 그리고 챗GPT 244

CHAPTER 07 자동매매 시스템 만들기

7.1 증권사 API 사용 주문 테스트 ... 249

7.2 주식 자동매매 시스템 개발하기 ... 262
시스템 구현 목표 정하기 263 / 엑셀 UI 만들기 263
UI 연결을 포함한 챗GPT 질문 구성하기 264
챗GPT를 통해서 만든 코드 적용하기 268 / 만들어진 코드 실행해보기 273

7.3 암호화폐 API 사용 주문 테스트 ... 276

7.4 암호화폐 자동매매 시스템 개발하기 ... 282
시스템 구현 목표 정하기 282 / 엑셀 UI 만들기 283
UI 연결을 포함한 챗GPT 질문 구성하기 285
챗GPT를 통해서 만든 코드 적용하기 288 / 만들어진 코드 실행해보기 295

CHAPTER 08 맺음말

8.1 이 책을 통해서 얻은 것 ... 301
8.2 챗GPT와 엑셀 VBA를 활용한 금융 프로그래밍 ... 302

찾아보기 304

머리말

첫 번째 책 《챗GPT로 만드는 주식 & 암호화폐 자동매매 시스템》 출간 이후, 독자들과의 활발한 소통을 위해 온라인 카페를 운영하게 되었습니다. 놀랍게도 챗GPT와 코딩에 대한 대중의 관심은 저의 예상을 훌쩍 뛰어넘는 수준이었습니다. 단순한 호기심을 넘어, 직접 무언가를 만들고 적용하려는 열정을 지닌 많은 독자들과 만나면서 이 분야에 대한 갈증과 가능성을 동시에 확인할 수 있었습니다.

카페를 통해 받은 질문들은 초보자의 기초적인 궁금증부터 중급 이상의 기술적 고민까지 다양했습니다. 이 과정에서 한 가지 분명히 느낄 수 있었던 것은, 파이썬이라는 도구가 무척 강력하고 매력적인 언어임에도 불구하고 프로그래밍 입문자들에게는 진입 장벽이 꽤 높다는 점이었습니다. 특히 기존에 코딩 경험이 없던 분들에게는 환경 설정부터 코드 실행까지가 하나의 벽처럼 느껴졌을 것으로 생각합니다.

이러한 현실을 마주하면서 저는 보다 친숙한 도구를 활용해 챗GPT와 코딩의 세계를 연결해보면 어떨까 하는 고민을 하게 되었습니다. 그때 떠오른 도구가 바로 엑셀입니다. 많은 사람들이 이미 직장에서 혹은 일상적인 데이터 정리에 활용해본 경험이 있는 엑셀은 챗GPT가 만들어주는 코드와 매우 잘 어우러질 수 있는 훌륭한 매체였습니다. 특히 엑셀 VBA는 엑셀 사용자에게 있어 코딩이라는 장벽을 상대적으로 낮춰주는 다리 역할을 할 수 있다고 판단했습니다.

이번 책에 바로 그 의도를 녹여냈습니다. 엑셀 VBA를 활용하여 챗GPT와 함께 다양한 자동화 시스템을 만들어보는 실습 중심의 구성으로, 보다 많은 분들이 AI와 코딩의 세계에 자연스럽게 입문할 수 있도록 하였습니다. 예를 들어, 엑셀 시트에서 특정 직급만 검색해주는 '직급 검색기', 암호화폐 가격 정보를 불러와 자동매매 시스템을 구현해보는 실습, 주식 데이터로 백테스트를 해보는 프로그램 등 실용적인 예제를 실습 중심으로 구성하였고, 독자 여러분이 직접 따라 하며 결과물을 만들어볼 수 있도록 자세히 안내하였습니다.

또한 이번 책에서는 챗GPT 외에도 구글의 제미나이, 마이크로소프트의 코파일럿, 앤트로픽의 클로드 등 다양한 생성형 AI를 비교 분석하여, 어떤 도구가 어떤 상황에서 더 적합한지 직접 체험해볼 수 있는 기회를 제공합니다. 동일한 질문에 대해 각 AI가 제시하는 코드를 비교함으로써 AI 도구 선택의 기준도 스스로 마련할 수 있도록 했습니다.

전작 출간 이후 챗GPT는 정말 놀라운 속도로 발전해왔습니다. GPT-4의 등장은 챗GPT가 단순한 대화형 AI를 넘어, 맥락을 깊이 이해하고 고도화된 코드를 생성하는 수준으로 도약한 계기가 되었습니다. 최근 공개된 GPT-4o는 텍스트뿐 아니라 이미지와 음성까지 처리할 수 있는 모델로서, '엑셀 화면을 이미지로 보여주고 버튼 기능 코드를 요청하는 것'이 가능한 시대를 현실로 만들고 있습니다.

이 책은 그런 변화의 한가운데서 챗GPT와 같은 생성형 AI를 실생활에 어떻게 접목하고, 이를 통해 개인의 생산성과 창의성을 어떻게 확장할 수 있는지를 제시하고자 합니다. 챗GPT는 이미 단순한 도구를 넘어 인간과 협업하는 동료로 자리 잡아가고 있습니다. 이제 우리는 더 이상 코딩 문법 하나하나에 집착할 필요 없이, 무엇을 만들고 싶은가에 집중할 수 있는 시대에 진입했습니다.

자동차의 작동 원리를 몰라도 운전할 수 있는 것처럼, 챗GPT와 함께라면 복잡한 코딩을 몰라도 원하는 결과를 만들 수 있습니다. 이 책이 그런 '운전법'을 익히는 데 도움이 되기를 바랍니다. 독자 여러분이 챗GPT와 함께 더 창의적이고 자유로운 방식으로 자신의 아이디어를 실현해가는 데 이 책이 좋은 출발점이 되어주기를 진심으로 바랍니다.

설근민

- **1.1** 엑셀과 금융 프로그래밍
- **1.2** 챗GPT로부터 얻을 수 있는 것들
- **1.3** 챗GPT와 결합한 엑셀 VBA 프로그래밍

1.1 엑셀과 금융 프로그래밍

투자에 관심이 있는 사람들은 종종 고민에 빠지곤 합니다. '내가 설정한 기준에 부합하는 종목들을 빠르게 찾아내는 방법이 있으면 얼마나 편할까?', '시장에는 종목이 너무 많아서 찾기 힘든데 내 투자 전략에 따라 신호를 받아서 실시간으로 투자 결정을 할 수 있다면 얼마나 유용할까?'

금융시장에서는 매일 다양한 데이터가 생성되고, 주식이나 코인 투자를 하는 사람들은 이러한 데이터를 활용하여 최적의 투자 전략을 수립하고 실행하는 것이 중요합니다. 그러나 이것은 쉬운 일이 아닙니다. 기본적으로 종목 분석이 필요한데, 이 작업은 대부분 많은 시간과 노력을 요구합니다. 특히 직장 생활을 하고 있는 사람들은 시간을 절약하는 것이 중요한데, 온종일 금융시장을 모니터링하는 것은 현실적으로 어려울 수밖에 없습니다.

이 책은 챗GPT(ChatGPT)를 활용한 엑셀 금융 프로그래밍을 통해 이러한 고민을 해결하는 방법을 제시하고자 합니다. 엑셀을 이용하여 데이터를 수집하고 분석하며, 금융 프로그래밍을 활용하여 자동화된 투자 전략을 구현하는 방법을 제시합니다. 다시 말해 코딩에 익숙하지 않은 이들에게 효율적인 투자를 할 수 있는 도구를 제공하고, 이미 코딩을 할 줄 아는 사람들에게는 창의성을 발휘할 수 있는 새로운 영역을 소개하고자 합니다. 모쪼록 이 책을 충분히 활용하여 투자에 대한 접근성을 높이고 더 나은 투자 결과를 얻을 수 있기를 바랍니다.

1.2 챗GPT로부터 얻을 수 있는 것들

챗GPT는 대화형 인공지능 모델로, OpenAI에서 개발한 GPT_Generative Pre-trained Transformer_ 모델의 한 변형입니다. 이 모델은 대량의 텍스트 데이터를 학습하여 문맥을 이해하고 자연스러운 문장을 생성할 수 있습니다. 챗GPT는 인공지능의 활용 영역을 넘어 대화와 번역을 비롯한 다양한 작업에서 활용할 수 있습니다. 하지만 챗GPT가 어떻게 코딩을 하는지 의문을 가질 수 있습니다. 코딩은 주로 프로그래밍 언어를 사용하여 인터넷에서 오픈된 소스를 활용하고 오류를 수정하는 과정을 포함합니다. 여기서 챗GPT는 온라인상의 데이터를 수집하고 코딩 작업을 빠르게 학습하여 결과물을 출력할 수 있는 능력을 갖추고 있습니다.

이러한 능력을 활용하면 챗GPT를 사용한 **엑셀 VBA** 프로그래밍을 통해 데이터를 수집하고 분석하는 과정을 자동화할 수 있습니다. 챗GPT는 수많은 데이터를 분석하고 코딩 작업을 수행함으로써 투자 전략을 구현하는 데 도움을 줄 수 있습니다. 이 기능을 잘 활용하면 사용자는 효율적인 투자 전략을 신속하게 구현할 수 있을 것입니다.

챗GPT의 진화는 긍정적인 시각과 부정적인 시각이 공존하는 논란을 일으키고 있습니다. 그러나 모든 일에는 명과 암이 존재하게 마련입니다. 챗GPT의 발전이 우리에게 새로운 기회를 제공한다는 것은 부정할 수 없는 사실입니다. 더 나은 선택을 할 수 있는 도구로 챗GPT를 적극적으로 활용하면 보다 나은 미래를 만들어갈 수 있을 것입니다. 이 책이 챗GPT를 활용하여 엑셀과 금융 프로그래밍을 익히는 데 도움이 되기를 바랍니다.

1.3 챗GPT와 결합한 엑셀 VBA 프로그래밍

이 책은 챗GPT를 활용하여 금융 데이터의 수집과 분석, 그리고 자신의 니즈와 전략을 반영한 시스템 및 UI 생성 방법에 대해 다룹니다. 엑셀 VBA를 기본 언어로 삼아 엑셀 VBA를 처음 접하는 분들도 쉽게 따라 할 수 있도록 설치 방법부터 자세히 설명합니다. 코딩에 대한 디테일한 지식 전달보다는 데이터를 얻고, 원하는 전략을 구현하는 것을 목표로 삼고 있습니다.

챗GPT를 활용하면 그림 1-1, 그림 1-2와 같은 결과물을 만들 수 있습니다.

	A	B	C	D	E	F	G	H	I	J	K	L	M	N	O
1	일자	종가	20일 이동평균	60일 이동평균	120일 이동평균	MACD	Signal		진입일자	진입가	청산일자	청산가	청산 수익률		총 수익률
2	2022-08-22	60000							2023-04-07	65000	2023-05-19	68400	5.23%		7.45%
3	2022-08-23	59100							2023-05-24	68500	2023-05-30	72300	5.55%		
4	2022-08-24	59000							2023-06-02	72200	2023-08-04	68300	-5.40%		
5	2022-08-25	59700							2023-12-20	74800	2024-01-02	79600	6.42%		
6	2022-08-26	60000							2024-01-05	76600	2024-01-16	72600	-5.22%		
7	2022-08-29	58600							2024-02-02	75200	2024-03-21	79300	5.45%		
8	2022-08-30	58800							2024-03-26	79900	2024-04-02	85000	6.38%		
9	2022-08-31	59700							2024-04-05	84500	2024-04-16	80000	-5.33%		
10	2022-09-01	58400							2024-05-08	81300	2024-05-24	75900	-6.64%		
11	2022-09-02	57500							2024-07-02	81800	2024-07-05	87100	6.48%		
12	2022-09-05	57100							2024-07-10	87800	2024-07-22	83000	-5.47%		
13	2022-09-06	57100													
143	2023-03-17	61300	60815	60705	59700	-443.806621	-414.195269								
144	2023-03-20	60200	60695	60731.66667	59747.5	-427.143913	-416.784998								
145	2023-03-21	60300	60575	60770	59800.83333	-401.244139	-413.676826								
146	2023-03-22	61100	60525	60803.33333	59858.33333	-312.562047	-393.45387								
147	2023-03-23	62300	60585	60873.33333	59936.66667	-143.793319	-343.52176								

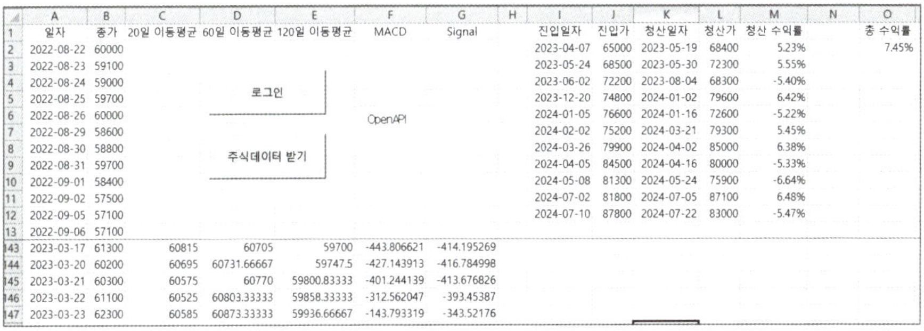

그림 1-1 **주식 백테스트 시스템 화면**

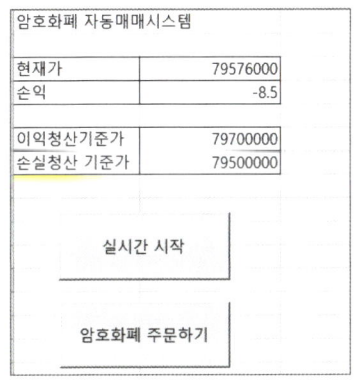

그림 1-2 **암호화폐 자동매매 시스템 화면**

이 책은 코딩을 할 줄 모르는 독자들도 쉽게 따라 할 수 있도록 구성되어 있습니다. 챗GPT를 활용하여 클릭 한 번으로 각종 금융 데이터를 분석하고 추천해주는 프로그램을 만들어보는 과정을 안내합니다. 챗GPT를 사용하면 복잡한 데이터 수집과 분석 작업을 간편하게 수행할 수 있습니다. 엑셀은 데이터를 수집하고 분석하는 과정을 자동화하는 데 유용한 프로그램입니다. 이 책을 통해 엑셀과 챗GPT를 연계하여 활용하는 방법을 익힘으로써 프로그래밍에 대한 접근성을 높이고 창의성을 발휘하는 데 집중할 수 있습니다.

이 책은 코딩을 할 줄 아는 독자들에게도 새로운 시각을 제시합니다. 챗GPT를 통해 어떻게 자신의 생각을 빠르고 효율적으로 구현할 수 있는지를 보여줌으로써 프로그램을 작성하기 위한 코딩에 에너지를 쏟는 것보다 본인의 창의성에 집중하는 것이 더욱 중요하다는 점을 강조합니다.

그럼 이제부터 챗GPT를 활용하여 엑셀과 금융 프로그래밍의 세계로 들어가보도록 하겠습니다!

생성형 AI 기술을
만나기 위한 준비

- **2.1** OpenAI 챗GPT 사용법
- **2.2** 구글 제미나이 사용법
- **2.3** 마이크로소프트 코파일럿 사용법
- **2.4** 앤트로픽 클로드 사용법

생성형 AI를 활용한 엑셀 VBA 프로그래밍을 시작하기 전에 몇 가지 준비 과정을 거쳐야 합니다. 이 책은 OpenAI의 챗GPT를 기반으로 설명할 예정이지만, 유명한 다른 생성형 AI와 비교 분석해보는 것 또한 의미가 있다고 생각합니다. 따라서 먼저 OpenAI의 **챗GPT**, 구글의 **제미나이**Gemini, 마이크로소프트의 **코파일럿**Copilot, 앤트로픽의 **클로드**Claude를 살펴보려고 합니다. 챗GPT, 제미나이, 코파일럿, 클로드는 각각 다른 회사가 개발한 인공지능 기술이며, 자연어 처리와 프로그래밍 지원을 위한 다양한 기능을 제공합니다. 네 가지 생성형 AI 모두 계속 업데이트가 이루어지고 있는데, 표 2-1은 지금까지 공개된 정보를 바탕으로 비교 분석하여 나타낸 것입니다.

표 2-1 생성형 AI 서비스 비교

	OpenAI 챗GPT	구글 제미나이	마이크로소프트 코파일럿	앤트로픽 클로드
출시 시기	2022년 11월	2023년 10월	2023년 10월	2023년 3월
이용료	• GPT-3.5, GPT-4o(사용 횟수 제한) 무료 • GPT-4, 4o, 4o mini, o1, o1-mini는 월 20달러	• 제미나이는 무료 • 제미나이 울트라는 월 20달러	• 기본적으로 무료 • MS 오피스 365 제품에서 사용할 시 구독 이용료 발생	• 기본적으로 무료 • 클로드 프로는 월 20달러
장점	창의적 텍스트 생성 능력, 다양한 언어 지원	사실 정보 기반 텍스트 생성, 빠른 응답 속도	코드 작성, 수정 자동화에 강점	큰 맥락을 처리하는 능력이 우수하고 다국어 처리에 강점
단점	사실 오류 및 편향된 정보 생성 가능성, 느린 속도	창의적인 텍스트 생성 능력은 챗GPT보다 부족	창의적인 코딩 능력이 챗GPT보다 부족	실시간 검색 기능이 없어 최신 데이터 기반 처리 불가

2.1 OpenAI 챗GPT 사용법

챗GPT는 무료 버전과 유료 버전으로 나뉘어 있습니다. 집필하는 시점인 2024년 12월을 기준으로 보면, OpenAI에 가입하면 누구나 무료로 GPT-4o를 사용할 수 있습니다. 물론 무료인 만큼 사용 횟수에 제한이 있으며 초과하면 GPT-4o mini로 자동 전환이 이루어집니다. 또한 월간 20달러의 이용료를 지불하면 GPT-4, 4o, 4o mini, o1, o1-mini 등의 니즈에 맞는 다양한 GPT 모델을 이용할 수 있습니다.

이 책에서는 기본적으로 무료 버전의 GPT를 사용하며, 중요한 코드 부분에서는 GPT-4를 활용했습니다. 이는 챗GPT가 생성하는 코드의 정확도 측면에서 GPT-4가 뛰어나기 때문입니다. 물론 좀 더 최신 모델이면서 속도의 측면에서 많이 개선된 GPT-4o를 써도 좋습니다. 하지만 무료 버전에서는 사용 횟수의 제한이 있으므로 독자 여러분들도 이 책을 읽는 동안 유료 버전의 모델을 사용하는 것을 고려해보시기 바랍니다.

표 2-2는 OpenAI에서 제공하는 다양한 최신 GPT 모델을 비교, 설명한 것입니다.

표 2-2 다양한 GPT 모델에 대한 비교

모델명	주요 특징	적합한 사용 사례
GPT-3.5	• 일반적인 언어 이해와 생성 능력 • 짧은 문맥 처리에 효율적 • 일상적인 대화, 정보 검색에 적합	• 일상 대화 • 간단한 정보 검색 • 기본적인 콘텐츠 생성
GPT-4	• 고급 언어 이해와 생성 능력 • 긴 문맥 처리 가능 • 복잡한 문제 해결에 탁월 • 높은 정확도와 안정성	• 연구 논문 작성 • 기술 문서 작성 • 복잡한 데이터 분석
GPT-4o	• 멀티모달 처리 지원: 텍스트, 이미지, 오디오 등 • GPT-4 대비 2배 빠른 속도와 절반의 비용 • 다양한 언어와 시각적 데이터 처리에 강점	• 이미지 분석과 생성 • 오디오 데이터 처리 • 다국어 텍스트 생성과 이해

표 2-2 다양한 GPT 모델에 대한 비교(계속)

모델명	주요 특징	적합한 사용 사례
GPT-4o mini	• GPT-4o의 경량화 버전 • 빠른 응답 속도와 비용 효율성 • 기본적인 텍스트 및 이미지 작업에 적합	• 실시간 응답이 필요한 애플리케이션 • 모바일 환경에서의 데이터 처리 • 소규모 프로젝트나 개인용 애플리케이션
o1	• 심층 추론 능력 강화 • 과학, 수학, 코딩 등 복잡한 문제 해결에 특화 • 자체 검토 기능으로 높은 정확도 제공	• 복잡한 과학적 문제 해결 • 고급 코딩과 디버깅 • 수학적 문제 풀이와 분석
o1 mini	• o1의 경량화 버전 • 빠른 응답과 효율적인 리소스 활용 • 간단한 작업, 실시간 응답에 최적화	• 실시간 응답이 필요한 애플리케이션 • 모바일 환경에서의 AI 통합 • 간단한 코딩과 디버깅 작업

표 2-2를 살펴보면 독자분들의 니즈에 따라 다양한 버전을 사용할 수 있다는 것을 알 수 있습니다. o1 모델도 코딩 관련 능력은 뛰어나므로 유료 버전을 사용하는 분은 병행해서 사용해도 문제가 없을 것입니다.

챗GPT를 사용하기 위해서는 우선 OpenAI의 홈페이지에 접속하여 가입해야 합니다.

01 https://chat.openai.com/auth/login 주소로 갑니다.

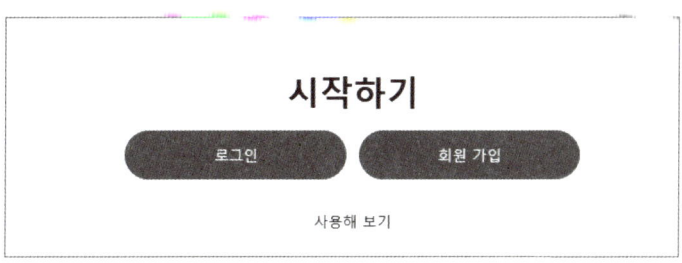

그림 2-1 챗GPT 로그인 화면

02 [회원 가입] 버튼을 누르고 가입을 합니다. 이메일로 가입해도 무방합니다만 보통 구글 계정으로 가입하면 사용하기 편합니다.

03 가입을 완료한 후 로그인하면 그림 2-2와 같은 화면이 나옵니다.

그림 2-2 챗GPT 사용자 화면

04 아래쪽의 메시지 입력 창에 '안녕하세요'를 쓰고 엔터키를 누르면 그림 2-3과 같이 대답합니다.

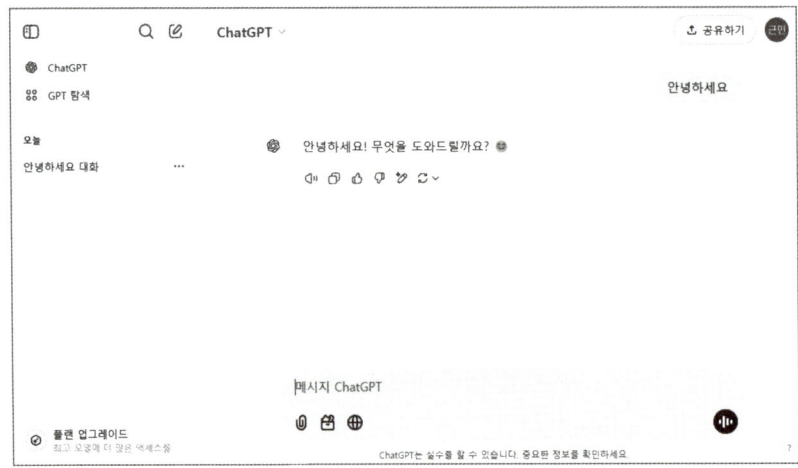

그림 2-3 챗GPT 기본 대화 화면

05 만약 GPT-4 이용을 위한 유료 플랜을 사용한다면, 그림 2-4와 같이 챗GPT 버전을 변경할 수 있는 화면이 나옵니다.

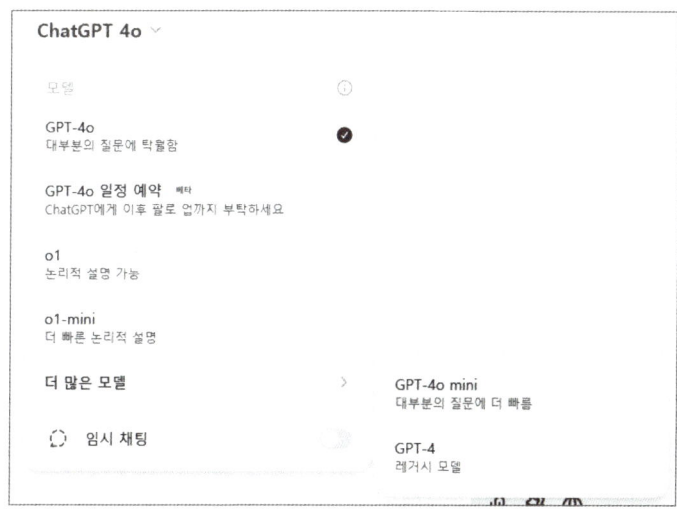

그림 2-4 **챗GPT의 버전 선택 화면**

이 책에서는 무료 버전에서도 사용할 수 있도록 챗GPT 모델을 적절히 분배하여 실습하겠습니다.

여기서 우리가 꼭 알아야 할 것은 챗GPT는 같은 질문이라도 매번 다양한 관점과 정보를 기반으로 다른 답변을 생성한다는 점입니다. 그 이유는 챗GPT가 다양한 텍스트 데이터를 학습하여 여러 가지 해석과 정보를 포함하고 있는 상태에서, 이 중 하나를 확률적으로 선택하기 때문에 동일한 질문에도 다양한 답변을 내보내는 것입니다. 따라서 이 책과 똑같은 질문을 하였는데 다른 답이 나온다고 당황하지 말기 바랍니다. 질문을 명확히 구성하는 능력만 보유하면 원하는 답변을 얻을 수 있고, 답변이 약간 미흡하다 하더라도 챗GPT와 대화를 나누며 수정해나가다 보면 최종 목표에 도달할 수 있습니다.

2.2 구글 제미나이 사용법

제미나이는 구글 AI에서 개발한 최신 대형 언어 모델large language model, LLM로서 이전 명칭은 바드Bard입니다. 주요 특징과 기능은 다음과 같습니다.

1. **속도와 정확성**: 제미나이는 빠른 반응과 정확한 답변으로 유명합니다. 다양한 쿼리를 빠르고 효율적으로 처리하도록 설계되었습니다.
2. **구글 서비스와의 통합**: 제미나이의 주요 강점 중 하나는 구글 워크스페이스Workspace, 구글 맵Maps, 구글 플라이트Flights, 구글 호텔Hotels 등과 같은 구글 생태계와의 원활한 통합입니다.
3. **다양한 형식의 입력 지원**: 텍스트뿐만 아니라 음성, 이미지, 동영상 등 다양한 형식의 입력을 이해하고 처리할 수 있습니다.
4. **시각적 기능**: 제미나이는 경쟁 제품보다 시각적 요소를 더 많이 포함하고 있으며, 이미지 생성 기능과 구글 렌즈Lens를 통한 사진 업로드 기능을 제공합니다.
5. **확장 기능 및 플러그인**: 카약KAYAK, 오픈테이블OpenTable, 인스타카트Instacart, 울프럼 알파Wolfram Alpha 등의 플러그인 기능을 제공하여 간단한 채팅 응답을 넘어서는 기능을 제공합니다.
6. **구독 모델**: 제미나이 울트라ultra라는 고급 버전은 구글 원One AI 프리미엄 플랜의 일부로, 월 약 20달러의 비용을 지불하면 2TB의 클라우드 저장 공간을 사용할 수 있습니다.
7. **내용 및 요약 능력**: 제미나이는 특히 사실 기반의 쿼리에 대한 간결한 요약과 정확한 답변을 제공하는 데 뛰어납니다. 텍스트와 이미지, 그리고 비디오까지 결합하여 이해하는 기능을 통해 보다 포괄적인 응답을 제공합니다.

구글 제미나이를 사용하기 위해서는 우선 제미나이 홈페이지에 접속하여 가입해야 합니다.

01 https://gemini.google.com/ 주소로 갑니다.

그림 2-5 **제미나이 로그인 화면**

02 [로그인] 버튼을 클릭합니다. 혹시 가입이 되어 있지 않으면 먼저 가입부터 합니다. 보통 구글 계정으로 가입하면 사용하기 편합니다.

03 가입 완료 후 로그인하면 그림 2-6과 같은 화면이 나옵니다.

그림 2-6 **제미나이 시작 화면**

04 그림 2-6의 프롬프트 입력 창에 '안녕하세요'를 쓰고 엔터키를 누르면 그림 2-7과 같이 대답합니다.

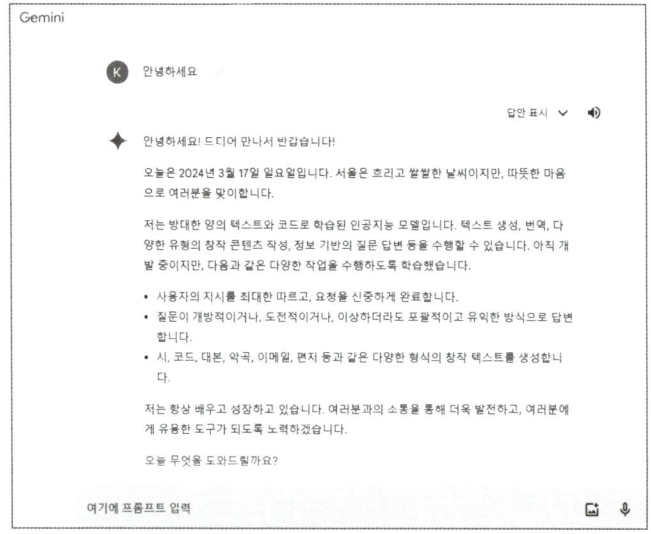

그림 2-7 제미나이 실행 화면

2.3 마이크로소프트 코파일럿 사용법

코파일럿은 마이크로소프트의 AI 기반 생산성 도구로, 대형 언어 모델, 마이크로소프트 그래프Graph 내의 콘텐츠, 그리고 일상적으로 사용하는 마이크로소프트 365 앱(예: 워드Word, 엑셀Excel, 파워포인트PowerPoint, 아웃룩Outlook, 팀스Teams 등)을 조율하여 실시간 지능형 지원을 제공합니다. 이를 통해 사용자는 창의성, 생산성 및 기술을 향상시킬 수 있습니다. 2022년 6월에 처음 공개되었으며, 깃허브GitHub 코파일럿이라는 이름으로 베타 버전을 선보였습니다. 2023년 10월에는 마이크로소프트 365 제품군에 통합되어 출시되었습니다.

MS 코파일럿에서 제공하는 기능

1. **코드 자동 완성**: 코드를 작성하는 동안 다음 단어나 문장을 자동으로 완성해줍니다.
2. **코드 생성**: 간단한 설명을 기반으로 코드를 자동으로 생성합니다.
3. **코드 수정**: 코드의 버그를 찾고 수정하는 데 도움을 줍니다.
4. **코드 리뷰**: 코드를 검토하고 개선할 수 있는 제안을 제공합니다.
5. **코드 설명**: 코드의 기능을 설명하는 텍스트를 자동으로 생성합니다.

MS 코파일럿의 주요 특징

1. **AI 기반**: AI 기술을 기반으로 코드를 분석하고 이해하며, 사용자에게 적절한 코드를 제안합니다.
2. **실시간 지원**: 코딩 작업을 하는 동안 실시간으로 지원을 제공합니다.
3. **사용 편의성**: 사용하기 쉽고 직관적인 인터페이스를 제공합니다.
4. **다양한 언어 지원**: C++, 파이썬Python, 자바스크립트JavaScript, 타입스크립트TypeScript, 자바Java 등 다양한 프로그래밍 언어를 지원합니다.

MS 코파일럿의 활용 분야

1. **소프트웨어 개발**: 소프트웨어 개발자의 생산성을 향상시키고, 개발 시간을 단축하는 데 활용할 수 있습니다.
2. **교육**: 프로그래밍을 배우는 학생들에게 코드 작성 방법을 알려주고, 코딩 실력을 향상시키는 데 사용할 수 있습니다.
3. **데이터 과학**: 데이터 분석과 머신러닝 작업을 수행하는 데 활용할 수 있습니다.

MS의 코파일럿은 MS 오피스 365 제품군(엑셀, 워드 등)이나 빙Bing 검색 엔진 등 여러 가지 방식으로 활용할 수 있습니다. 이 책에서는 다음과 같은 방법으로 이용하고자 합니다.

01 https://copilot.microsoft.com/ 주소로 갑니다.

그림 2-8 코파일럿 로그인 화면

02 MS 계정이 없으면 가입부터 하고 [로그인] 버튼을 클릭합니다.

03 가입을 완료하고 로그인하면 그림 2-9와 같은 화면이 나옵니다.

그림 2-9 코파일럿 시작 화면

04 그림 2-9 아래쪽의 입력 창에 '안녕하세요'를 쓰고 엔터키를 누르면 그림 2-10과 같이 대답합니다.

그림 2-10 코파일럿 실행 화면

2.4 앤트로픽 클로드 사용법

클로드는 최신 대화형 AI 모델로, 다양한 비즈니스와 개인 작업에 활용할 수 있습니다. 클로드는 윤리적이고 안전한 AI 응답을 목표로 설계되었으며, 복잡한 작업을 처리하는 데 강점을 가지고 있습니다. 클로드는 특히 복잡한 데이터 분석, 창의적 작업, 법률 문서 처리 등에서 뛰어난 성능을 발휘하며, 강력한 윤리적 AI 설계를 바탕으로 안전하게 사용할 수 있는 도구입니다.

클로드의 특징

1. **성능과 안전성**: 복잡한 추론 작업, 창의적 글쓰기, 다국어 번역 등의 작업에서 우수한 성능을 발휘합니다. 안전한 AI 출력을 목표로 하는 클로드는 실수를 줄이고 사용자에게 유용하고 해롭지 않은 답변을 제공합니다.

2. **모델 버전**: 다양한 사용 시나리오에 맞게 선택할 수 있습니다.
   - 클로드 3 소네트Sonnet: 속도와 성능의 균형을 맞춘 모델로, 실시간 의사 결정과 같은 비즈니스 업무에 적합합니다.
   - 클로드 3 오푸스Opus: 복잡한 분석과 전략적 문제 해결에 뛰어난 모델입니다.
   - 클로드 3 하이쿠Haiku: 가볍고 빠른 응답을 제공하는 저가 모델로, 대규모 작업에 적합합니다.

3. **다국어 지원**: 실시간 다국어 번역과 문맥 이해를 처리할 수 있으며, 특히 법률, 비즈니스 분석과 같은 기술적 작업에 강점을 보입니다.

4. **이미지 및 텍스트 처리**: 이미지 분석과 텍스트 변환 작업을 지원하여, 복합적인 입력에 대응할 수 있습니다.

5. **구독 모델**
   - 무료 플랜: 클로드 소네트 모델을 무료로 사용할 수 있으며, 사용량에 제한이 있습니다.
   - 프로Pro 플랜: 월 17달러(2025년 8월 기준)의 구독료로 오푸스 모델과 우선 사용권을 제공받을 수 있습니다.
   - 팀Team 플랜: 월 25달러(2025년 8월 기준)로 더 높은 사용량과 협업 기능을 제공합니다.

이제 클로드를 사용하는 방법을 알아보도록 하겠습니다.

01 https://claude.ai/ 주소로 갑니다.

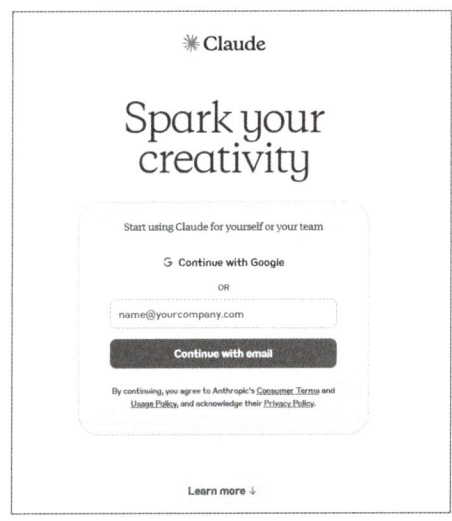

그림 2-11 클로드 로그인 화면

02 이메일 주소를 입력한 후 [Continue with email] 버튼을 클릭하면 그림 2-12와 같은 화면이 나타납니다. 해당 사이트의 절차대로 진행하여 그림 2-12의 [Enter verification code]에 메일로 수신한 코드를 입력하면 신규 가입이 됩니다.

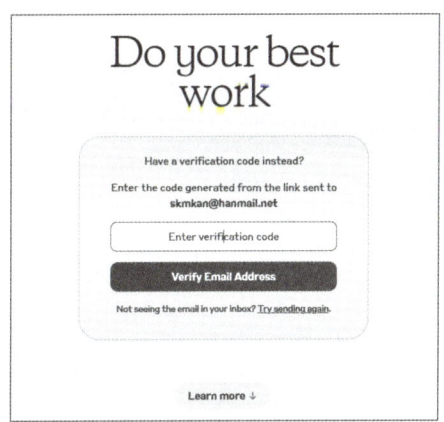

그림 2-12 클로드 가입 화면

03 가입을 완료하면 그림 2-13과 같은 화면이 나옵니다. 여기에 적당한 이름을 입력해줍니다.

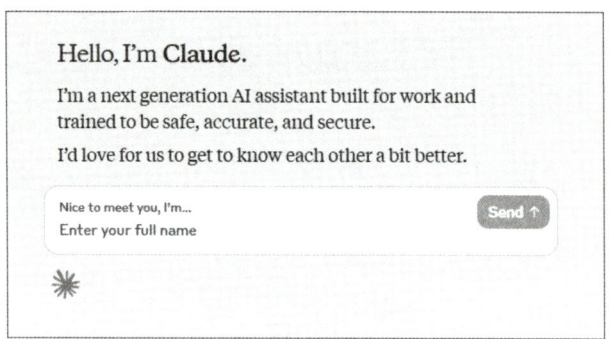

그림 2-13 클로드 첫 시작 화면

04 이름을 넣고 해당 사이트에서 필요로 하는 동의 절차를 마치고 나면 그림 2-14와 같이 입력 창이 나타날 것입니다.

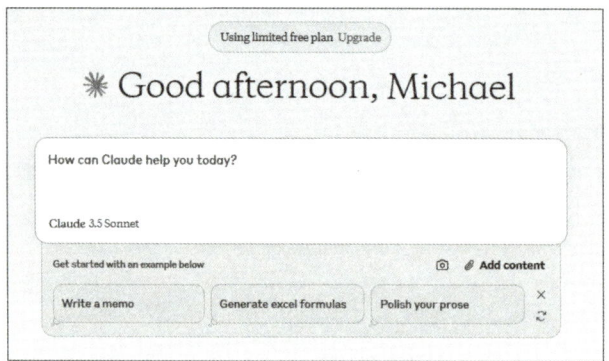

그림 2-14 클로드 시작 화면

05 그림 2-14의 입력 창에 '안녕하세요'를 입력하고 엔터키를 누르면 그림 2-15와 같은 답변을 볼 수 있습니다.

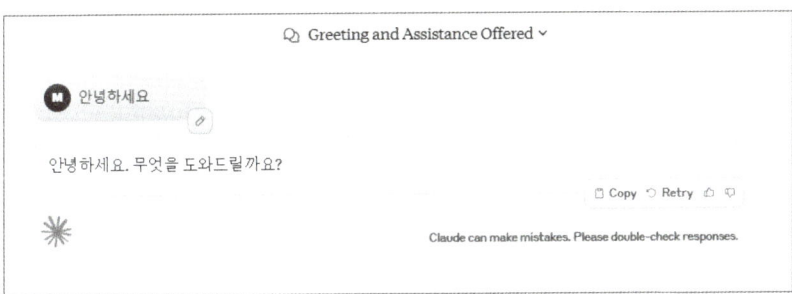

그림 2-15 클로드 실행 화면

> **트레이더 이야기**

증권사 트레이딩 부서에서는 엑셀을 어떻게 사용하나요?

요즘 증권사 트레이딩 부서에서는 고도의 시스템을 활용해서 트레이딩을 하는 경우가 늘어나고 있습니다. 흔히 알고리즘 트레이딩이라 불리는 영역에서는 시스템 구축이 필수적이고, 초빈도 매매라고 불리는 전략에서도 빠르고 우수한 시스템을 필요로 합니다. 따라서 다양한 프로그래밍 언어를 사용해서 해당 시스템을 구축하는 역량이 점차 중요해지고 있습니다.

그렇다면 이런 첨단 기술과 시스템을 활용하는 트레이더들이 엑셀을 얼마나 사용할까요? 의외로 엑셀은 증권사 트레이딩 부서에서 중요한 도구로 자리 잡고 있습니다. 특히 엑셀 VBA(Visual Basic for Applications)는 단순히 데이터를 정리하는 수준을 넘어 손익 관리, 리스크 관리, 그리고 심지어 트레이딩 시스템 구축에도 사용됩니다.

1. 손익 관리: 거래의 성과를 바로바로 확인하다

트레이더들이 하루에도 수십, 수백 번씩 거래를 하는 바쁜 환경에서는 모든 거래의 손익을 즉시 파악하는 것이 매우 중요합니다. 엑셀은 이 작업에 있어서 가장 기본적이고 효율적인 도구입니다. 일일 거래 내역을 정리하고, 거래별 손익과 포트폴리오 성과를 분석하는 데 매우 유용합니다. 특히 엑셀 VBA를 활용한 각종 표와 수식을 활용하면 다양한 각도에서 데이터를 시각화하고 분석하는 작업이 가능하므로 단순한 데이터 정리를 넘어선 통찰력을 얻을 수 있습니다.

2. 리스크 관리: 눈에 보이지 않는 위험을 측정하다

트레이딩에서는 시장 리스크와 신용 리스크, 그리고 유동성 리스크 등을 체계적으로 관리하는 것이 필수입니다. 이러한 리스크를 측정하고 시뮬레이션을 통해 관리 전략을 수립하는 데 엑셀을 활용합니다. 예를 들어 엑셀 VBA를 통해 시장의 변동성을 계산하거나 특정 포트폴리오의 잠재적인 손실을 예측하는 작업을 자동화할 수 있습니다.

이는 단순히 데이터를 계산하는 수준을 넘어, 빠르게 변화하는 시장 상황에서 신속히 대응할 수 있도록 돕는 중요한 기능입니다.

3. 트레이딩 시스템: 엑셀로 나만의 전략을 실행하다

엑셀은 단순한 데이터 분석 도구를 넘어 간단한 트레이딩 시스템을 구축하는 데도 활용할 수 있습니다. 예를 들어 특정 조건을 만족하는 매매 신호가 발생했을 때 이를 자동으로 실행하는 시스템을 엑셀 VBA로 구현할 수 있습니다. 증권사 자체적으로 제공하는 API와 엑셀을 연동하면 각종 금융 상품의 주문을 자동화하는 것도 가능합니다. 이를 통해 트레이더는 1초라도 더 빠르게, 더 좋은 가격으로 거래를 실행할 수 있습니다.

이처럼 증권사 트레이딩 부서에서 엑셀 VBA는 단순히 데이터 관리 도구를 넘어 중요한 전략 도구로 자리매김하고 있습니다. 경험과 직관이 중요했던 트레이딩 환경이 변화하면서, 이제는 기술과 데이터 분석 능력이 점점 더 중요한 요소로 부상하고 있습니다.

엑셀을 활용할 수 있는 능력은 이미 금융권에서 필수적인 역량 중 하나로 자리 잡았습니다. 엑셀로 데이터를 분석하고 전략을 구현할 수 있는 능력은 단순히 트레이더가 시장을 이해하고 대응하는 데 그치지 않고, 자신만의 경쟁력을 강화하는 도구가 되고 있습니다.

앞으로도 금융권에서 엑셀과 같은 기본 도구와 코딩 능력을 결합하여 더 정교한 트레이딩 전략과 시스템을 구현하려는 시도는 계속될 것입니다. 이는 단순히 도구를 배우는 것을 넘어, 데이터를 통해 시장을 읽고, 자신의 전략을 검증하며, 나아가 트레이딩의 미래를 선도하는 중요한 무기가 될 것입니다.

엑셀 VBA 기초

- **3.1** 엑셀 VBA 시작
- **3.2** 엑셀 VBA 기본 문법
- **3.3** 생성형 AI를 활용한 엑셀 VBA 프로그램 작성
- **3.4** 엑셀 VBA 기초 프로그래밍 연습 1
- **3.5** 엑셀 VBA 기초 프로그래밍 연습 2

엑셀 VBA는 엑셀에서 매크로를 만들고 실행하는 프로그래밍 언어입니다. 매크로는 반복적인 작업을 자동화하고 엑셀 기능을 확장하는 데 사용할 수 있습니다. VBA는 마이크로소프트에서 제공하는 프로그래밍 언어입니다. VBA는 엑셀뿐만 아니라 워드, 파워포인트, 액세스Access 등 다른 마이크로소프트 오피스 프로그램에서도 사용할 수 있습니다. VBA를 사용하면 엑셀의 기능을 확장하고 사용자 지정 기능을 추가할 수 있습니다.

원래 윈도우Windows가 등장하기 전에 베이직Basic이라는 프로그래밍 언어가 있었는데, 이것을 마이크로소프트에서 윈도우 애플리케이션 개발에 적합하게 만든 언어가 **비주얼 베이직**Visual Basic, VB입니다. VB는 그 후 VB.NET이라는 언어로 발전하였으며, 그중 마이크로소프트 오피스 제품에 커스터마이징되어 있는 언어를 특별히 VBA라고 부릅니다. 문법은 VB와 같습니다. 즉, 엑셀 VBA는 엑셀 사용자가 간단한 작업부터 복잡한 데이터 분석, 자동화 작업까지 다양한 작업을 수행할 수 있도록 도와주는 강력한 도구입니다.

이제 엑셀 VBA의 세계로 본격적으로 들어가보겠습니다.

 엑셀 VBA 시작

이 책을 활용하려면 당연히 여러분의 PC에 마이크로소프트 오피스와 엑셀이 설치되어 있어야 합니다. 사실 버전에는 그게 상관이 없기만 최소한 엑셀 2007, 혹은 그 이후 버전을 사용하시는 것을 추천합니다. 이 책에서는 엑셀 2021 버전을 기준으로 설명하겠습니다. 다른 버전 또한 이 책에서 설명하는 화면과 거의 흡사하므로 따라 하는 데 크게 불편함은 없을 것입니다.

엑셀 VBA 설정하기

먼저 엑셀을 실행하면 그림 3-1과 같은 화면이 나올 것입니다.

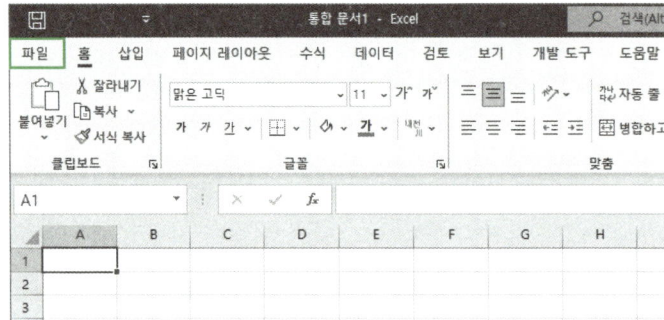

그림 3-1 엑셀 실행 화면

그림 3-1 화면에서 [파일]을 클릭하면 그림 3-2와 같은 화면이 나옵니다.

그림 3-2 엑셀 '파일' 메뉴

그림 3-2에서 [옵션]을 클릭하면 그림 3-3과 같이 [Excel 옵션] 화면이 나옵니다.

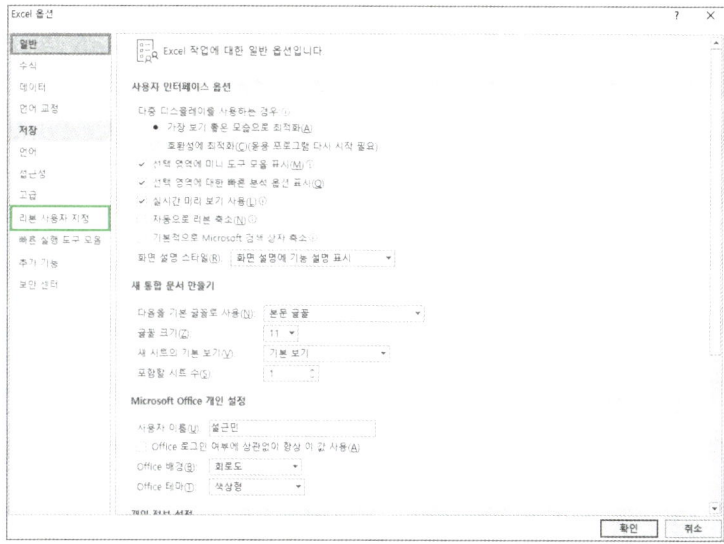

그림 3-3 Excel 옵션 화면

그림 3-3의 화면에서 [리본 사용자 지정]을 선택하면 그림 3-4의 화면이 나옵니다.

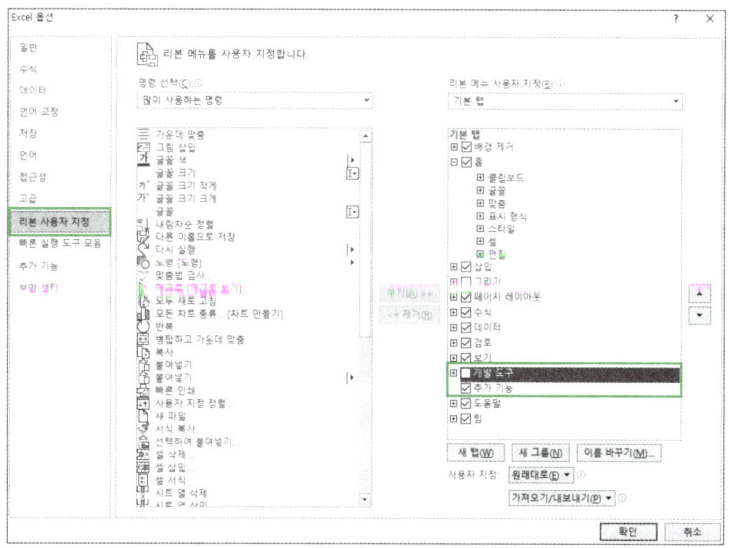

그림 3-4 리본 사용자 지정 화면

'개발 도구' 탭을 사용하기 위해 그림 3-4에서 [개발 도구]에 체크를 하고 [확인] 버튼을 눌러줍니다. 그러면 다시 원래의 엑셀 화면으로 넘어가는데 그림 3-5와 같이 위쪽 탭을 보면 '개발 도구'가 생긴 것을 확인할 수 있습니다.

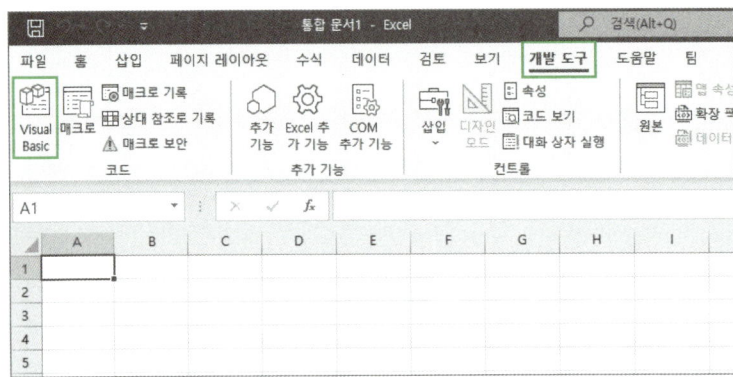

그림 3-5 엑셀 메뉴에 '개발 도구'가 나타난 화면

그림 3-5의 왼쪽 첫 번째 하위 탭인 [Visual Basic]을 클릭하면 드디어 그림 3-6과 같은 VBA 편집기가 등장합니다. 여기서 여러분은 엑셀 VBA 코딩을 할 수 있습니다.

그림 3-6 VBA 편집기 화면

엑셀 VBA 첫 코드 작성

간단한 예시로 첫 번째 시트인 Sheet1에 버튼을 추가하고 그 버튼을 클릭하면 A1 셀에 '안녕하세요'를 호출하는 것을 만들어보겠습니다. 다시 엑셀 화면으로 돌아가서 개발 도구의 하위 탭인 [삽입]을 클릭합니다.

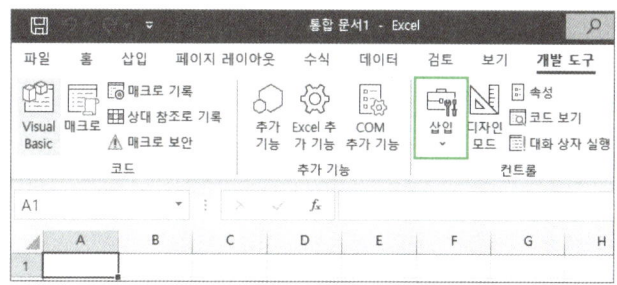

그림 3-7 개발 도구 탭의 '삽입' 클릭하기

그림 3-8의 하위 메뉴에서 ActiveX 컨트롤의 [명령 단추]를 클릭합니다.

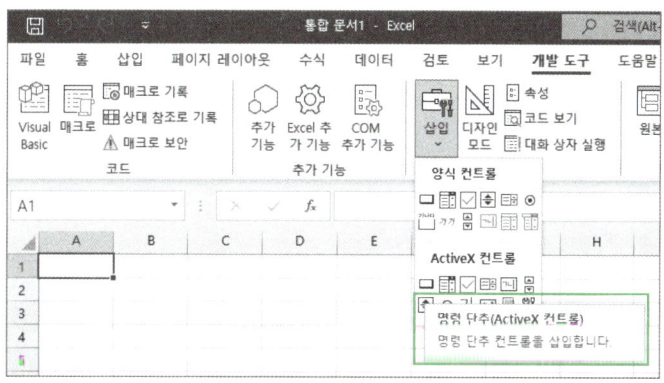

그림 3-8 명령 단추 선택하기

이제 드래그하여 버튼을 만들 수 있습니다. 원하는 크기로 드래그를 하면 그림 3-9와 같이 그 크기로 버튼이 만들어집니다.

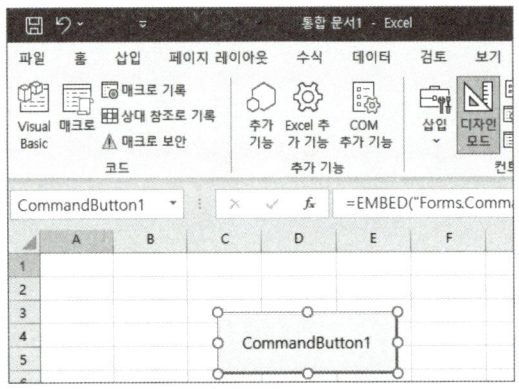

그림 3-9 명령 단추를 넣은 화면

[CommandButton1]이 생겼습니다. 이 버튼을 더블클릭하면 그림 3-10과 같이 VBA 편집기로 다시 돌아가 버튼을 클릭했을 때 실행 코드를 작성할 수 있게 기본 코드를 만들어줍니다.

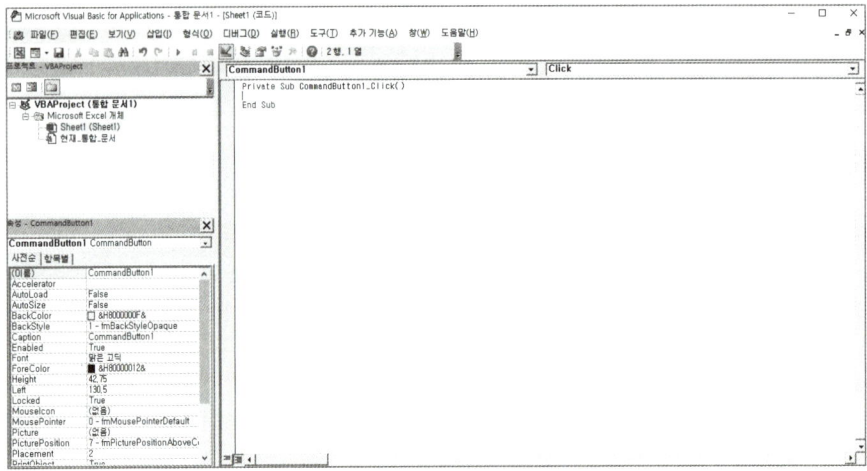

그림 3-10 VBA 편집기에 명령 단추 코드 입력

이제 여기에 '안녕하세요'를 출력하는 코드를 다음과 같이 추가해보겠습니다.

```
Sheet1.Cells(1, 1) = "안녕하세요"
```

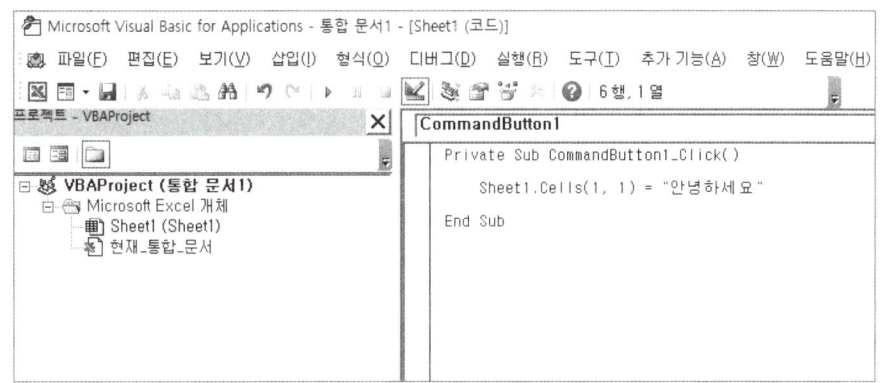

그림 3-11 VBA 편집기에 코드 입력 모습

Sheet1의 1행 1열의 셀, 즉 A1셀에 '안녕하세요'를 입력하라는 간단한 코드입니다.

엑셀 화면으로 돌아가 버튼을 클릭해보면 그림 3-12와 같이 A1셀에 '안녕하세요'가 제대로 출력되는 것을 확인할 수 있습니다. 이때 혹시 제대로 실행이 되지 않으면 [디자인 모드]가 선택되어 있는 상태가 아닌지 확인 바랍니다.

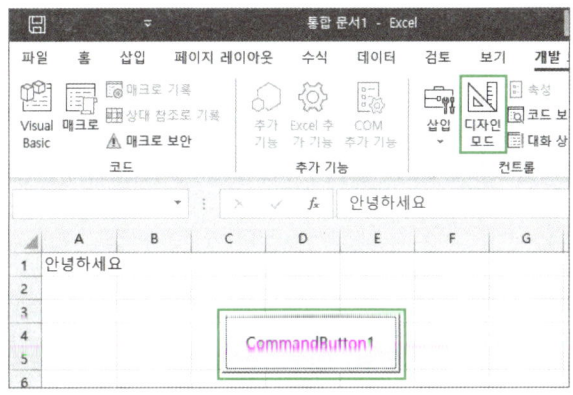

그림 3-12 명령 단추를 클릭하면 A1셀에 '안녕하세요'가 입력됩니다.

그리고 이 엑셀 VBA 파일은 반드시 xlsm 형태로 저장해야 다시 엑셀 파일을 실행시킬 때 코드가 제대로 작동한다는 것을 주의해야 합니다. 엑셀의 [파일] → [다른 이름으로 저장] → [이 PC (더블클릭)]를 차례로 눌러 그림 3-13이 나오면 파일 형식에

3.1 엑셀 VBA 시작 35

서 'Excel 매크로 사용 통합 문서'를 선택하고 원하는 파일명(여기서는 Test)을 입력하면 `xlsm` 형태로 저장할 수 있습니다.

그림 3-13 파일 형식은 xlsm으로 저장합니다.

지금까지 엑셀 VBA의 기본적인 사용법을 살펴보았습니다. 이어서 엑셀 VBA의 기본 문법을 알아보도록 하겠습니다.

3.2 엑셀 VBA 기본 문법

이번 절에서는 엑셀 VBA에 대한 기본 문법을 짚고 넘어가도록 하겠습니다. 이 책은 챗GPT를 활용하여 엑셀 VBA 프로그래밍을 하는 것에 중점을 둘 것입니다. 따라서 상세한 문법보다는 여러분들이 최소한 이 정도는 아는 것이 좋겠다고 생각하는 부분으로 구성하겠습니다. 엑셀 VBA 문법에 대한 보다 상세한 설명이 필요하다면 인터넷 자료와 함께 심화 서적도 참조해보시는 것을 추천드립니다.

변수 선언과 데이터 타입

엑셀 VBA에서 변수는 프로그래밍에서 데이터를 저장하고 참조하기 위해 사용하는 공간 또는 컨테이너입니다. 간단히 말해 변수를 통해 특정값을 프로그램에 담아두고, 필요할 때 그 값을 꺼내 사용하거나 변경할 수 있습니다. 엑셀 VBA에서 변수는 데이터를 효율적으로 처리하고, 코드의 가독성을 높이며, 유지 보수를 용이하게 해줍니다. 컴퓨터가 메모리 공간을 최적화하고 프로그램의 성능을 향상시키기 위해 변수를 선언할 때에는 데이터가 어떤 종류인지를 미리 지정하는 것이 중요합니다. 예를 들어 숫자만 저장하는 변수는 숫자형 데이터 타입으로 선언하고, 문자를 다루기 위해서는 문자열 데이터 타입을 사용합니다. 또한, 실수형 데이터 타입은 소수점을 포함한 숫자 처리가 가능하여 계산의 정밀도를 높일 수 있습니다. 이처럼 변수는 코드 내에서 데이터를 저장하고 사용할 수 있는 중요한 역할을 하며, 프로그래밍의 기본 요소 중 하나로서 효율적인 데이터 처리를 돕습니다. 따라서 엑셀 VBA에서 변수를 선언하는 것은 매우 중요한 부분입니다.

그럼 이 변수 선언에 대해서 알아보겠습니다.

1 변수 선언 방법

- **키워드 사용**: Dim, Private, Public 등의 키워드를 사용하여 변수를 선언합니다.
    - **Dim**(Dimension): 지역변수 선언에 사용, 해당 프로시저 내에서만 유효합니다.
    - **Private**: 모듈 내에서만 사용할 수 있는 변수를 선언합니다. 모듈 수준에서 선언되며, 해당 모듈 내의 모든 프로시저에서 사용할 수 있습니다.
    - **Public**: 프로젝트의 모든 부분에서 사용할 수 있는 전역변수를 선언합니다.
- **변수 이름 지정 방법**: 변수에는 유의미하고 목적을 잘 나타내는 이름을 부여해야 합니다.
- **데이터 타입 지정**: 변수에 저장될 데이터의 유형을 지정할 수 있습니다.
    - 예: Integer, String, Double, Boolean, Variant 등

지역변수, 전역변수, 모듈, 프로시저, 프로젝트란 무엇인가요?

1. **지역변수(local variable)**
   - 정의: 프로시저(함수나 서브루틴) 내부에서만 선언되고 사용하는 변수입니다.
   - 범위: 해당 프로시저 내에서만 접근 및 수정이 가능합니다. 다른 프로시저에서는 사용할 수 없습니다.
   - 생명주기: 프로시저가 실행될 때 생성되고, 프로시저 실행이 종료되면 소멸합니다.
   - 선언 예시

   ```
   Sub ExampleProcedure()
       Dim localVariable As Integer    ' 지역변수 선언
       localVariable = 5
   End Sub
   ```

2. **전역변수(global variable)**
   - 정의: 모든 프로시저 및 함수에서 접근하고 수정할 수 있는 변수입니다.
   - 범위: 전체 VBA 프로젝트 내 어디서든 사용할 수 있습니다.
   - 생명주기: 프로젝트가 실행될 때 생성되고, 프로젝트가 종료되면 소멸합니다.
   - 선언 방법: 모듈의 시작 부분에 Public 키워드를 사용하여 선언합니다.
   - 선언 예시

   ```
   Public globalVariable As Integer    ' 전역변수 선언
   ```

3. **모듈(module)**
   - 정의: VBA 코드를 담고 있는 컨테이너로, 서브루틴(subroutines), 함수(function), 변수, 상수 등을 포함할 수 있습니다.
     - 코드의 집중: 관련된 코드와 함수를 하나의 모듈에 집중시켜 구성하고 관리할 수 있으며 재사용이 용이합니다.
     - 접근성: 모듈 수준에서 선언된 변수와 상수는 해당 모듈 내의 모든 프로시저에서 접근할 수 있습니다.
     - 코드의 분리: 프로젝트 내에서 다양한 기능을 분리하여 관리하는 것이 가능하므로 코드의 가독성과 유지 보수성이 향상됩니다.
     - 모듈 추가: VBA 편집기에서 삽입 메뉴를 통해 새 모듈을 추가할 수 있습니다.
     - 코드 정리: 관련 코드를 기능별로 모듈에 구분하여 저장함으로써 프로젝트의 구조를 깔끔하게 유지할 수 있습니다.

• 예시

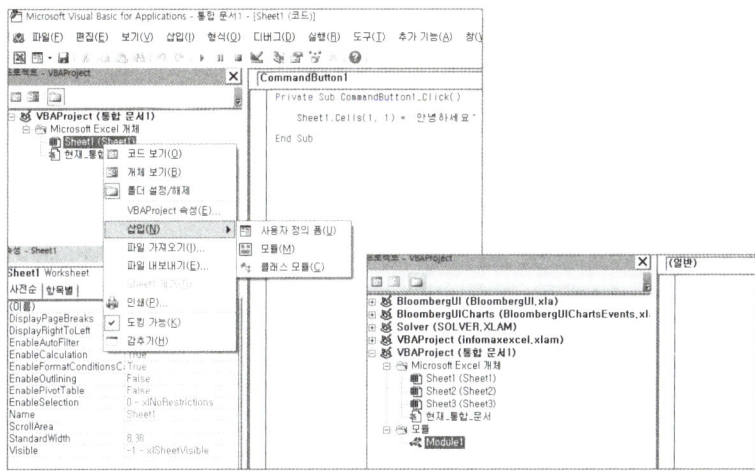

그림 3-14   그림 3-15

4 **프로시저(procedure)**
   • 정의: VBA 코드의 한 블록으로, 특정 작업을 수행합니다. 서브 프로시저와 함수 프로시저 두 가지 유형이 있습니다.
   • 사용: 프로시저 내에서 특정 작업을 수행하고 필요에 따라 값을 반환(return)합니다.
   • 예시

   ```
   Sub ExampleSub()      ' 서브 프로시저
       ' 코드 블록
   End Sub

   Function ExampleFunction() As Integer    ' 함수 프로시저
       ' 코드 블록
       ExampleFunction = 5
   End Function
   ```

5 **프로젝트(project)**
   • 정의: VBA 프로젝트는 모든 코드 모듈, 클래스, 사용자 폼 등을 포함하는 컨테이너입니다.
   • 사용: 프로젝트는 엑셀 워크북에 연결되어 있으며, 프로젝트 내의 모든 모듈과 코드는 해당 워크북에 적용됩니다.
   • 특징: 한 워크북 내에서 작성된 VBA 코드는 다른 워크북과 독립적입니다.

2 변수 선언 예시

다음과 같이 다양한 데이터 타입의 변수를 선언할 수 있습니다. 여기서 작은따옴표 (')는 이 뒤의 코드를 무시하라는 주석 명령어입니다. 뒤에서 다시 설명하겠습니다.

```
Dim count As Integer         ' 정수형 변수 count 선언
Dim userName As String       ' 문자열형 변수 userName 선언
Dim totalSales As Double     ' 실수형 변수 totalSales 선언
Dim isCompleted As Boolean    ' 불형 변수 isCompleted 선언
Private totalScore As Long    ' 모듈 내부에서만 사용되는 Long 타입 변수
Public currentDate As Date    ' 모든 모듈에서 접근 가능한 Date 타입 변수
```

3 데이터 타입에 따른 변수 선언

데이터 타입이란 변수에 저장할 데이터의 종류를 의미합니다. 데이터 타입을 지정하면, 변수에 저장할 수 있는 값의 형태와 메모리 사용 방식이 결정됩니다. 다양한 데이터 타입은 VBA가 각 데이터의 특성에 맞게 메모리 공간을 효율적으로 할당하고, 프로그램이 더 빠르고 정확하게 작동하도록 돕습니다.

주요 데이터 타입은 다음과 같습니다.

1. **정수형**

   정숫값을 저장하는 데 사용됩니다.

   예: 1, 100, -10

   메모리를 절약하고, 범위 내 정수를 빠르게 처리할 때 유용합니다.

2. **긴 정수형**

   더 큰 범위의 정숫값을 저장할 수 있습니다.

   예: 1000000, -50000

   주로 대규모 정수 연산에 유리합니다.

- **정수형**(Integer, Long): 정수 형태의 데이터로 변수 선언 방법은 다음과 같습니다.

```
Dim age As Integer
Dim population As Long
```

3. **단정도 실수형**

    소수점을 포함한 숫자를 저장합니다.

    예: 3.14, -1.2

    적은 메모리를 사용하면서도 실수 연산이 필요한 경우 유용합니다.

4. **배정도 실수형**

    소수점을 포함한 정밀한 실수를 저장할 수 있습니다.

    예: 123.456789, -0.000001

    복잡한 수학 연산이나 높은 정밀도의 계산이 필요할 때 사용합니다.

    - **실수형**(Single, Double): 실수 형태의 데이터로 변수 선언 방법은 다음과 같습니다.

    ```
    Dim temperature As Single
    Dim distance As Double
    ```

5. **문자열**

    문자나 텍스트를 저장합니다.

    예: "Hello", "VBA"

    문자, 단어, 문장 등을 처리하는 데 필요합니다.

    - **문자열**(String): 문자 형태의 데이터로 변수 선언 방법은 다음과 같습니다.

    ```
    Dim firstName As String
    Dim address As String
    ```

6. 불형

참(True) 또는 거짓(False)값만 저장합니다. 논리적인 조건을 다룰 때 사용합니다.

- **불형(Boolean)**: 참과 거짓을 나타내는 불리언 형태의 데이터로 변수 선언 방법은 다음과 같습니다.

```
Dim isActive As Boolean
Dim isFound As Boolean
```

7. 변형형

모든 데이터 타입을 저장할 수 있습니다. 단, 메모리 사용량이 높고 속도가 느리므로 필요한 경우에만 사용합니다.

- **변형형(Variant)**: 모든 유형의 데이터를 저장할 수 있으나 메모리와 성능 측면에서 비효율적일 수 있습니다. 변수 선언 방법은 다음과 같습니다.

```
Dim anything As Variant
```

4 변수 선언의 중요성

- **타입 안정성**: 명시적 데이터 타입 선언을 통해 프로그램의 정확성과 안정성을 높일 수 있습니다.
- **메모리 효율성**: 적절한 데이터 타입을 사용하면 메모리 사용을 최적화할 수 있습니다.
- **코드 가독성**: 명확한 변수 이름과 데이터 타입은 코드의 가독성을 향상시킵니다.
- **오류 방지**: 데이터 타입이 명확하면 예상치 못한 타입 변환으로 인한 오류를 줄일 수 있습니다.

VBA에서 변수 선언은 코드의 효율성과 정확성을 위한 필수적인 단계입니다. 이를 잘 활용하면 강력하고 안정적인 엑셀 자동화 스크립트를 작성할 수 있습니다.

조건문

엑셀 VBA에서 **조건문**은 특정 조건에 따라 코드의 실행 흐름을 제어하는 중요한 구문입니다. 조건문을 통해 다양한 상황에 맞게 프로그램이 다르게 동작하도록 할 수 있습니다.

VBA에서 주로 사용하는 조건문은 `If...Then...Else` 문이며, 이 외에도 `Select Case` 구문을 사용합니다. `If...Then...Else` 문은 조건을 검사하고, 조건이 참(True)이면 특정 코드를 실행하며, 거짓(False)이면 다른 코드를 실행하도록 합니다. `Select Case` 구문은 여러 개의 값을 비교해야 할 때 `If...Then...Else` 문보다 깔끔하게 코드를 작성할 수 있습니다. 조건이 하나의 변수나 표현식에 대한 여러 값 중 하나일 때 유용합니다.

다음과 같이 간단한 예시를 소개하고, 뒤에서 보다 자세한 경우를 다루어보도록 하겠습니다.

1 If...Then...Else

조건에 따라 다른 코드를 실행합니다.

```
If temperature > 30 Then
    MsgBox "It's hot!"
ElseIf temperature > 20 Then
    MsgBox "It's warm."
Else
    MsgBox "It's cold!"
End If
```

위의 코드는 정해진 조건인 `temperature`가 30보다 크면 `It's hot!`이라는 메시지 박스를 출력하고 20보다 크면 `It's warm`, 그것도 아니면 `It's cold!`를 출력하는 예시입니다.

2 Select Case

여러 조건을 검사합니다.

```
Select Case dayOfWeek
    Case 1
        dayName = "Sunday"
    Case 2
        dayName = "Monday"
    ' ...
    Case 7
        dayName = "Saturday"
    Case Else
        dayName = "Invalid day"
End Select
```

위의 코드는 케이스에 따른 조건을 검사하여 **dayName**이라는 변수에 날짜를 지정하는 예시입니다. 1일 때는 **Sunday**, 2일 때는 **Monday** 등의 값을 변수로 받습니다.

반복문

엑셀 VBA에서 **반복문**은 특정 작업을 여러 번 반복해서 수행할 때 사용합니다. 반복문을 사용하면 동일한 코드의 실행을 자동화함으로써 효율적이고 간결하게 코드를 작성할 수 있습니다. VBA에서는 주로 `For...Next` 반복문과 `Do...Loop` 반복문을 사용합니다. `For...Next` 반복문은 지정한 횟수만큼 반복할 때 사용합니다. 시작값과 종료값을 지정하여, 해당 범위 내에서 변수를 증가시키거나 감소시키며 반복할 수 있습니다. `Do...Loop` 반복문은 조건을 만족할 때까지 또는 특정 조건이 될 때까지 반복하는 구조입니다. `Do While` 또는 `Do Until`을 사용하여 조건을 설정할 수 있으며, 조건을 반복의 시작 또는 끝에 위치시킬 수 있습니다.

각 경우에 대해서 다음 예시를 살펴보도록 하겠습니다.

1 For...Next

정해진 횟수만큼 반복합니다.

```
Dim sum As Integer
sum = 0
For i = 1 To 10
    sum = sum + i
Next i
MsgBox sum
```

위의 코드는 1부터 10까지 순차적으로 반복하면서 더하여 전체 합을 메시지 박스로 출력해주는 코드의 예시입니다.

2 Do...Loop

조건에 따라 반복합니다.

```
Dim count As Integer
count = 1
Do While count <= 5
    MsgBox "Count is " & count
    count = count + 1
Loop
```

위의 코드는 **count**가 5보다 작을 때까지 반복하면서 **count**에 1씩 더해주는 것을 반복하는 코드의 예시입니다.

배열

엑셀 VBA의 **배열**은 동일한 유형의 데이터를 하나의 이름으로 묶어 관리하는 효율적인 방법입니다. 예를 들어 여러 숫자나 문자열을 각각의 변수에 저장하는 대신 배열을 사용하면, 하나의 이름으로 여러 값을 저장하고 접근할 수 있습니다. 배열을 사용하면 데이터를 더 체계적이고 효율적으로 관리할 수 있으며, 코드를 간결하게 작성할 수 있습니다.

다음과 같이 배열을 선언할 수 있습니다.

> 예: `Dim days(7) As String` 'days라는 배열을 만들어 월요일부터 일요일까지 넣을 수 있도록 함

연관된 데이터를 그룹화하여 저장합니다.

```
Dim fruits(3) As String
fruits(0) = "Apple"
fruits(1) = "Banana"
fruits(2) = "Cherry"
```

위의 코드는 `fruits`라는 배열을 만들어 첫 번째 `fruits`에는 `Apple`, 두 번째 `ftuits`에는 `Banana`를 순차적으로 넣어주는 코드의 예시입니다.

서브루틴과 함수

엑셀 VBA에서 **서브루틴**subroutine과 **함수**function는 특정 작업을 수행하는 코드 블록을 정의하는 방법입니다. 서브루틴과 함수를 적절히 활용하면 코드의 반복을 줄이고 유지 보수가 쉬워 프로그래밍의 효율성과 가독성을 크게 높일 수 있습니다. 서브루틴(줄여서 서브)은 특정 작업을 수행하기 위해 작성하는 코드 블록입니다. 서브루틴은 반환값이 없으며, 호출 시 지정된 작업을 실행합니다. 주로 데이터 처리, 메시지 표시, 셀값을 변경하는 등의 작업을 수행할 때 사용합니다. 함수는 서브루틴과 유사하게 특정 작업을 수행하지만, 반환값이 있습니다. 함수는 작업을 수행하고, 그 결과를 반환하여 다른 코드에서 사용할 수 있도록 합니다. 엑셀의 기본 함수(`SUM`, `AVERAGE` 등)처럼 VBA에서 직접 함수를 만들어 사용할 수 있습니다.

아래의 예시를 통해 자세히 살펴보겠습니다.

1 서브 프로시저

값을 반환하지 않는 코드 블록입니다.

```
Sub ShowWelcomeMessage()
    MsgBox "Welcome to VBA Programming!"
End Sub
```

그냥 메시지 박스를 출력할 뿐 아무런 값도 반환하지 않습니다.

2 함수 프로시저

값을 반환하는 코드 블록입니다.

```
Function Multiply(a As Double, b As Double) As Double
    Multiply = a * b
End Function
```

`Multiply`라는 함수이자 변수에 a와 b의 곱인 값을 반환합니다.

주석

코드에 대한 설명이나 실행되지 않는 텍스트를 추가합니다. 코드 앞에 '을 두면 주석을 작성할 수 있습니다.

```
' This is a comment and will not be executed.
Dim x As Integer
x = 10    ' Setting the value of x to 10
```

지금까지 엑셀 VBA에 대한 기본 문법을 살펴보았습니다. 이 정도만 알아두어도 챗 GPT가 생성해주는 코드가 대략 어떤 의미인지는 충분히 이해할 수 있을 것입니다.

3.3 생성형 AI를 활용한 엑셀 VBA 프로그램 작성

이제 본격적으로 생성형 AI를 활용하여 간단한 엑셀 프로그램을 만들어보도록 하겠습니다. 앞에서 설명한 챗GPT, 제미나이, 코파일럿, 클로드를 각각 이용하여 똑같은 프로그램을 만들어볼 것입니다. 이 작업은 각각의 성능을 파악해볼 수 있는 좋은 기회가 될 것입니다.

인사 리스트 관리 프로그램을 예제로 만들어볼 예정입니다. VBA 코드를 생성형 AI로 작성하기 전에 다음 내용을 포함하는 엑셀 파일을 만들어보겠습니다.

1. 순번, 이름, 직급으로 나열된 인사 리스트를 A, B, C열에 입력한다.
2. F1셀에 직급에 대한 입력을 받는 입력란을 만든다.
3. [검색]이라는 이름이 적힌 버튼을 만든다.
4. 입력된 직급에 해당하는 사람을 H, I, J열에 표시한다.

인사 리스트를 검색하여 특정인을 출력하는 간단한 프로그램을 예로 들어 설명합니다. 엑셀 수식으로는 구현하기 까다로운 부분을 VBA 코드로 쉽게 구현하는 방법을 소개하고자 합니다. 엑셀 VBA 코드를 요청하기 전에 먼저 엑셀 파일을 해당 요건에 맞게 만들어보겠습니다. 우선 A, B, C열에 그림 3-16과 같이 인사 리스트를 만듭니다.

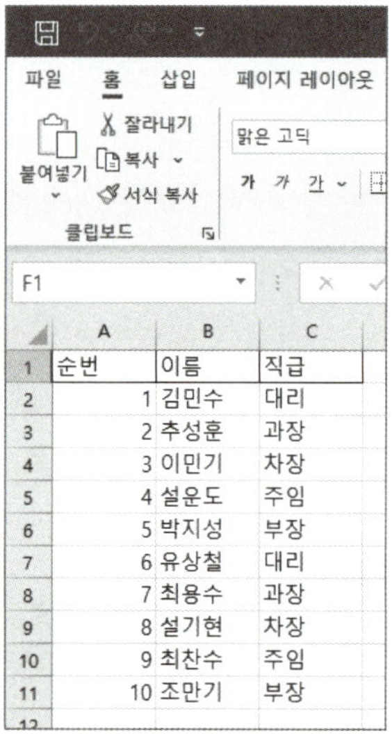

그림 3-16 **인사 리스트 예시**

그다음 F1셀에 직급을 입력받을 수 있는 셀을 만듭니다.

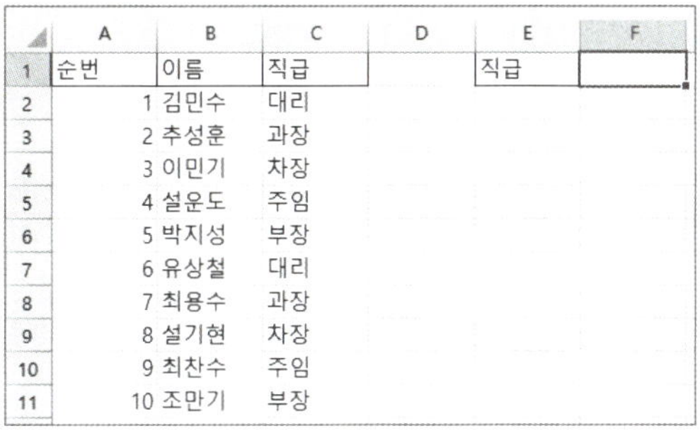

	A	B	C	D	E	F
1	순번	이름	직급		직급	
2	1	김민수	대리			
3	2	추성훈	과장			
4	3	이민기	차장			
5	4	설운도	주임			
6	5	박지성	부장			
7	6	유상철	대리			
8	7	최용수	과장			
9	8	설기현	차장			
10	9	최찬수	주임			
11	10	조만기	부장			

그림 3-17 **직급 입력 셀 작성**

그다음 앞에서 이미 실습해본 것처럼 [CommandButton1]을 만듭니다.

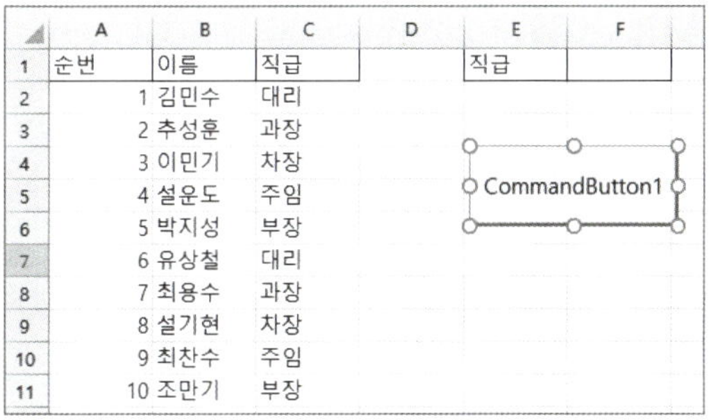

	A	B	C	D	E	F
1	순번	이름	직급		직급	
2	1	김민수	대리			
3	2	추성훈	과장			
4	3	이민기	차장			
5	4	설운도	주임			
6	5	박지성	부장			
7	6	유상철	대리			
8	7	최용수	과장			
9	8	설기현	차장			
10	9	최찬수	주임			
11	10	조만기	부장			

그림 3-18 **명령 단추 만들기**

이때 버튼의 이름을 '검색'으로 수정하기 위해서 그림 3-19처럼 상위 탭의 [디자인 모드]를 누르고 [CommanButton1]으로 만들어진 버튼을 더블클릭합니다.

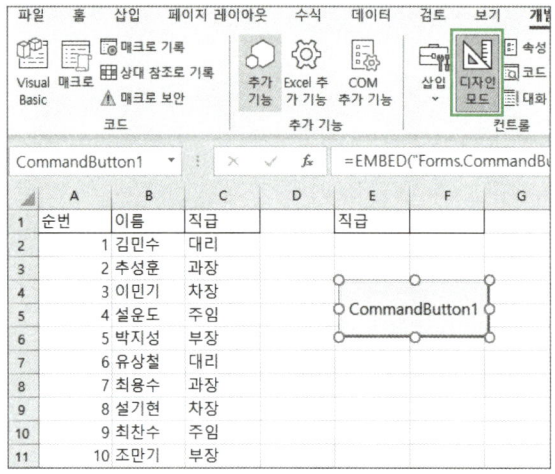

그림 3-19 디자인 모드 적용 후 명령 단추 선택하기

이제 VBA 편집기가 나타나고 그림 3-20과 같이 속성 창이 보일 것입니다. 이때 [Caption] 부분이 기본값인 'CommandButton1'으로 되어 있는데 이 값을 그림 3-21과 같이 '검색'으로 수정합니다.

그림 3-20 캡션 수정 전

그림 3-21 캡션 수정 후

다시 엑셀 화면으로 돌아가면 그림 3-22와 같이 버튼명이 [검색]으로 수정되어 있는 것을 확인할 수 있습니다.

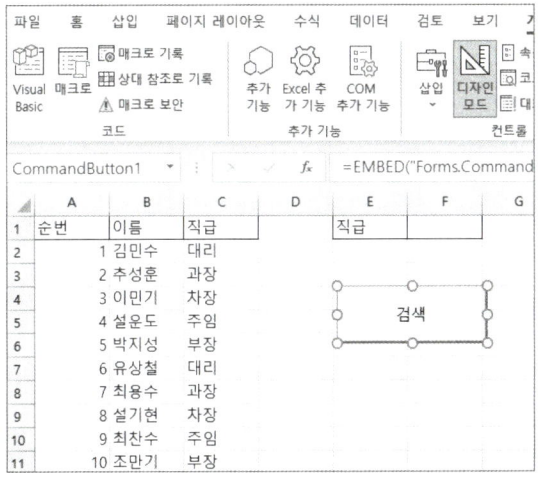

그림 3-22 캡션이 수정된 화면

이제 H, I, J열에 검색을 요청한 직급을 보여주는 출력란을 만들면 그림 3-23과 같이 최종 화면이 완성됩니다.

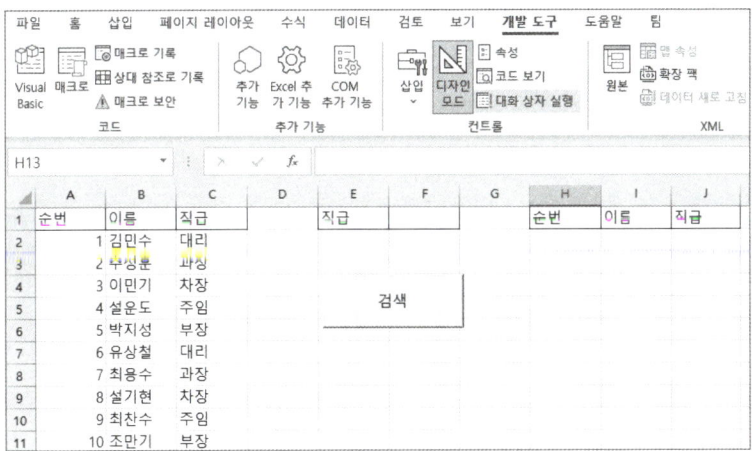

그림 3-23 출력란까지 완성된 모습

그럼 이 파일을 엑셀 VBA 파일로 저장하도록 하겠습니다. 앞에서 설명한 바와 같이 [파일]→[다른 이름으로 저장]을 실행하면 나오는 화면에서 파일 형식을 'Excel 매크로 사용 통합 문서'로 지정합니다. C 드라이브에 Test라는 폴더를 만들고 여기에 파일 이름을 TestProgram.xlsm으로 지정해서 저장하겠습니다.

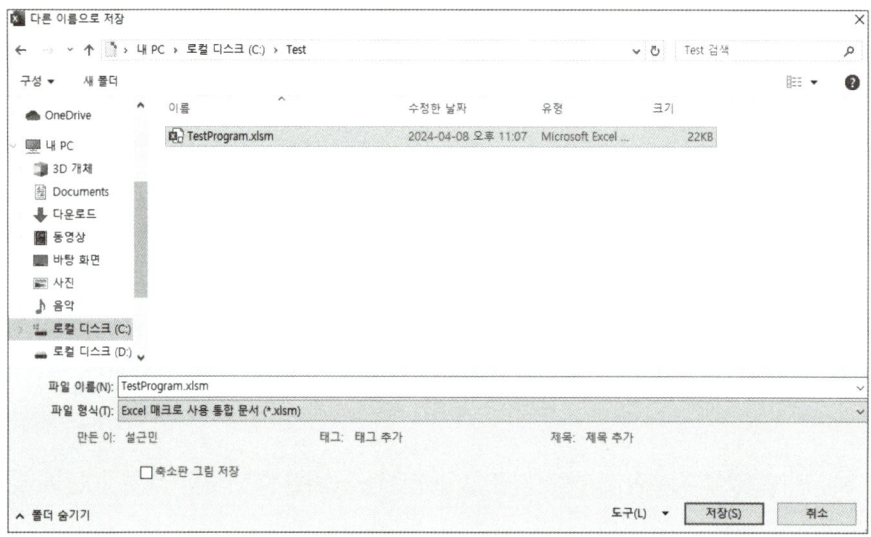

그림 3-24 TestProgram.xlsm으로 파일 저장하기

이제 이 엑셀 파일을 생성형 AI의 도움을 얻어 하나의 완벽한 기능을 하는 엑셀 VBA 프로그램으로 만들어보도록 하겠습니다.

생성형 AI 질문법

챗GPT를 비롯한 생성형 AI는 광범위한 데이터에 기반한 고도의 언어 이해 및 생성 능력을 지닌 인공지능 모델입니다. 사용자의 질문에 기반해 동적으로 답변을 생성하며, 입력된 질문에 따라 다양하고 풍부한 관점을 제공합니다. 이 과정에서 내장된 다양한 파라미터와 가중치를 활용해 가장 적절한 답변을 도출합니다. 따라서 생성형 AI는 동일한 질문에 대해 다른 답변을 반환하는 경우가 생기는데, 그 이유는 모델이 학습한 지식과 문맥, 그리고 입력된 질문에 따라 적절한 답변을 생성하기 때문입니다. 이러한 다양한 답변이 인공지능의 매력 중 하나라고 생각하면 좋겠습니다. 사용자는 다양한 시각과 관점에서 받은 답변을 통해 좀 더 풍부하고 다양한 정보를 얻을 수 있습니다.

질문을 작성할 때는 다음과 같은 점을 중점적으로 고려해야 합니다.

1. 명확하고 구체적인 질문

효과적인 질문은 문제 해결의 첫걸음입니다. '데이터 처리'와 같은 일반적인 질문보다는 '엑셀 파일에서 특정 칼럼의 평균값 계산'과 같은 구체적인 목적을 명시하는 것이 중요합니다. 이는 AI에게 명확한 방향을 제시하여 효율적인 답변을 유도합니다.

2. 구체적이고 목표 지향적인 질문 작성

챗GPT를 비롯한 생성형 AI에 질문할 때는 현재 상황, 목표, 사용하고자 하는 특정 API, 심지어 예제 코드를 포함하면 더욱더 정확한 결과를 얻을 수 있습니다. 예를 들어 '키움증권 API의 예제 코드를 활용하여 삼성전자의 종가 및 거래량 데이터 불러오기'와 같이 상황을 구체적으로 설명하고 명확한 질문을 제시하는 것이 좋습니다.

위의 방법을 숙지하여 앞에서 만든 엑셀 파일의 목표를 이룰 수 있는 질문을 만들어보겠습니다.

다음을 수행하는 엑셀 VBA 코드를 만들어주세요.

1. 엑셀 시트의 A열에 순번, B열에 이름, C열에 직급으로 데이터가 만들어져 있다.
2. 엑셀 시트의 F1셀에 직급을 입력받을 수 있는 입력란이 있다.
3. 엑셀 시트에 '검색'이라는 이름의 CommandButton1이 현재 만들어져 있다.
4. CommandButton1을 누르면 F1셀을 통해서 직급에 대한 입력을 받는다.
5. 입력받은 직급만 데이터에서 추출하여 H, I, J열의 두 번째 행부터 검색된 값을 출력한다.

이제 이 질문을 챗GPT, 제미나이, 코파일럿에 물어보면서 각각 어떤 코드를 만들어주는지 확인해보겠습니다.

챗GPT로 만들어보기

챗GPT에 앞에서 만든 질문을 입력하였더니 다음과 같이 코드를 생성해줍니다.

아래는 요구 사항에 맞는 엑셀 VBA 코드입니다. 이 코드를 VBA 편집기에서 새 모듈에 붙여넣고 실행하면 됩니다.

```vba
Private Sub CommandButton1_Click()
    Dim ws As Worksheet
    Dim lastRow As Long, i As Long, j As Long
    Dim searchValue As String
    Dim found As Boolean
    
    ' 현재 시트를 가져옴
    Set ws = ThisWorkbook.Sheets("Sheet1") ' 시트 이름을 변경해야 할 수 있습니다.
    
    ' 입력된 직급 값을 가져옴
    searchValue = Trim(Sheet1.Range("F1").Value)
```

```
' 검색할 직급이 비어 있는지 확인
If searchValue = "" Then
    MsgBox "검색할 직급을 입력하세요."
    Exit Sub
End If

' 마지막 행 번호 찾기
lastRow = ws.Cells(ws.Rows.Count, "C").End(xlUp).Row

' 초기화
j = 1
found = False

' 데이터에서 직급 찾기
For i = 2 To lastRow
    If ws.Cells(i, "C").Value = searchValue Then
        ' 직급이 일치하는 경우 값을 출력
        ws.Cells(j + 1, "H").Value = ws.Cells(i, "A").Value
        ws.Cells(j + 1, "I").Value = ws.Cells(i, "B").Value
        ws.Cells(j + 1, "J").Value = ws.Cells(i, "C").Value
        j = j + 1
        found = True
    End If
Next i

' 검색 결과가 없는 경우 메시지 출력
If Not found Then
    MsgBox "입력한 직급에 해당하는 데이터가 없습니다."
End If
End Sub
```

이제 그림 3-25와 같이 이 코드를 엑셀 VBA 편집기에 복사하여 Sheet1의 코드를 입력하는 부분에 붙여넣기를 합니다.

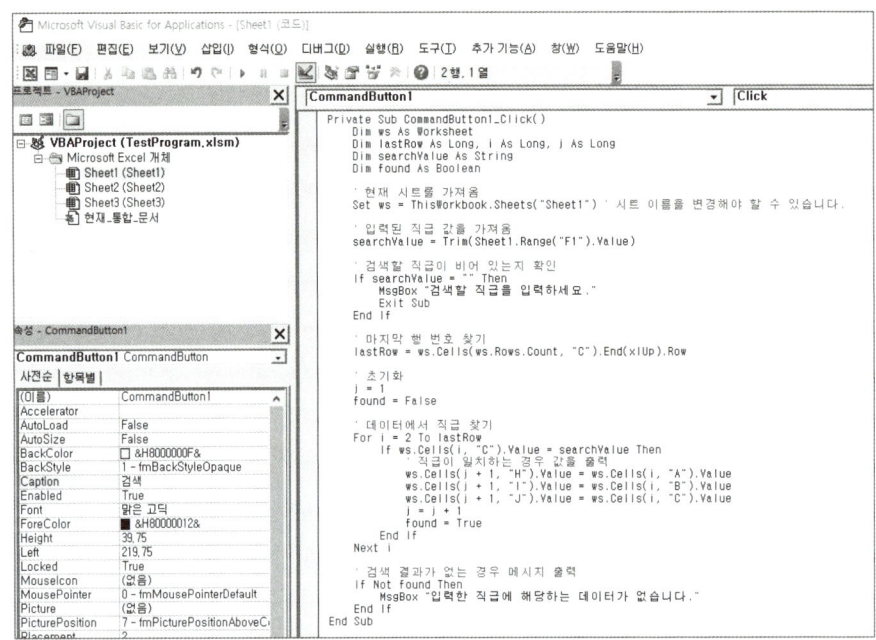

그림 3-25 챗GPT 코드를 붙여넣은 모습

그리고 엑셀 시트로 돌아가 [검색] 버튼을 실행합니다.

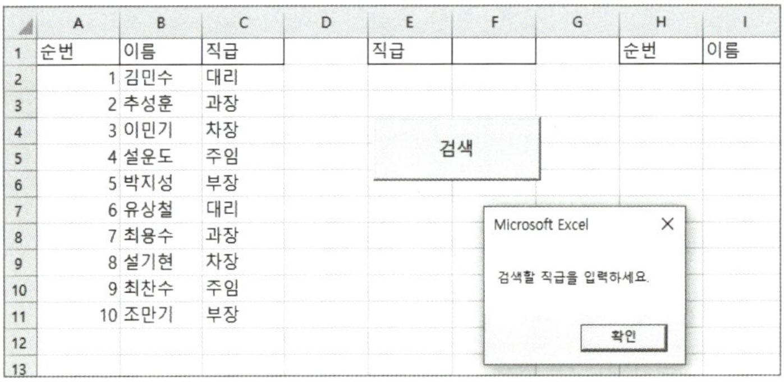

그림 3-26 검색 버튼 눌러보기

직급란에 아무 값도 넣지 않았더니 검색할 직급을 입력하라는 메시지가 나옵니다.
직급란에 '대리'를 입력하고 다시 [검색] 버튼을 눌러 실행해보겠습니다.

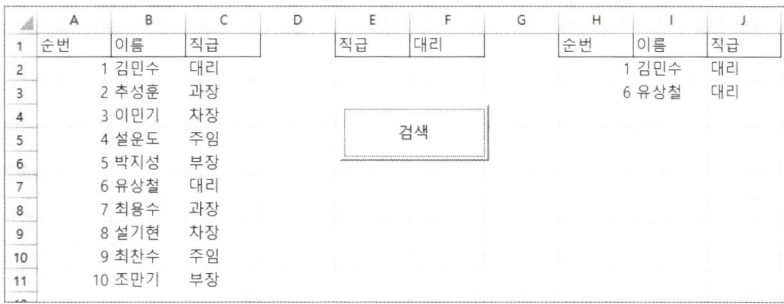

그림 3-27 검색 실행 결과 화면

그림 3-27과 같이 대리 직급인 명단 2명이 제대로 출력되는 것을 확인할 수 있습니다. 챗GPT의 도움을 받아 꽤나 훌륭한 프로그램을 쉽게 생성했습니다.

제미나이로 만들어보기

그럼 같은 질문을 제미나이에게 던져 같은 결과를 보여주는 코드를 제대로 생성해 주는지 확인해보겠습니다.

그림 3-28 제미나이에 질문한 화면

3.3 생성형 AI를 활용한 엑셀 VBA 프로그램 작성 **57**

그림 3-28과 같이 코드를 생성해줍니다.

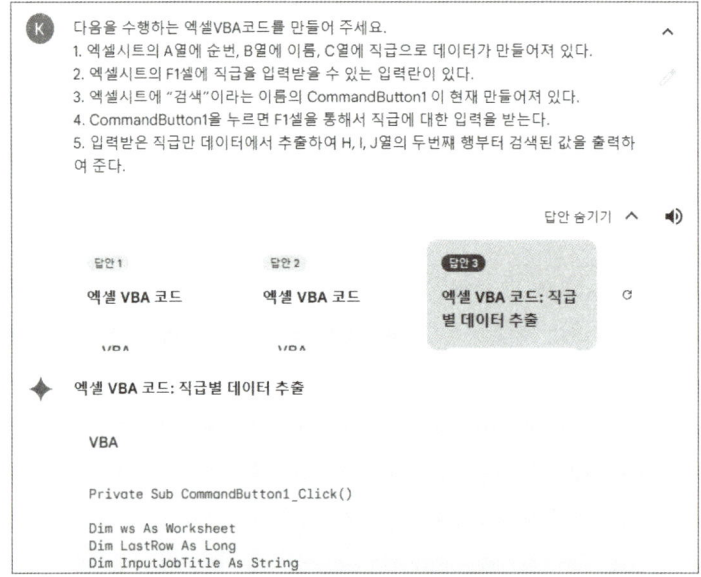

그림 3-29 제미나이는 세 개의 답변이 나왔습니다.

제미나이는 그림 3-29와 같이 답변 3개가 동시에 나왔는데, 그중에서 세 번째만 실행되었습니다. 챗GPT와 달리 각각의 코드를 하나씩 실행해보면서 어떤 답변이 올바르게 작동하는지 확인하는 작업이 추가로 필요했습니다.

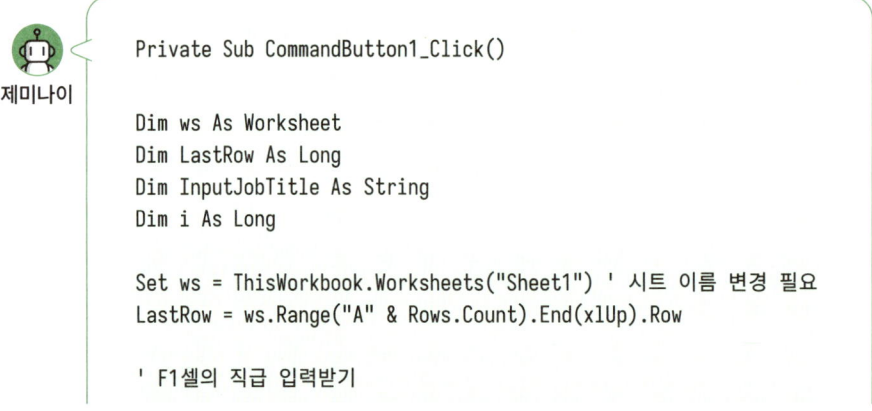

```
InputJobTitle = ws.Range("F1").Value

' H2셀부터 데이터 출력 시작
i = 2

' 입력된 직급과 일치하는 데이터 추출
For j = 2 To LastRow
    If ws.Range("C" & j).Value = InputJobTitle Then
        ws.Range("H" & i).Value = ws.Range("A" & j).Value
        ws.Range("I" & i).Value = ws.Range("B" & j).Value
        ws.Range("J" & i).Value = ws.Range("C" & j).Value
        i = i + 1
    End If
Next j

End Sub
```

해당 코드를 VBA 편집기에 복사를 하고 입력값을 '과장'으로 넣어 실행하였습니다.

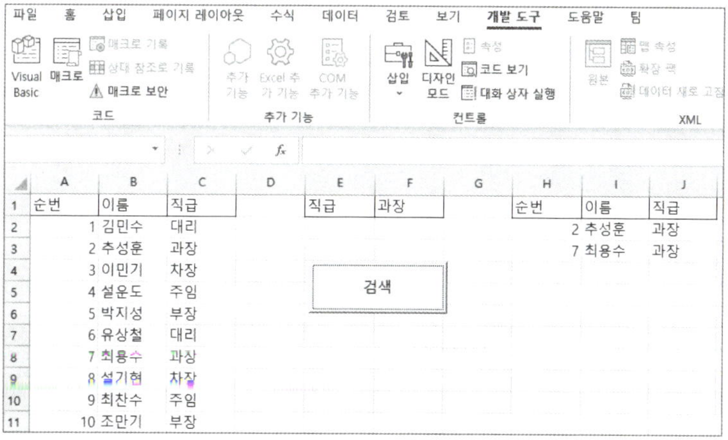

그림 3-30 **제미나이로 만든 코드 실행 화면**

제미나이 역시 제대로 된 결괏값을 보여주는 코드를 작성해주었습니다. 챗GPT와 다른 점은 한 번에 하나의 답변을 내지 않고 동시에 여러 답변을 제안해 사용자에게 선택지를 제공하는 것이었습니다.

코파일럿으로 만들어보기

같은 질문을 코파일럿에 하면 같은 결과를 보여주는 코드를 제대로 생성해주는지 확인해보겠습니다.

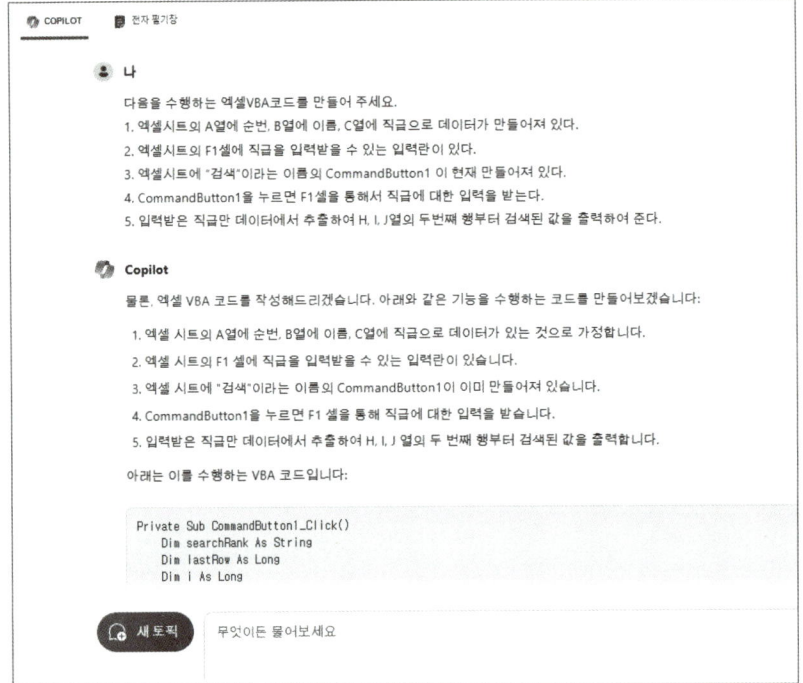

그림 3-31 코파일럿에 질문한 화면

코파일럿도 역시 다음과 같이 VBA 코드를 잘 생성해주었습니다.

코파일럿

```
Private Sub CommandButton1_Click()
    Dim searchRank As String
    Dim lastRow As Long
    Dim i As Long
    
    ' 입력받은 직급
```

```
        searchRank = Sheets("Sheet1").Range("F1").Value

        ' 데이터가 있는 마지막 행 찾기
        lastRow = Sheets("Sheet1").Cells(Rows.Count, 1).End(xlUp).Row

        ' 직급에 해당하는 데이터 검색 및 출력
        For i = 2 To lastRow
            If Sheets("Sheet1").Cells(i, 3).Value = searchRank Then
                ' H, I, J열의 두 번째 행부터 출력
                Sheets("Sheet1").Cells(i, 8).Value = 
Sheets("Sheet1").Cells(i, 1).Value
                Sheets("Sheet1").Cells(i, 9).Value = 
Sheets("Sheet1").Cells(i, 2).Value
                Sheets("Sheet1").Cells(i, 10).Value = 
Sheets("Sheet1").Cells(i, 3).Value
            End If
        Next i
End Sub
```

이 코드를 VBA 편집기에 입력하고 실행해보겠습니다.

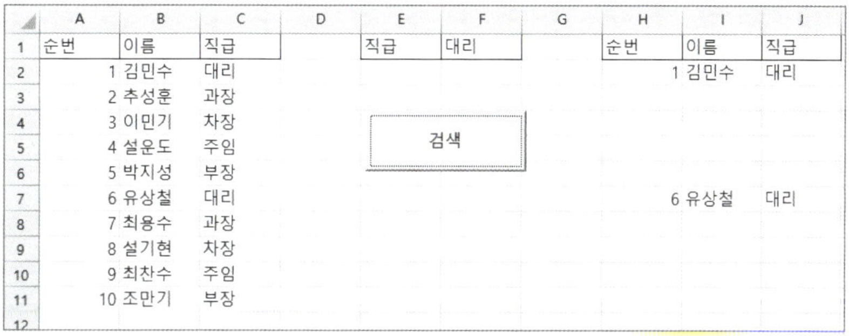

그림 3-32 코파일럿으로 만든 코드 실행 화면

'대리'를 입력하고 실행하였더니 명단은 문제없이 나오는데 그림 3-32와 같이 제대로 정렬이 되지 않았습니다. 과연 이 오류를 제대로 수정할 수 있을지 다시 코파일럿에 질문해보겠습니다.

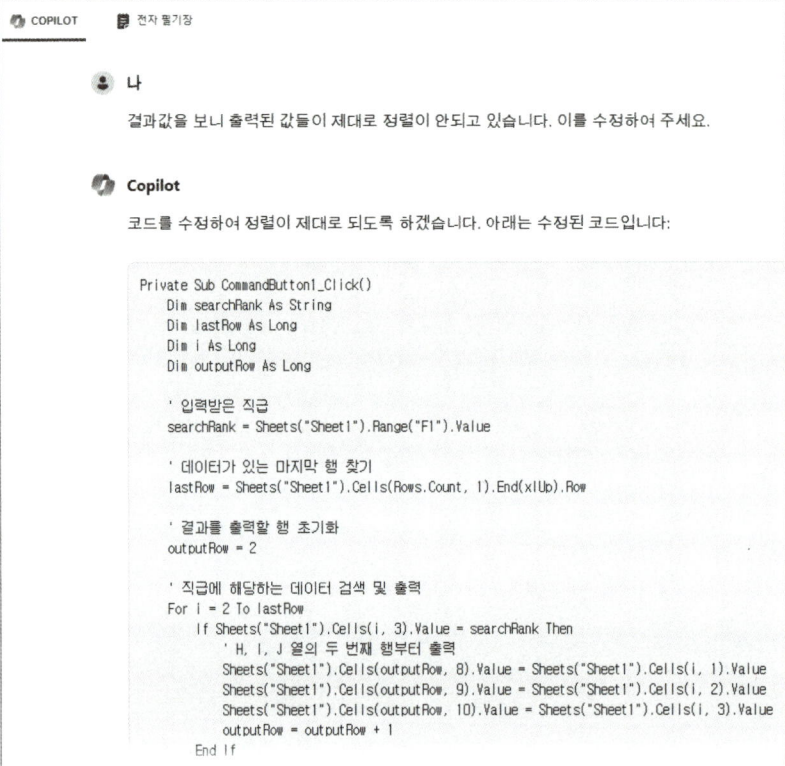

그림 3-33 코파일럿에 코드 수정 요청하기

코파일럿

```
Private Sub CommandButton1_Click()

    Dim searchRank As String
    Dim lastRow As Long
    Dim i As Long
    Dim outputRow As Long

    ' 입력받은 직급
    searchRank = Sheets("Sheet1").Range("F1").Value

    ' 데이터가 있는 마지막 행 찾기
    lastRow = Sheets("Sheet1").Cells(Rows.Count, 1).End(xlUp).Row
```

```
    ' 결과를 출력할 행 초기화
    outputRow = 2

    ' 직급에 해당하는 데이터 검색 및 출력
    For i = 2 To lastRow
        If Sheets("Sheet1").Cells(i, 3).Value = searchRank Then
            ' H, I, J열의 두 번째 행부터 출력
            Sheets("Sheet1").Cells(outputRow, 8).Value =
Sheets("Sheet1").Cells(i, 1).Value
            Sheets("Sheet1").Cells(outputRow, 9).Value =
Sheets("Sheet1").Cells(i, 2).Value
            Sheets("Sheet1").Cells(outputRow, 10).Value =
Sheets("Sheet1").Cells(i, 3).Value
            outputRow = outputRow + 1
        End If
    Next i
End Sub
```

이 수정된 코드를 다시 입력하고 실행해보니 정렬이 제대로 이루어진 결과를 보여주었습니다. 코파일럿 역시 이 정도의 엑셀 VBA 코드는 훌륭히 구현해내고 디버깅 능력 또한 우수하다는 것을 확인할 수 있었습니다.

클로드로 만들어보기

마지막으로 같은 질문을 클로드에 하면 같은 결과를 보여주는 코드를 제대로 생성해주는지 확인해보겠습니다.

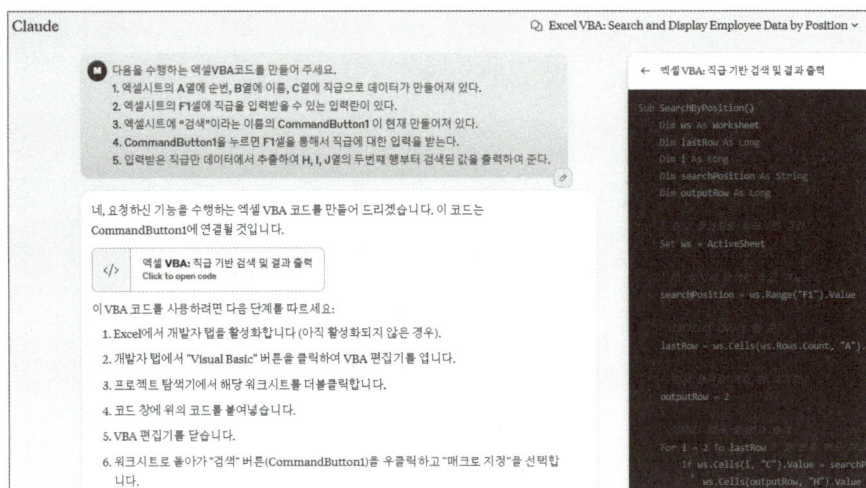

그림 3-34 클로드에 질문한 화면

클로드도 역시 다음과 같이 VBA 코드를 잘 생성해주었습니다.

클로드

```
Private Sub CommandButton1_Click()
    Dim ws As Worksheet
    Dim lastRow As Long
    Dim i As Long
    Dim searchPosition As String
    Dim outputRow As Long
    
    ' 현재 활성화된 워크시트 설정
    Set ws = ActiveSheet
    
    ' F1셀에서 검색할 직급 가져오기
    searchPosition = ws.Range("F1").Value
    
    ' 데이터의 마지막 행 찾기
    lastRow = ws.Cells(ws.Rows.Count, "A").End(xlUp).Row
    
    ' 결과 출력을 위한 행 초기화
    outputRow = 2
```

```
    ' 데이터 검색 및 결과 출력
    For i = 2 To lastRow ' 첫 번째 행은 헤더로 가정
        If ws.Cells(i, "C").Value = searchPosition Then
            ws.Cells(outputRow, "H").Value = ws.Cells(i, "A").Value ' 순번
            ws.Cells(outputRow, "I").Value = ws.Cells(i, "B").Value ' 이름
            ws.Cells(outputRow, "J").Value = ws.Cells(i, "C").Value ' 직급
            outputRow = outputRow + 1
        End If
    Next i

    ' 검색 결과가 없을 경우 메시지 표시
    If outputRow = 2 Then
        MsgBox "검색된 결과가 없습니다.", vbInformation, "검색 완료"
    Else
        MsgBox "검색이 완료되었습니다.", vbInformation, "검색 완료"
    End If
End Sub
```

이 코드를 VBA 편집기에 복사를 하고 입력값을 '과장'으로 해서 실행해보았습니다.

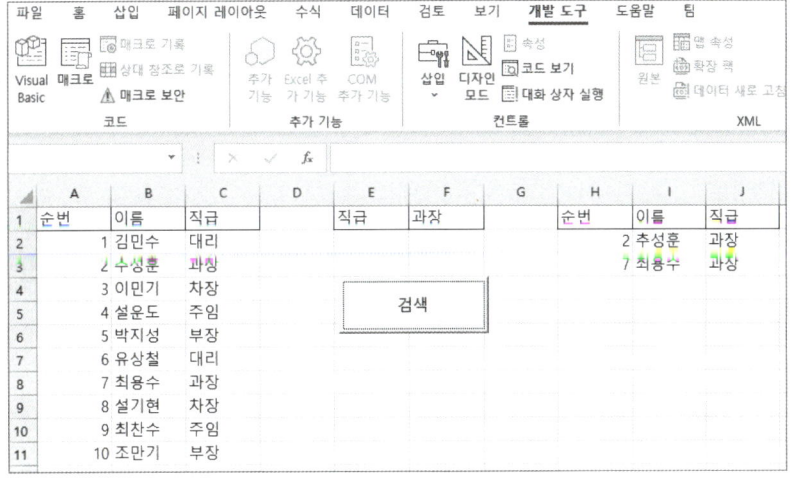

그림 3-35 클로드로 만든 코드 실행 화면

3.3 생성형 AI를 활용한 엑셀 VBA 프로그램 작성

그림 3-35와 같이 클로드도 역시 제대로 된 결괏값을 보여주는 코드를 작성한 것을 확인할 수 있습니다. 하지만 CommandButton1을 이용하여 코드를 만들어달라고 요청했음에도 CommandButton1이 아닌 다른 함수 안에 코드를 작성하여 한 번 더 물어봐야 하는 번거로움은 있었습니다.

지금까지 챗GPT, 제미나이, 코파일럿, 클로드를 통해서 원하는 VBA 코드를 얻을 수 있는 법을 알아보았습니다. 네 가지 생성형 AI를 다 사용해보니 아무래도 한 번에 정확한 답을 주는 것은 아직까지 챗GPT가 우수해 보였습니다. 제미나이는 한 번에 3개의 답변을 내놓아 사용자가 선택해야 하는 번거로움이 있었습니다. 코파일럿은 아직 코드의 정확성이 챗GPT보다 떨어져 위와 같은 간단한 코드임에도 불구하고 한 번의 디버깅 과정을 거쳐야 하는 불편함이 따랐습니다. 또한 클로드도 대체로 쓸 만한 코드를 만들어주지만, 정확한 코드를 얻기 위해 다시 질문을 해야 하는 번거로움이 있었습니다.

지금까지 실습을 통해 챗GPT 이외의 생성형 AI를 사용하는 법도 같이 살펴보았습니다. 챗GPT뿐만 아니라 나머지 생성형 AI들도 향후 몇 년간 서로 경쟁하면서 발전하는 관계가 될 것이므로 사용자 입장에서는 선택지가 더 넓어질 것으로 보입니다.

생성형 AI, 어떤 서비스를 사용할까요?

우리는 지금까지 챗GPT, 제미나이, 코파일럿, 클로드를 이용하는 법과 질문을 통하여 원하는 결과를 얻는 것을 직접 실험해보았습니다. 앞에서도 설명했지만 각각의 생성형 AI는 좀 더 넓게 보자면 다음과 같은 특징이 있습니다.

1. **챗GPT**: 사용자의 질문이나 요청에 대해 자연스러운 대화를 생성하는 데 강점을 보이는 대화형 AI입니다. 챗GPT는 다양한 주제에 대해 폭넓은 정보를 제공하며, 사용자와의 상호작용을 통해 더욱 정확한 답변을 구성합니다.
2. **제미나이**: 특정 산업이나 과제에 맞춰진 특화 기능에 우수합니다. 예를 들어 금융 데이터 분석, 의료 정보 처리 등 특정 분야에서 뛰어난 성능을 발휘할 수 있습니다.

3. **코파일럿**: 코드 생성 AI에 특화된 모델로, 개발자가 코드를 더 빠르고 효율적으로 작성할 수 있도록 설계되었습니다. 이 AI는 주어진 문제에 대해 실행 가능한 코드 조각을 제안함으로써 개발 과정을 간소화하고 생산성을 향상시킵니다.
4. **클로드** : 복잡한 데이터 분석, 창의적 글쓰기, 다국어 번역 등에서 뛰어난 성능을 발휘합니다. 특히 법률, 비즈니스 분석과 같은 기술적 작업에 강점을 보이는 모델입니다. 복잡한 데이터를 이용한 추론과 글쓰기 작업에 특히 유용합니다.

챗GPT는 범용성, 제미나이는 전문성, 코파일럿은 코드 개발, 클로드는 복잡한 기술적 작업에 도움을 주는 기능이 특화되어 있는 모델입니다. 어느 것을 써도 원하는 결과를 얻는 데 부족함이 없는 훌륭한 모델임에 틀림없습니다. 하지만 저자가 경험한 바로는 OpenAI의 챗GPT가 현재까지 가장 선두 모델로 코드 생성 결과의 정확성이 타 생성형 AI 대비 우수한 점이 돋보여 챗GPT를 기준으로 이 책을 집필하였습니다.

 엑셀 VBA 기초 프로그래밍 연습 1

이제 챗GPT를 활용하여 엑셀 VBA 프로그램을 만드는 법을 본격적으로 연습해보겠습니다. 모든 프로그래밍 언어는 변수, 조건문, 반복문, 배열, 함수라는 용어들을 이해하면 웬만큼 마스터한 것이나 마찬가지입니다. 이것들만 활용할 수 있어도 구상하는 프로그램을 대부분 무리 없이 작성할 수 있으며, 구현한 코드도 거의 이것들로 이루어져 코드를 이해하는 데도 상당히 중요합니다. 나머지 초보자들이 이해하기 어려운 용어들은 코드의 효율성을 좀 더 높이기 위함이라고 생각하면 됩니다. 3.2절에서 이 용어들에 대해 산만히 설명했는데, 이제 이 용어들의 명확한 이해를 위한 프로그래밍 연습에 돌입해보겠습니다.

먼저 변수와 조건문을 이해하기 위한 프로그램부터 시작합니다. 앞에서 제시한 질문법에 따라 명확한 시스템 요건을 정해보겠습니다.

시스템 요건

1. 입력받기 위한 정수형 변수와 출력하기 위한 텍스트형 변수를 선언한다.
2. 숫자를 입력받아 짝수인지 홀수인지 조건문을 통해서 판별한다.
3. 결과가 짝수 혹은 홀수인지 출력해준다.

챗GPT에 질문을 하기 전에 우선 엑셀 파일을 만들어보겠습니다. 새 엑셀 파일에 다음과 같이 [개발 도구]→[삽입]→[ActiveX 컨트롤]→[명령 단추]를 차례로 눌러 버튼을 하나 생성합니다.

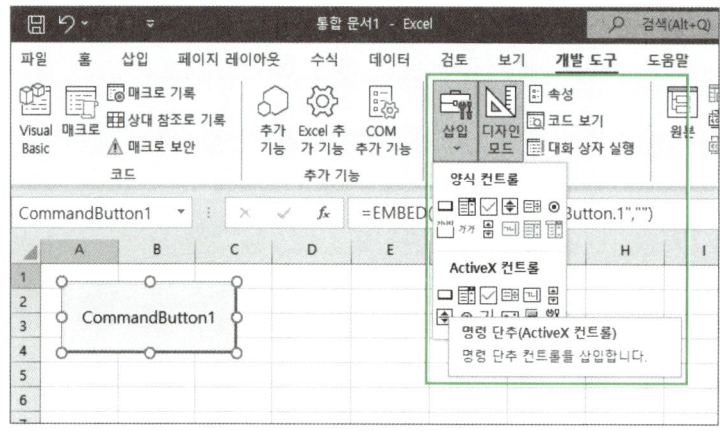

그림 3-36 **명령 단추 생성하기**

버튼의 이름을 변경하려면 [디자인 모드]를 클릭하고 [CommandButton1]을 선택하여 더블클릭합니다. 속성 창이 나타나면 [Caption] 부분을 '실행'으로 수정하고 다시 돌아가보면 버튼 이름이 수정되어 있습니다.

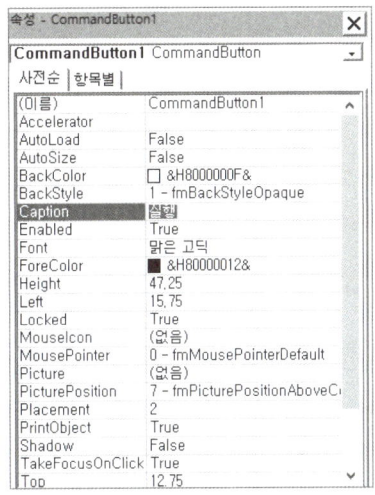

그림 3-37 **캡션 변경하기**

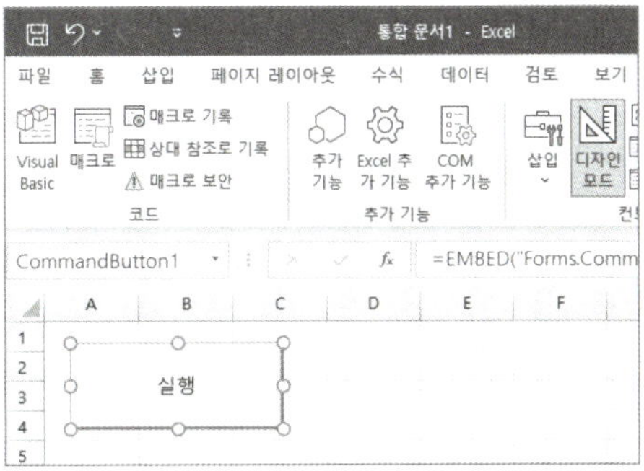

그림 3-38 **명령 단추 생성 화면**

[디자인 모드]를 선택한 상태에서 이 [실행] 버튼을 더블클릭하면 코드를 넣을 수 있는 편집 창이 나오는데, 여기에 챗GPT에 질문하여 나온 결과 코드를 붙여주면 됩니다.

다음을 수행하는 엑셀 VBA 코드를 만들어주세요.

1. 입력받기 위한 정수형 변수와 출력하기 위한 텍스트형 변수를 선언한다.
2. 명령을 실행하기 위한 CommandButton1이 만들어져 있다.
3. CommandButton1을 누르면 엑셀 VBA의 InputBox로 숫자를 입력받는다.
4. 입력받은 숫자가 짝수인지 홀수인지 판별한다.
5. 결과가 짝수 혹은 홀수인지 엑셀 VBA의 MsgBox(메시지 박스)로 출력해준다.

GPT-3.5

아래는 당신이 요청한 엑셀 VBA 코드입니다.

```
Private Sub CommandButton1_Click()
    ' 1. 변수 선언
    Dim inputNumber As Integer
```

3.4 엑셀 VBA 기초 프로그래밍 연습 1 **69**

```
        Dim message As String
        
        ' 2. 숫자 입력받기
        inputNumber = InputBox("숫자를 입력하세요:", "숫자 입력", 0)
        
        ' 3. 짝수 또는 홀수 판별
        If inputNumber Mod 2 = 0 Then
            message = "입력한 숫자는 짝수입니다."
        Else
            message = "입력한 숫자는 홀수입니다."
        End If
        
        ' 4. 결과 출력
        MsgBox message
    End Sub
```

이 코드를 보면 inputNumber라는 정수형 변수와 message라는 텍스트형 변수를 선언하고, 입력받은 숫자가 짝수인지 홀수인지 If...Then 조건문을 통해서 판단한 다음 결과를 텍스트형 변수에 출력해줍니다. 그림 3-39와 같이 코드를 붙여넣고 한 번 실행해보겠습니다.

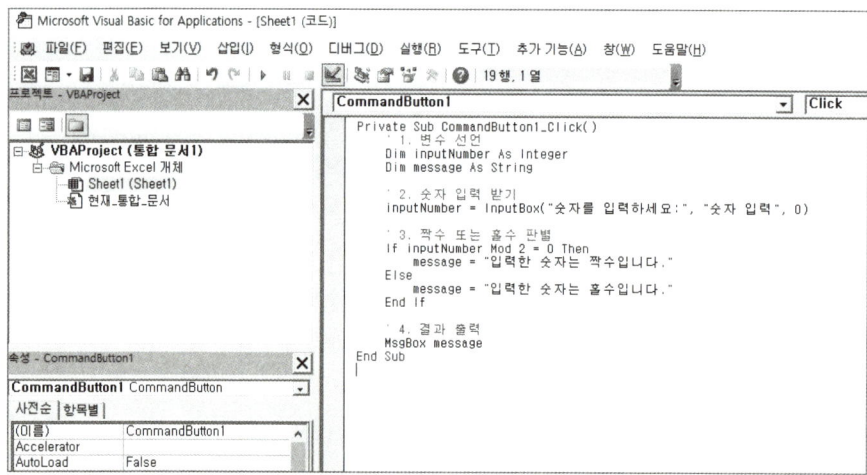

그림 3-39 챗GPT로 만든 코드 넣기

[실행] 버튼을 클릭하면 그림 3-40과 같은 화면이 나옵니다.

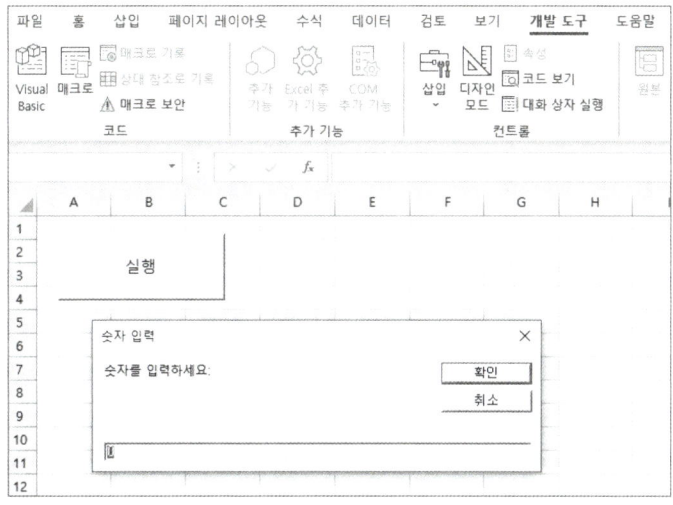

그림 3-40 실행 버튼을 눌렀을 때 화면

여기서 기본으로 숫자가 0이 들어가 있는 부분을 수정하여 숫자 7을 입력하고 결과를 한번 살펴보겠습니다.

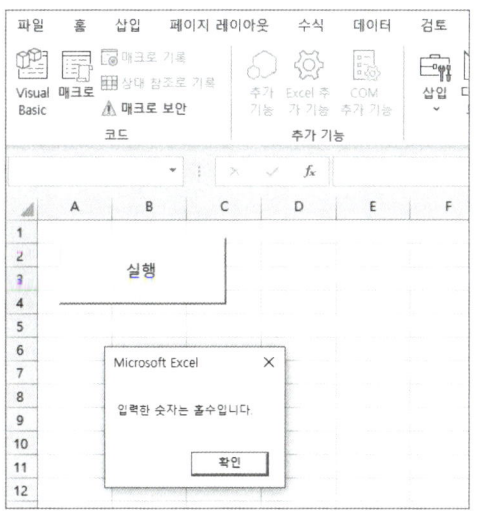

그림 3-41 숫자 '7'을 입력했을 때 결과 화면

조건문을 통해 7이 홀수임을 파악하여 '입력한 숫자는 홀수입니다.'라는 텍스트 형태로 잘 출력해줍니다.

 엑셀 VBA 기초 프로그래밍 연습 2

이제 반복문과 배열, 함수에 대한 개념을 이해하기 위한 프로그램을 챗GPT로 만들어보겠습니다. 이 또한 앞에서 제시한 질문법에 따라 명확한 시스템 요건을 정하는 것부터 시작합니다.

시스템 요건
1. 몇 개의 숫자를 배열에 넣을지 정하여 그 개수를 입력받는다.
2. 정해진 개수만큼 숫자를 입력받고 그 수들을 배열에 저장한다.
3. 배열을 입력값으로 받아 배열의 값들을 모두 더하는 함수를 만든다.
4. 함수의 결과를 출력한다.

앞에서 설명한 내용대로 그림 3-42와 같이 엑셀 파일을 만듭니다.

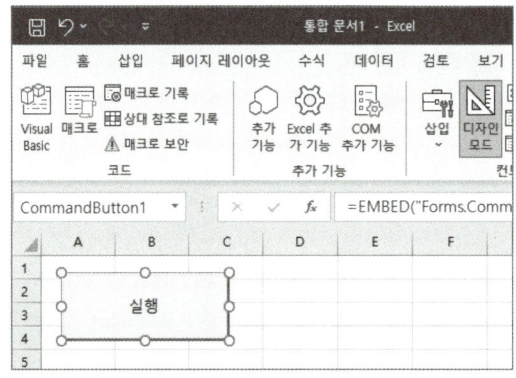

그림 3-42 새로운 엑셀 파일에서 명령 단추를 만듭니다.

시스템 요건에 따른 질문을 만들어보겠습니다. 챗GPT가 이해하기 쉽도록 좀 더 자세한 설명을 곁들여야 할 필요성이 보입니다.

다음을 수행하는 엑셀 VBA 코드를 만들어주세요.

1. 배열 변수와 배열 개수를 입력받을 변수를 선언한다.
2. 명령을 실행하기 위한 CommandButton1이 만들어져 있다.
3. CommandButton1을 누르면 엑셀 VBA의 InputBox로 몇 개의 숫자를 배열에 넣을지 그 수를 입력받는다.
4. 배열의 정해진 개수만큼 InputBox를 통해서 숫자를 입력받고 그 수들을 배열에 저장한다.
5. 배열을 입력값으로 받아 배열의 값들을 모두 더하는 함수를 통해서 값을 계산한다.
6. 함수의 결과를 엑셀 VBA의 MsgBox(메시지 박스)로 출력해준다.

GPT-3.5

아래는 요구 사항에 맞는 엑셀 VBA 코드입니다.

```vba
Option Explicit

' 전역변수 선언
Dim myArray() As Double
Dim arraySize As Integer

Sub CommandButton1_Click()
    ' 배열 크기 입력받기
    arraySize = InputBox("배열에 넣을 숫자의 개수를 입력하세요:", "배열 크기 입력", 0)
    
    ' 배열 크기가 0보다 작거나 같으면 종료
    If arraySize <= 0 Then
        MsgBox "배열 크기는 0보다 커야 합니다.", vbExclamation
        Exit Sub
    End If
    
    ' 배열 크기에 맞게 배열 재설정
    ReDim myArray(1 To arraySize)
```

3.5 엑셀 VBA 기초 프로그래밍 연습 2

```
    ' 배열에 숫자 입력받기
    Dim i As Integer
    For i = 1 To arraySize
        myArray(i) = InputBox("배열의 " & i & "번째 숫자를
입력하세요:", "숫자 입력")
    Next i

    ' 결과 출력
    MsgBox "배열의 합: " & CalculateArraySum(myArray),
vbInformation
End Sub

Function CalculateArraySum(arr() As Double) As Double
    ' 배열의 값들을 모두 더하는 함수
    Dim total As Double
    Dim i As Integer

    For i = LBound(arr) To UBound(arr)
        total = total + arr(i)
    Next i

    CalculateArraySum = total
End Function
```

위의 코드를 보면 myArray()라는 정수형 배열과 arraySize라는 정수형 변수를 선언합니다. 그리고 배열에 넣을 숫자의 개수를 arraySize에 입력받아 myArray() 배열의 크기로 정합니다. 다음 숫자들을 차례대로 입력받아 배열에 저장합니다. 그리고 그 배열을 CalculateArraySum 함수의 입력값으로 사용하며 배열의 숫자들을 차례대로 더하여 결괏값을 CalculateArraySum 함수의 리턴값으로 출력하는 구조로 구현했습니다. 함수 안의 계산 코드가 For...Next라는 반복문을 활용하고 배열을 입력값으로 사용하므로 반복문과 배열, 함수를 모두 살펴볼 수 있는 좋은 예제 코드라고 할 수 있습니다.

그림 3-43과 같이 코드를 붙여넣고 한번 실행해보겠습니다.

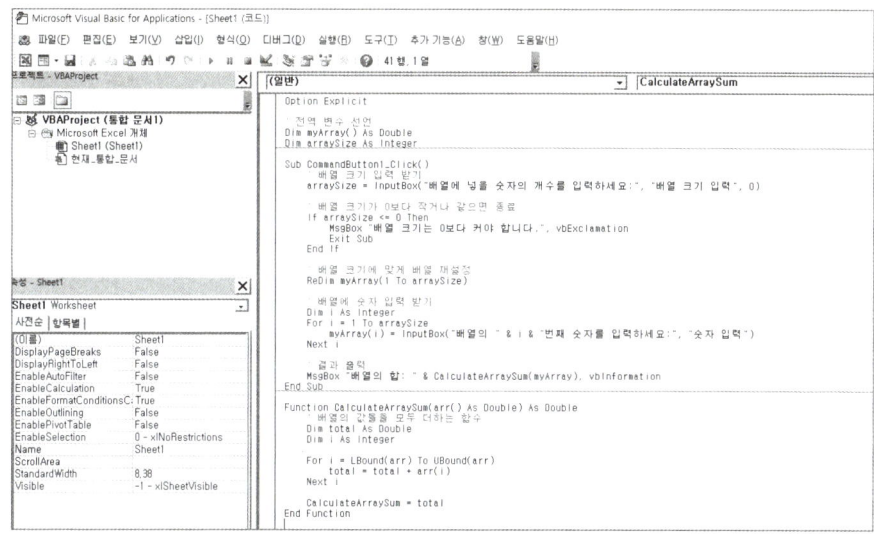

그림 3-43 VBA 편집기에 챗GPT로 만든 코드 입력하기

[실행] 버튼을 클릭하면 그림 3-44와 같은 화면이 나옵니다.

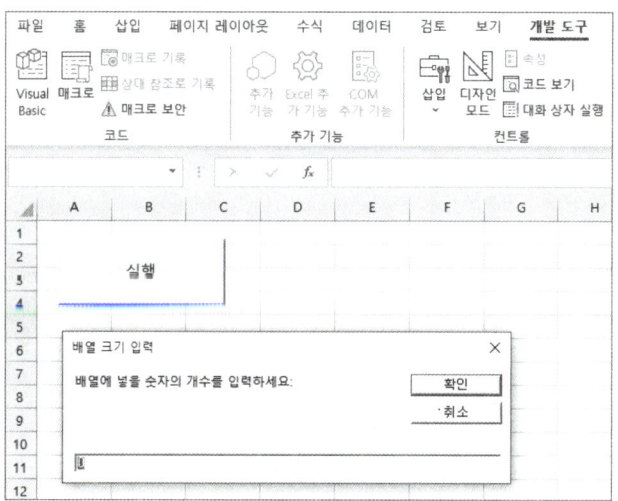

그림 3-44 '실행' 버튼을 클릭한 화면

여기서 숫자 10을 넣어서 배열의 크기를 10으로 지정하고 배열에 숫자를 1부터 10까지 10개 넣어보도록 해보겠습니다.

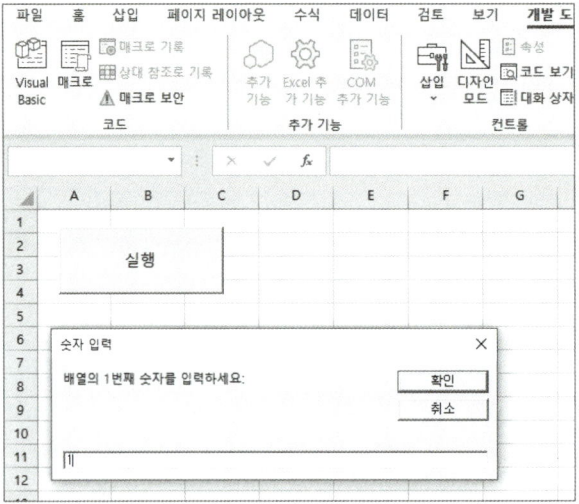

그림 3-45 배열의 1번째 숫자 입력 화면

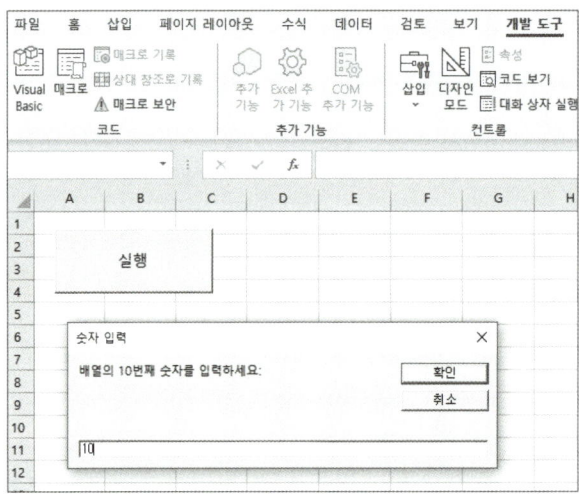

그림 3-46 배열의 10번째 숫자 입력 화면

배열의 첫 번째 숫자에 1을 넣고 두 번째는 2, 이런 방식으로 마지막 열 번째 값에는 10을 입력하겠습니다.

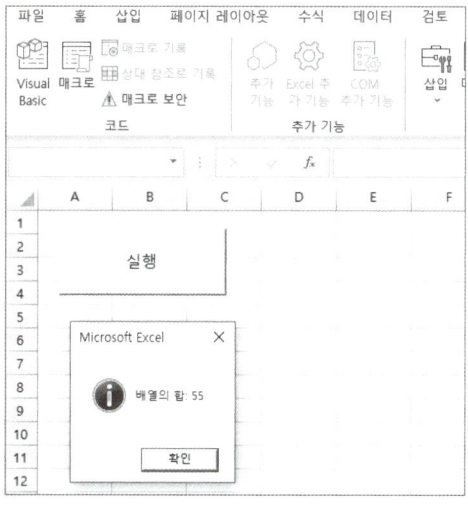

그림 3-47 배열의 전체 합을 보여주는 화면

함수와 배열, 반복문을 잘 활용하여 1+2+ … +10=55의 결괏값을 보여주는 프로그램이 잘 만들어진 것을 그림 3-47을 통해 확인할 수 있습니다.

지금까지 엑셀 VBA 기본 문법에 있는 용어들을 직접 챗GPT와 엑셀 VBA를 사용하여 구현해보았습니다. 과정을 잘 따라왔다면 대부분 이해했을 것입니다. 이 책의 목적은 엑셀 VBA 코드에 대한 자세한 이해보다는 챗GPT의 도움을 얻어 코드를 쉽게 생성하고 이를 이해하는 수준에서의 이용 방법을 익히는 것입니다. 즉, 자동차를 운전할 때 내부의 시스템 및 기관이 어떻게 움직이는지 상세한 이해 없이도 핸들과 액셀, 브레이크, 기어를 조작하는 것으로 충분히 목적지까지 갈 수 있듯이, 여러분들은 이제 챗GPT라는 도구를 통해 쉽게 원하는 프로그램을 구현할 수 있는 능력을 갖추게 될 것입니다.

> 트레이더 이야기

기존 엑셀과 비교해 VBA는 트레이딩에 얼마나 유용할까요?

앞에서 설명한 바와 같이 엑셀은 증권사 트레이딩 부서에서 손익 관리, 리스크 관리, 데이터 분석 등 다양한 목적으로 널리 사용하고 있습니다. 기본적인 엑셀의 기능만으로도 데이터를 정리하고 분석하는 데 충분히 강력한 것은 부인할 수 없는 사실입니다. 그러나 엑셀 VBA를 활용하면 그 가능성이 한 단계 더 높아집니다. 특히, 트레이딩처럼 빠르게 변화하는 시장에서 신속하고 정확한 대응이 필요한 환경에서는 VBA를 사용하면, 단순 엑셀 기능만 활용하는 것에 비해 다음과 같은 큰 차이를 만들어낼 수 있습니다.

1. 자동화: 시간 절약과 실수 최소화

기존 엑셀의 기능은 수동으로 데이터를 입력하고, 공식을 적용하며, 차트를 생성하는 과정이 주를 이룹니다. 이는 반복적이고 시간이 많이 걸릴 뿐 아니라 실수의 가능성도 존재합니다. 반면에 VBA를 사용하면 이러한 작업들을 자동화할 수 있습니다. 예를 들어 매일 아침 실시간으로 업데이트되는 시세 데이터를 불러오고, 지정된 포맷으로 보고서를 생성하는 프로세스를 자동화할 수 있습니다.

VBA를 이용한 자동화는 시간 절약뿐만 아니라 사람이 수동으로 작업할 때 발생할 수 있는 실수를 줄여주고 효율을 높여준다는 큰 장점을 발휘합니다.

2. 복잡한 데이터 처리와 분석 가능

엑셀 자체의 기능은 데이터 분석에 강력하지만, 대량의 데이터를 처리하거나 복잡한 계산을 실행하는 데는 한계가 있을 수 있습니다. VBA를 활용하면 다음과 같은 방식으로 복잡한 분석 작업을 수행할 수 있습니다.

- 다중 조건 분석: 다양한 지표를 결합한 사용자 정의 조건을 설정하여 데이터를 분석할 수 있습니다.
- 시뮬레이션: 포트폴리오의 가상 시나리오를 테스트하거나, 특정 전략의 수익성을 빠르게 검증할 수 있습니다.

- 리스크 모델링: 옵션이나 파생 상품의 가격을 계산하거나, 시장 리스크를 측정하기 위한 복잡한 수식을 구현할 수 있습니다.

3. 실시간 데이터 연결과 대응

기존 엑셀의 기능만으로는 실시간 데이터를 다루는 데 제한이 있습니다. VBA를 사용하면 DDE(dynamic data exchange)나 API(application programming interface)를 통해 실시간 데이터를 엑셀에 연결할 수 있습니다.

- 시장 모니터링: 실시간으로 변동하는 시장 데이터를 받아와 트레이딩 신호를 업데이트할 수 있습니다.
- 자동 주문 시스템: 실시간 데이터를 기반으로 특정 조건이 충족되었을 때 자동으로 주문을 실행할 수 있습니다.

예를 들어 특정 조건에 따라 자동으로 매매 신호를 생성하거나 주문을 실행할 수 있습니다. 6장에서도 언급하겠지만, 매매 신호를 휴대폰 문자로 받아볼 수 있는 시스템을 구축하는 것 또한 엑셀 VBA의 활용의 예라고 할 수 있습니다.

4. 맞춤형 트레이딩 도구 개발

엑셀 VBA는 사용자가 필요로 하는 맞춤형 도구를 제작할 수 있는 유연성을 제공합니다.

- 개인화된 대시보드: 자신만의 차트와 지표를 엑셀에 구현하여 실시간으로 시장 상황을 확인할 수 있습니다.
- 전략 백테스팅: 과거 데이터를 바탕으로 자신의 트레이딩 전략이 얼마나 효과적인지를 테스트할 수 있습니다.
- 알림 시스템: 특정 조건에 도달했을 때 알림을 보내는 기능을 추가할 수 있습니다.

이런 도구들은 트레이더가 보다 효율적으로 전략을 실행하고, 시장에 대한 이해를 높이는 데 큰 도움을 줍니다.

챗GPT와 엑셀을 활용한 데이터 수집

- **4.1** 주식 데이터 API 셋업
- **4.2** 주식 데이터 받아보기
- **4.3** 암호화폐 API 셋업
- **4.4** 암호화폐 데이터 받아보기

이제 엑셀 VBA에 대한 기본적인 지식을 습득하였으니 본격적으로 챗GPT와 엑셀 VBA를 사용하여 데이터를 수집하는 프로젝트를 진행해보겠습니다. 금융 데이터 수집은 투자 및 분석에 있어서 핵심적인 부분입니다. 그러나 데이터를 수동으로 수집하고 정리하는 작업은 시간을 많이 잡아먹을뿐더러 오류가 발생할 수 있습니다. 따라서 자동화된 방법이 필요한데, 여기서는 인공지능 모델인 챗GPT와 엑셀 VBA를 결합하여 효율적으로 데이터를 수집하는 방법을 소개합니다.

크게 다음과 같은 순서로 진행해보겠습니다.

1. API를 활용한 데이터 수집

이 책에서는 주식의 경우 키움증권의 Open API를 사용하고 암호화폐의 경우 업비트의 Open API를 사용하도록 하겠습니다. 두 회사를 지정한 이유는 주식과 암호화폐에서 일반 사용자의 수가 최상위권인 제공사이기 때문입니다. 다른 모든 제공사에 대한 내용을 모두 이 책에 담기에는 한계가 있으니 양해 바랍니다. 여기에 더해 챗GPT를 활용하면 특정 키워드나 요청에 따라 원하는 데이터를 수집하여 결과를 출력할 수 있습니다.

2. 엑셀 VBA를 활용한 데이터 정리

수집된 데이터를 정리하고 분석하기 위해서는 엑셀 VBA를 이용할 수 있습니다. VBA는 엑셀 내에서 매크로를 작성하여 자동화된 작업을 수행하는 데 유용합니다. 예를 들어 특정 웹사이트로부터 데이터를 가져와 엑셀로 자동으로 입력하거나, 데이터를 가공하여 원하는 형태로 정리히 는 등의 작업을 수행할 수 있습니다.

3. 챗GPT와 엑셀 VBA의 통합

챗GPT와 엑셀 VBA를 통합하여 자동화된 데이터 수집 및 처리 프로세스를 구축할 수 있습니다. 예를 들어 챗GPT를 사용하여 원하는 데이터를 요청하면, 챗GPT는 해당 요청을 이해하고 관련된 웹사이트나 API로부터 데이터를 수집한 후, 엑셀 VBA를 통해 데이터를 정리하여 엑셀 시트에 자동으로 입력할 수 있습니다.

챗GPT와 엑셀 VBA를 결합하여 금융 데이터 수집과 처리 작업을 자동화하는 것은 시간과 노력을 절약하고 효율적인 분석을 가능케 합니다. 이를 통해 투자와 금융 의사 결정에 필요한 데이터를 신속하게 확보하고 정확한 분석을 수행할 수 있습니다.

4.1 주식 데이터 API 셋업

먼저 키움증권 Open API를 사용하기 위한 절차를 알아보겠습니다.

01 https://www.kiwoom.com에서 회원 가입 및 로그인을 합니다. 이때 Open API를 사용하려면 반드시 실계좌가 있는 ID가 필요하므로 준회원 가입이 아니라 계좌 개설을 포함한 정회원 가입을 해야 합니다. 이미 계좌가 있거나 회원 가입이 되어 있는 상태라면 그대로 로그인하면 됩니다.

02 그림 4-1과 같이 [전체메뉴] → [모의투자] → [상시 모의투자] → [주식/선물옵션] → [상시 모의투자]로 이동해서 '상시모의투자 참가신청'을 합니다. 이는 모의투자 계좌를 통해서 향후 주문 테스트를 하기 위함입니다.

그림 4-1 키움증권 모의투자 셋업 1

그림 4-2와 같은 화면이 나오면 [국내주식]을 클릭하고 나머지 입력 사항을 확인하여 참가 신청을 합니다.

그림 4-2 키움증권 모의투자 셋업 2

03 홈페이지에서 영웅문이라는 홈트레이딩 시스템*을 다운로드받아 설치합니다. 설치 후 실행을 하면 그림 4-3과 같이 로그인 화면이 뜨는데, 제일 오른쪽의 [모의투자]를 선택하고 로그인합니다.

그림 4-3 키움증권 모의투자 셋업 3

---

* KiwoomHero4Setup.exe

로그인하면 그림 4-4와 같이 제대로 모의투자 시스템에 접속이 되며 모의투자 계좌번호가 제대로 보이는 것을 확인할 수 있습니다. 이때 모의투자 비밀번호는 디폴트로 0000으로 세팅되어 있습니다. 계좌번호 오른쪽의 비밀번호 입력란에 '0000'을 입력하고 엔터키를 누르면 모의 계좌에 예수금이 제대로 들어와 있는 것을 확인할 수 있습니다.

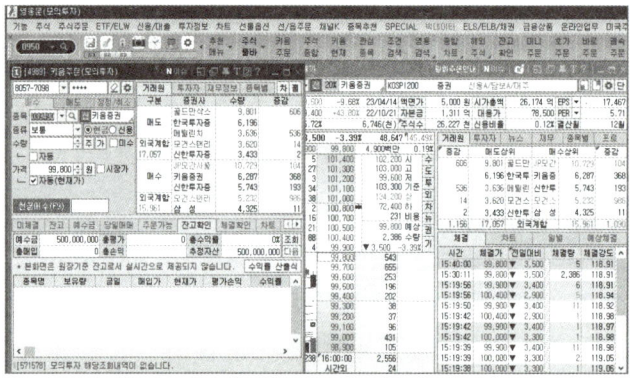

그림 4-4 키움증권 모의투자 셋업 4

이제 모의투자를 할 준비는 마쳤으니 Open API와 연동하는 방법까지 알아보겠습니다.

04 그림 4-5의 화면에서 [전체메뉴] → [고객서비스] → [다운로드] → [Open API] → [키움 Open API+]를 차례로 클릭합니다.

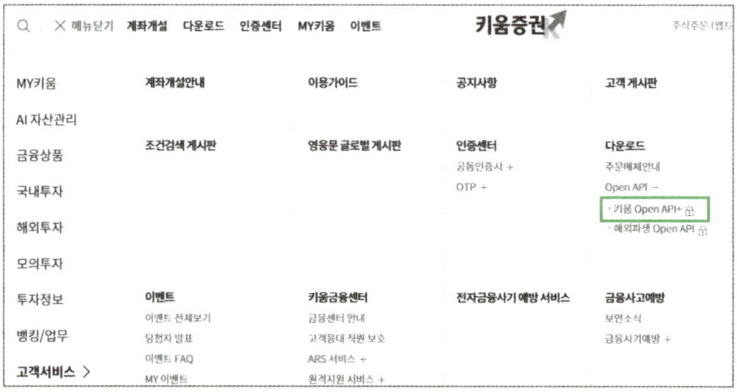

그림 4-5 키움증권 API 셋업 화면 1

그러면 그림 4-6과 같은 화면이 나오는데 여기서 [키움 Open API+ 모듈 다운로드]를 통해서 파일*을 다운로드하고 설치를 합니다. 그런 다음 [서비스 사용 등록/해지]란에서 서비스 사용 등록 절차대로 API 사용 등록을 합니다.

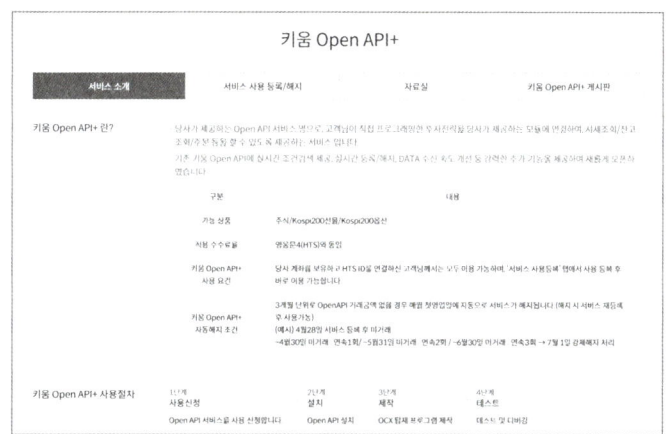

그림 4-6 **키움증권 API 셋업 화면 2**

이 절차대로 Open API 사용 등록까지 완료하였으면 우리는 이제 API로 주식 데이터를 받고 주문 테스트를 할 준비를 마쳤습니다. 주문과 관련한 내용은 7장에서 다룰 예정입니다.

 **증권사에서 제공하는 API에는 어떤 기능이 있나요?**

증권사에서 제공하는 API는 금융 데이터와 거래 기능을 외부 애플리케이션이나 프로그램에서 쉽게 사용할 수 있도록 설계한 인터페이스입니다. 이를 통해 주가, 거래량, 시가총액, 투자자 정보 등 다양한 실시간 또는 과거 금융 데이터를 조회하고, 매수와 매도 같은 거래 요청을 프로그램에서 직접 실행할 수 있습니다. 증권사의 API를 사용하면 엑셀 VBA와 같은 프로그램에서 자동화된 금융 데이터 조회나 거래 기능을 구현할 수 있습니다.

---

* OpenAPISetup.exe

증권사 API의 주요 기능

1. **시세 정보 조회**: 주식의 현재가, 고가, 저가, 거래량, 종목명 등을 포함한 실시간 시세 정보를 조회할 수 있습니다. 이를 통해 특정 종목의 가격 변동 상황을 실시간으로 확인하거나, 원하는 주식의 현재 시세를 엑셀로 가져와 분석할 수 있습니다.
2. **과거 데이터 조회**: 특정 기간 동안의 주가나 거래 정보를 조회하여 과거 데이터 분석이 가능합니다. 예를 들어 일별 종가나 주간 거래량 데이터를 불러와 기술적 분석을 수행하거나, 특정 주식의 장기적인 가격 추이를 확인할 수 있습니다.
3. **거래 기능**: 매수, 매도, 주문 취소 등 직접적인 거래가 가능한 기능입니다. API를 통해 매매 주문을 자동화하여 사용자가 설정한 조건에 맞춰 거래가 실행되도록 할 수 있습니다. 예를 들어 특정 가격에 도달하면 자동으로 매수하거나, 원하는 수익률을 달성하면 매도하도록 설정할 수 있습니다.
4. **계좌 정보 조회**: 보유한 계좌의 잔고, 주식 보유 현황, 예수금 등의 정보를 확인할 수 있습니다. 이를 통해 엑셀에서 계좌 관리와 자산 현황을 실시간으로 조회하고 분석할 수 있습니다.
5. **투자자 정보**: 투자자별 매수/매도 현황을 확인할 수 있으며, 외국인이나 기관의 순매수 등 시장 흐름을 파악하는 데 유용합니다.

즉, 증권사 API와 엑셀 VBA와 연동하면 실시간 데이터 조회, 자동화된 분석, 조건부 거래 등의 기능을 구현할 수 있 수 있습니다. 이를 통해 주식 투자에 필요한 정보를 자동으로 수집하고, 매매를 효율적으로 관리할 수 있습니다.

4.2 주식 데이터 받아보기

이제 키움증권 Open API를 통해서 주식 데이터를 받아보겠습니다. [키움 Open API+ 모듈 다운로드]를 통해서 파일*을 다운로드하고 제대로 설치하였다면 이어지는 절차는 문제없이 진행됩니다.

---

* OpenAPISetup.exe

엑셀 파일을 새로 열고 그림 4-7과 같이 [개발 도구]→[삽입]→[ActiveX 컨트롤]
→[기타 컨트롤]을 클릭합니다.* 이때 API를 제대로 활용하려면 반드시 엑셀을 '관
리자 권한'으로 실행해야 합니다. 관리자 권한으로 실행하는 방법은 인터넷에서 쉽
게 찾을 수 있으므로 여기서는 생략하겠습니다.†

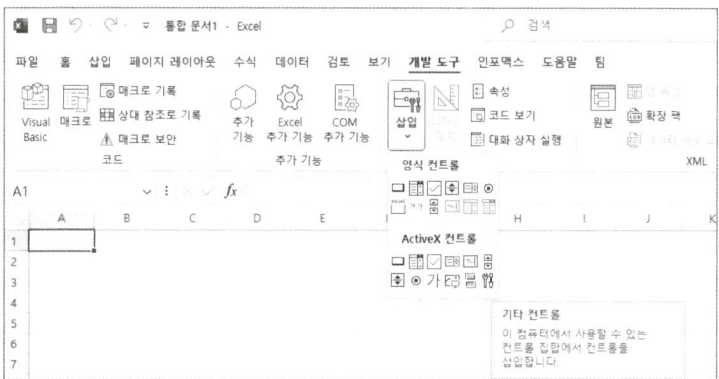

그림 4-7 ActiveX 컨트롤 설정 화면

그러면 그림 4-8과 같이 기타 컨트롤 화면이 나오는데 [KHOpenAPI Contrlo]을
선택해서 [확인] 버튼을 눌러줍니다.

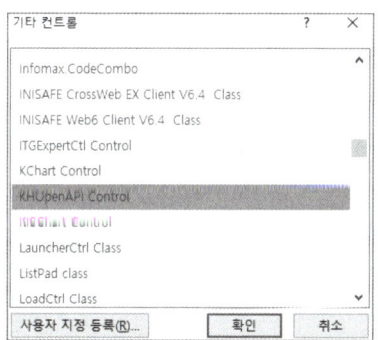

그림 4-8 키움증권 Open API 선택하기

---

* 최신 버전의 엑셀의 경우 ActiveX 사용이 차단된 경우가 있는데, '파일 > 옵션 > 보안 센터 > ActiveX 설정'에
서 '모든 컨트롤 사용'을 선택해 ActiveX를 활성화할 수 있습니다.
† 관리자 권한으로 실행하는 방법은 네이버 카페의 해당 게시글에서도 확인할 수 있습니다.
https://cafe.naver.com/aiprograming/1305

그런 다음 드래그 앤 드롭drag and drop으로 그림 4-9와 같이 엑셀 시트의 적당한 위치에 놓아줍니다.

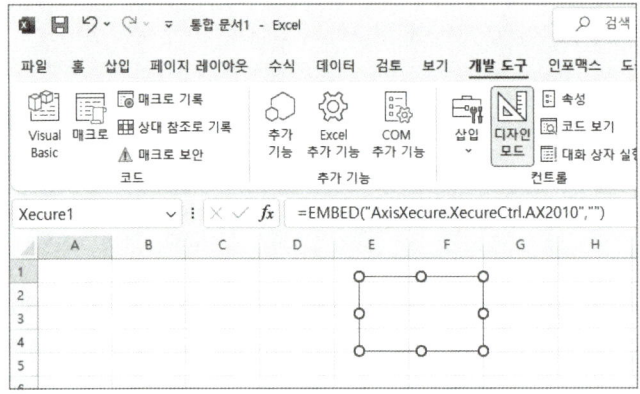

그림 4-9 키움증권 Open API ActiveX 컨트롤 설정하기

이어서 앞에서 배운 것과 같이 [명령 단추]를 하나 추가해줍니다.

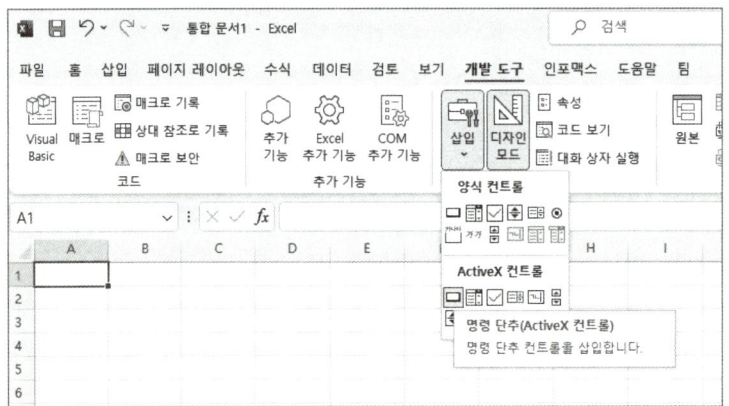

그림 4-10 명령 단추 추가하기

그러면 그림 4-11과 같이 버튼 하나와 키움증권 API의 객체(OpenAPI)가 하나 추가된 것을 확인할 수 있습니다.

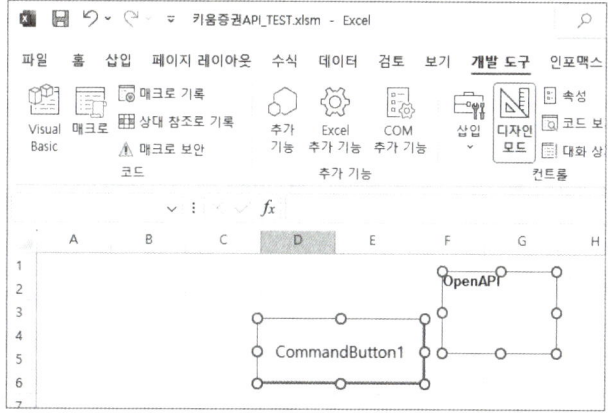

그림 4-11 **OpenAPI와 명령 단추 입력 화면**

이제 디자인 모드를 선택한 상태에서 [CommandButton1]을 더블클릭하면 다음과 같은 코드가 추가됩니다.

```
Private Sub CommandButton1_Click()
"사용자 코드를 넣을 빈칸"
End Sub
```

[OpenAPI]를 더블클릭하면 다음과 같이 앞으로 키움증권 API의 데이터를 받을 프로시저가 생성됩니다.

```
Private Sub KHOpenAPI1_OnReceiveTrData(ByVal sScrNo As String, …)
"사용자 코드를 넣을 빈칸"
End Sub
```

이 코드가 그림 4-12처럼 VBA 편집기에 나타나는 것을 확인할 수 있습니다.

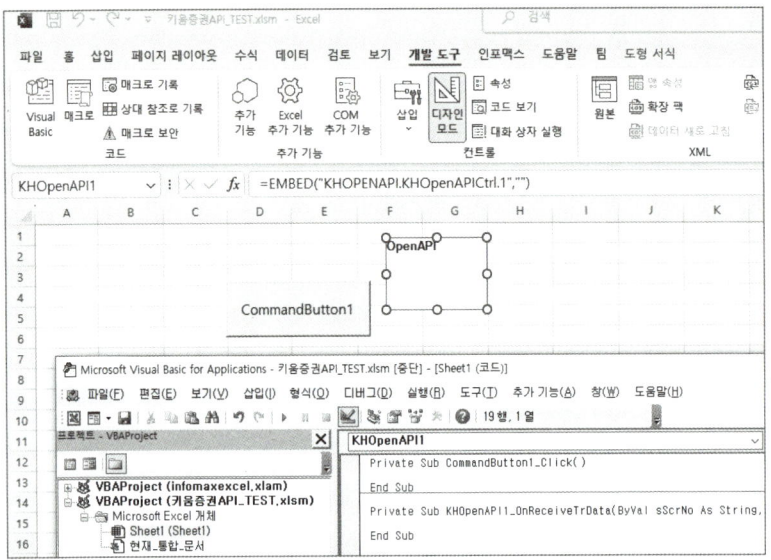

그림 4-12 VBA 편집기에 입력된 코드 확인 화면

잘 실행되었나요? 이제 바로 이 부분에 여러분이 원하는 코드를 넣으면 원하는 프로그램을 실행하는 기본 틀이 만들어진 것입니다.

이제 앞에서 배운 바와 같이 속성 창의 [Caption] 부분에서 버튼의 이름을 [로그인]으로 바꾸고 키움증권 API에 로그인하기 위한 코드를 넣어보겠습니다. `CommandButton1_Click()` 프로시저 안에 그림 4-13과 같이 `Call KHOpenAPI1.CommConnect` 명령어를 삽입합니다.

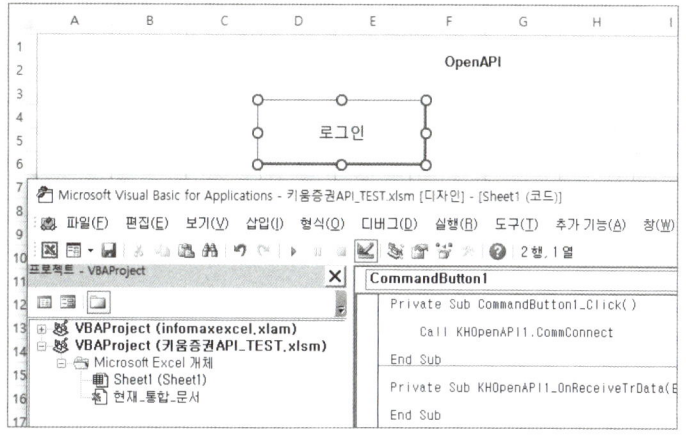

그림 4-13 버튼 이름을 '로그인'으로 변경하고, 코드를 입력한 화면

▼ 작성한 코드

```
Private Sub CommandButton1_Click() '로그인
    Call KHOpenAPI1.CommConnect
End Sub
```

이제 [로그인] 버튼을 클릭해서 실행해봅니다. 그림 4-14와 같이 키움증권 로그인 창이 나타나면 엑셀과 키움증권 Open API가 제대로 연결된 것입니다.

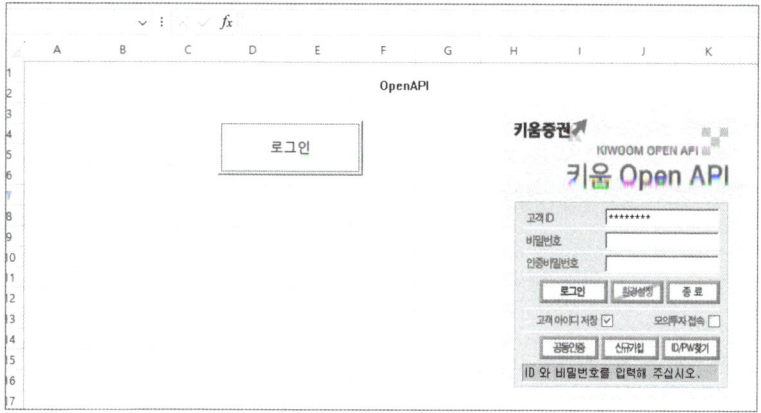

그림 4-14 키움증권 Open API 연결 성공 화면

이제 여러분은 반드시 키움증권 계정을 만들고 고객 ID와 비밀번호, 공인인증서 비밀번호가 있다는 가정하에서 다음 과정을 진행해야 올바른 데이터를 얻을 수 있습니다. 모의투자 신청을 하였다면 공인인증서 없이도 모의투자 ID와 모의투자 비밀번호만으로도 가능합니다. 제대로 된 ID와 비밀번호를 입력하고 로그인을 하면 그림 4-15와 같이 API를 기동하기 위한 업데이트를 진행합니다.

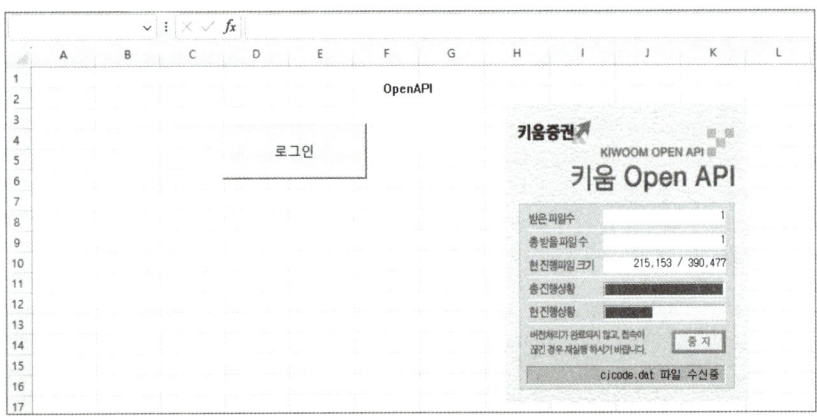

그림 4-15 키움 Open API 업데이트 진행 화면

처음 로그인을 진행하면 그림 4-16과 같은 화면이 뜰 것입니다.

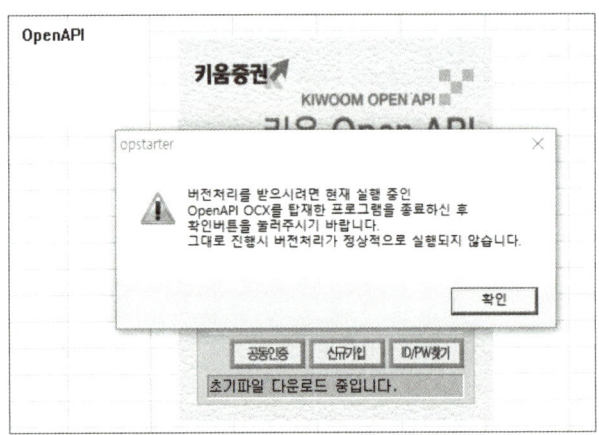

그림 4-16 첫 로그인 시 나타나는 경고창

이 화면이 나타나면 지금까지 만든 파일을 앞에서 설명한 대로 xlsm 파일로 저장하고 종료한 다음 다시 파일을 실행합니다. 저는 예시로 그림 4-17과 같이 **키움증권API_TEST.xlsm** 파일로 저장하였습니다.

그림 4-17 xlsm 파일로 저장하기

엑셀 파일을 종료하고 좀 기다리면 그림 4-18과 같은 메시지가 나옵니다.

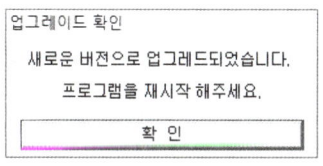

그림 4-18 업그레이드 확인 창

이제 다시 엑셀 파일을 실행하고 [로그인] 버튼을 클릭하면 제대로 로그인이 되는 것을 확인할 수 있습니다. 로그인 창이 별문제 없이 사라지면 키움증권 API와 잘 연결된 것입니다.

이제 그림 4-19와 같이 [주식데이터 받기] 버튼을 추가하고 실제로 주식 데이터를 받아보겠습니다. [디자인 모드]를 선택한 상태에서 [주식데이터 받기] 버튼을 더블클릭하면 다음과 같이 코드가 자동으로 생성이 됩니다.

▼ 생성된 코드

```
Private Sub CommandButton2_Click()
End Sub
```

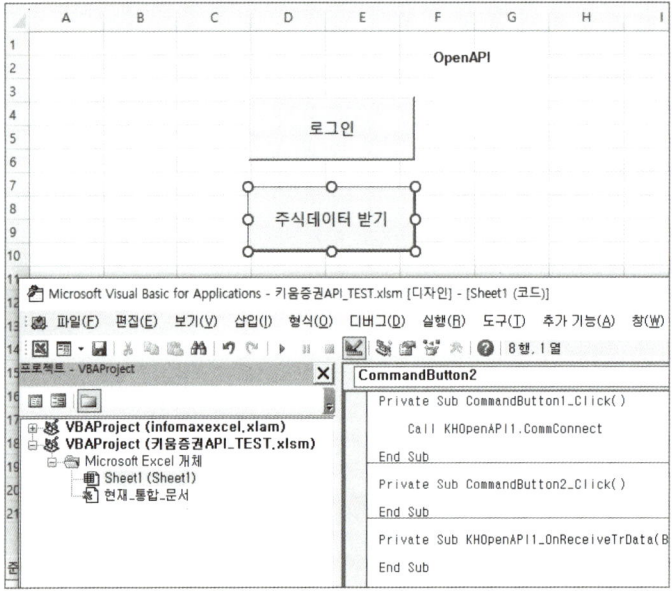

그림 4-19 '주식데이터 받기' 버튼 추가 화면

이제 `CommandButton2_Click()` 프로시저 안에 키움증권 API의 명령어를 넣으면 데이터를 받을 수 있습니다.

여기서 챗GPT를 통하지 않고 직접 코드를 입력하려고 합니다. 엑셀 VBA에서 증권사 API와의 통신을 통해 주문과 데이터 요청 기능을 자동화하려는 계획상, 기본적인 코드를 정형화하여 미리 입력해두는 것은 매우 효율적인 접근이기 때문입니다.

특히, 주문과 데이터 요청 관련 코드는 API 구조에 맞춰 일정한 형식으로 작성해야 하므로, 미리 정리해두면 다음과 같은 장점이 있습니다.

1. **코드의 안정성**: 주문과 데이터 요청 코드가 한번 정형화되면, 코드 오류가 줄어들고 코드의 일관성을 유지할 수 있습니다. 동일한 형식으로 작성된 코드는 다른 요청에서도 동일하게 작동하므로 재사용성이 높아집니다.
2. **복잡한 기능 구현의 용이성**: 챗GPT에 복잡한 기능을 요청할 때, 이미 구조화된 주문 및 데이터 요청 코드를 참조하면 필요한 부분만 추가하거나 수정하여 답변을 제공할 수 있습니다. 이렇게 하면 코드의 핵심 부분을 유지하면서도 새로운 기능을 쉽게 추가할 수 있습니다.
3. **효율적인 코드 개발**: 기본 코드가 준비되어 있다면 더 필요한 기능만 추가하여 코드를 확장해나갈 수 있습니다. 예를 들어 조건부 거래나 여러 종목 데이터를 자동으로 조회하는 기능을 구현할 때에도, 기존의 요청 코드를 재사용하므로 전체 코드 작성 시간이 줄어들고 오류 가능성도 감소합니다.

아래의 코드처럼 요청 이름, TR 코드, 종목 코드 등을 명확히 정해두고 API 요청 구조에 맞춘 코드 블록을 준비해두면, 복잡한 시나리오나 고급 기능을 더할 때도 코드의 일관성을 유지하며 확장할 수 있습니다. 그러니 앞으로도 직접 코드를 작성하는 부분이 보이더라도 당황하지 않기를 바랍니다. 직접 입력하는 코드는 책을 보고 일일이 작성해도 무방합니다. 만일 그것이 어렵다면 저자가 운영하는 카페에서도 공개하고 있으니 그것을 복사해서 사용하기 바랍니다.*

그러면 다음과 같이 작성해보겠습니다.

```
Private Sub CommandButton2_Click() '데이터 요청

    sRQName = "RQ_005930" '요청 이름
    sTrCode = "OPT10081" 'TR명
```

---

* https://cafe.naver.com/aiprograming/1306

```
        sScrNo = "0001" '요청 번호
        stockcode = "005930" '삼성전자 종목 코드
        datatime = Format(Date, "YYYYMMDD") '현재 일자
        
        Call KHOpenAPI1.SetInputValue("종목 코드", stockcode)
        Call KHOpenAPI1.SetInputValue("기준 일자", datatime)
        Call KHOpenAPI1.CommRqData(sRQName, sTrCode, 0, sScrNo)

End Sub
```

이 코드를 보면 **KHOpenAPI1**라는 객체의 **SetInputValue**라는 입력값을 설정하는 함수를 통해서 종목 코드(여기서는 삼성전자인 **005930**)를 넣었습니다. 기준 일자는 **Date**라는 함수로 현재 일자를 받아온 후 '20240422' 형태로 바꾸기 위해 **Format** 함수를 통해서 변환하였습니다. 그리고 **CommRqData**라는 데이터 요청 명령 함수를 통해서 키움증권 API에서 지원하는 **OPT10081**라는 TR 명령어(증권사 API 내부 용어)를 실행하여 주가 데이터를 요청하고 있습니다.

코드를 자세히 숙지할 필요는 없고 앞으로 챗GPT를 통해서 질문하는 데 이 코드를 쓸 것이므로 대략적으로만 이해하면 됩니다. 이 코드의 의미는 삼성전자를 키움증권 API가 보유하고 있는 2024년 4월 22일부터 과거 데이터의 일별 종가 데이터를 모두 요청하는 것입니다.

그럼 이렇게 호출한 데이터는 어떻게 받을 수 있을까요? 그 방법은 바로 [OpenAPI] 객체를 더블클릭하면 자동으로 생성되는 **KHOpenAPI1_OnReceiveTrData** 프로시저를 통하는 것입니다. 다음과 같이 작성해보겠습니다.

```
Private Sub KHOpenAPI1_OnReceiveTrData(ByVal sScrNo As String, ByVal sRQName 
As String, ByVal sTrCode As String, ByVal sRecordName As String, ByVal 
sPrevNext As String, ByVal nDataLength As Long, ByVal sErrorCode As String, 
ByVal sMessage As String, ByVal sSplmMsg As String)
'데이터 수신

        Count = 365 '요청 데이터 개수
        
        Cells(1, 1) = "일자"
```

```
            Cells(1, 2) = "현재가"
            Cells(1, 3) = "거래량"

            If sScrNo = "0001" Then

                For i = 0 To Count - 1

                    Cells(i + 2, 1) = Trim(KHOpenAPI1.GetCommData(sTrCode,
sRQName, i, "일자"))
                    Cells(i + 2, 2) = Trim(KHOpenAPI1.GetCommData(sTrCode,
sRQName, i, "현재가"))
                    Cells(i + 2, 3) = Trim(KHOpenAPI1.GetCommData(sTrCode,
sRQName, i, "거래량"))

                Next

            End If

End Sub
```

이 코드를 보면 우선 키움증권 API가 보유하고 있는 전체 과거 데이터 중에서 365개, 즉 1년 동안의 데이터를 보여달라는 의미로 `Count = 365`라는 코드를 작성하였습니다. 그리고 `Cells(1, 1)`는 엑셀 시트의 셀 1행 1열, 즉 A1셀에 '일자'를, 셀의 1행 2열인 B1셀에는 '현재가', 마찬가지로 1행 3열인 C1셀에는 '거래량'을 입력하라는 의미입니다.

그다음 `For...Next` 문은 키움증권 API에서 365개의 데이터를 반복해서 가져와 엑셀의 셀에 입력하라는 의미입니다. `For` 문에서 `i`는 `0`에서 시작하므로 `Count`가 365면 0번째에서 364번째까지를 나타내기 위해서 `For i = 0 To Count - 1`라고 작성한 것을 알 수 있습니다. 이 반복문을 통해서 2024년 4월 22일의 삼성전자 현재가, 거래량 데이터를 과거 365일 치만큼 출력해줍니다.

어렵게 느껴질수도 있지만 키움증권 API에서 데이터를 받아오기 위해 반복해 사용할 형식입니다. 이 코드 부분을 챗GPT에 학습시키면 앞으로 우리는 API를 통해서 엑셀로 쉽게 데이터를 불러올 수가 있을 것입니다.

VBA 편집기에 작성한 전체 코드는 그림 4-20과 같습니다.

```
CommandButton2                                                    Click
Private Sub CommandButton1_Click() '로그인

    Call KHOpenAPI1.CommConnect

End Sub
Private Sub CommandButton2_Click() '데이터요청

    sRQName = "RQ_005930" '요청이름
    sTrCode = "OPT10081" 'TR명
    sScrNo = "0001" '요청번호
    stockcode = "005930" '삼성전자 종목코드
    datatime = Format(Date, "YYYYMMDD") '현재일자

    Call KHOpenAPI1.SetInputValue("종목코드", stockcode)
    Call KHOpenAPI1.SetInputValue("기준일자", datatime)
    Call KHOpenAPI1.CommRqData(sRQName, sTrCode, 0, sScrNo)

End Sub
Private Sub KHOpenAPI1_OnReceiveTrData(ByVal sScrNo As String, ByVal sRQName As String, ByVal sTrCode As String, ByVal
'데이터수신

        Count = 365 '요청 데이터 갯수

        Cells(1, 1) = "일자"
        Cells(1, 2) = "현재가"
        Cells(1, 3) = "거래량"

        If sScrNo = "0001" Then

            For i = 0 To Count - 1

                Cells(i + 2, 1) = Trim(KHOpenAPI1.GetCommData(sTrCode, sRQName, i, "일자"))
                Cells(i + 2, 2) = Trim(KHOpenAPI1.GetCommData(sTrCode, sRQName, i, "현재가"))
                Cells(i + 2, 3) = Trim(KHOpenAPI1.GetCommData(sTrCode, sRQName, i, "거래량"))

            Next

        End If

End Sub
```

그림 4-20 **챗GPT로 만든 코드를 VBA 편집기에 넣은 화면**

지금까지의 절차대로 코드를 작성하고 다시 [로그인] 버튼을 클릭하여 로그인을 한 다음, [주식데이터 받기] 버튼을 눌러보겠습니다.

	A	B	C	D	E	F	G
1	일자	현재가	거래량				
2	20240422	76100	30469477			OpenAPI	
3	20240419	77600	31317563				
4	20240418	79600	21370190				
5	20240417	78900	22611631				
6	20240416	80000	31949845				
7	20240415	82200	26663772				
8	20240412	83700	17061770				
9	20240411	84100	25538009				
10	20240409	83600	23725956				
11	20240408	84500	18953232				
12	20240405	84500	18883752				
13	20240404	85300	25248934				
14	20240403	84100	30493347				
15	20240402	85000	37077944				
16	20240401	82000	20116513				
17	20240329	82400	27126366				
18	20240328	80800	25084812				
19	20240327	79800	17424595				
20	20240326	79900	30551494				
21	20240325	78200	18703996				

로그인

주식데이터 받기

그림 4-21 **'주식데이터 받기' 실행 결과 화면**

어떻습니까? 몇 줄 되지 않는 엑셀 VBA 코드로 그림 4-21과 같이 훌륭하게 삼성전자의 일자별 종가와 거래량을 출력해주는 것을 확인할 수 있습니다.

이제 그림 4-22와 같이 다시 저장하면 최종 **키움증권API_TEST.xlsm** 파일이 완성됩니다.

그림 4-22 **키움증권API_TEST.xlsm 파일로 저장하기**

4.3 암호화폐 API 셋업

업비트의 Open API를 사용하기 위한 절차를 알아보겠습니다.

01 https://www.upbit.com에서 회원 가입 및 로그인을 합니다. 회원 가입 절차와 관련한 내용은 인터넷을 검색해보면 쉽게 찾을 수 있으니 이 책에서는 생략하도록 하겠습니다.

02 그림 4-23과 같이 [고객센터]로 이동해서 [Open API 안내] 메뉴로 들어갑니다.

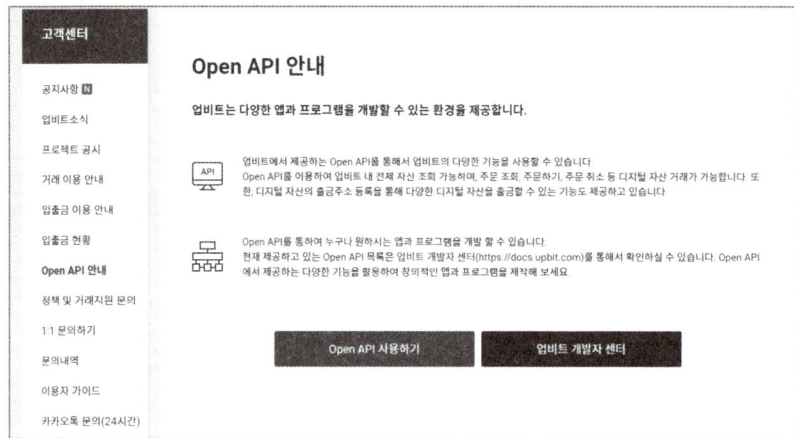

그림 4-23 업비트 API 셋업 화면 1

[Open API 사용하기] 버튼을 누르면 Open API Key 발급 관련 내용이 뜹니다.

그림 4-24 업비트 API 셋업 화면 2

동의를 하고 [Open API Key 발급받기]를 누르면 그림 4-25와 같이 Open API 관리 창이 나옵니다. 이 화면에서 [자산조회], [주문조회], [주문하기]를 선택하고 자신의 컴퓨터 IP를 확인하여 입력합니다. 여기서는 예시로 '192.168.255.1'을 기입하였습니다.

그림 4-25 업비트 API 셋업 화면 3

IP를 찾으려면 그림 4-26의 화면 상단 오른쪽에 위치한 [MY]를 클릭합니다. 그러면 마이페이지라는 화면이 나오는데, 여기서 [접속 관리] 버튼을 누릅니다.

그림 4-26 업비트 API 셋업 화면 4

그림 4-27의 화면에서 IP를 확인할 수 있습니다.

그림 4-27 업비트 API 셋업 화면 5

이제 [Open API Key 발급받기]를 최종적으로 눌러 그림 4-28과 같이 인증을 하라는 창이 나타나면 인증 작업을 진행합니다.

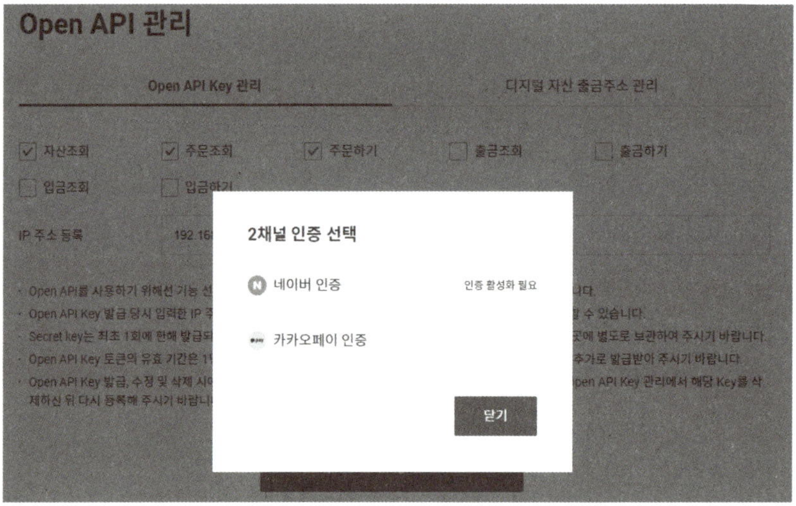

그림 4-28 업비트 API 셋업 화면 6

인증을 최종적으로 마무리하면 그림 4-29와 같이 'Access key'와 'Secret key'가 나올 것입니다. 이것은 향후 작성할 코드에 들어가는 내용이므로 반드시 복사해서 메모장이나 저장할 수 있는 다른 파일에 저장해둡니다.

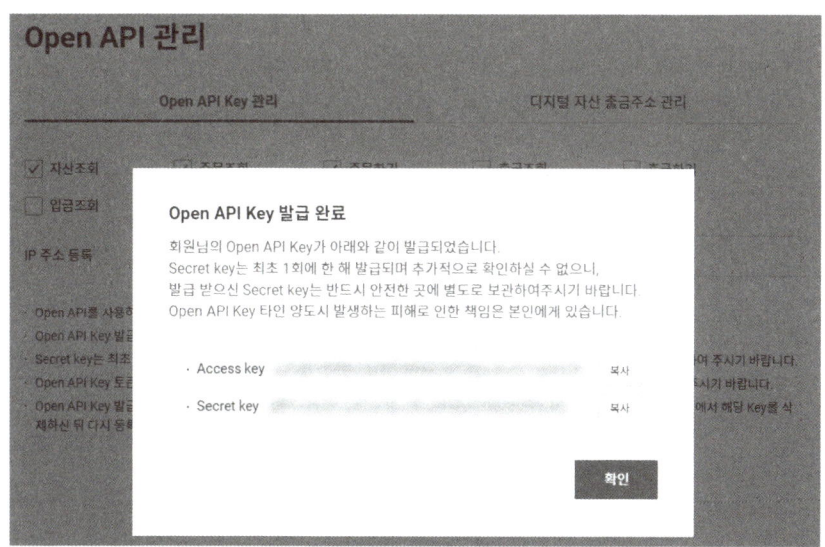

그림 4-29 업비트 API 셋업 화면 7

이 키들은 나중에 주문 관련 프로그램을 작성할 때 사용할 예정입니다.

 **API 키란 무엇인가요?**

암호화폐 거래소에서 제공하는 API를 통해 거래 기능을 사용하려면 API 키라는 인증 정보가 필요합니다. API 키는 사용자가 거래소에서 자신의 계정을 인증하고 외부 프로그램에서 거래, 잔고 조회 등의 작업을 수행할 수 있게 해주는 고유한 식별자입니다.

1 **API 키의 역할**

   암호화폐 거래소에서 제공하는 API 키는 API 요청을 통해 사용자의 계정과 연결된 다양한 기능을 수행할 수 있도록 해주는 열쇠와 같은 역할을 합니다. API 키는 보통 두 가지로 나뉩니다.

   - 공개 키(public key): 주로 계정 식별을 위해 사용되는 키입니다. 요청 시 사용자의 계정을 식별하는 데 필요한 정보입니다.
   - 비밀 키(secret key): 인증을 위해 사용되는 비밀스러운 키로, 외부 프로그램에서 API 요청을 보낼 때 사용자임을 증명하는 데 필요합니다.

2 **API 키가 노출되면 발생할 수 있는 위험**

API 키, 특히 비밀 키가 외부에 노출되면 심각한 보안 문제가 발생할 수 있습니다. 비밀 키는 암호화폐 거래와 계정 관리에서 매우 중요한 역할을 하기 때문에 절대 외부에 공개해서는 안 됩니다. 주요 위험은 다음과 같습니다.

- 계정 탈취 위험: 비밀 키를 획득한 사람은 거래소에서 해당 계정에 접근하여 거래를 실행하거나, 잔고를 확인하는 등의 작업을 수행할 수 있습니다. 즉, 사용자 계정의 자산이 도난당할 위험이 있습니다.
- 무단 거래 발생: 해커가 비밀 키를 통해 거래 명령을 임의로 실행할 수 있습니다. 이로 인해 허가 없이 암호화폐를 매수하거나 매도할 수 있으며, 이를 악용해 계정 내 모든 자산을 이동시키거나 손실을 초래할 수 있습니다.
- 개인 정보 및 자산 정보 유출: API 키를 사용하면 계정 잔고나 거래 내역 등의 민감한 데이터에 접근할 수 있습니다. 악의적인 목적을 가진 제삼자가 계정의 잔고와 거래 내역을 확인하거나 자산 흐름을 파악할 수 있어 개인 정보와 자산 정보가 노출될 수 있습니다.
- 속도 제한 초과로 계정 차단 위험: 악의적인 사용자가 API 키를 획득하여 무분별하게 요청을 보내면 속도 제한(rate limit)을 초과하여 계정이 일시적으로 차단될 수 있습니다. 이로 인해 계정의 정상적인 거래와 작업에 지장을 초래할 수 있습니다.

3 **안전한 API 키 관리 방법**

API 키를 안전하게 관리하는 방법은 다음과 같습니다.

- 키를 노출하지 말 것: 키를 코드나 웹페이지에 그대로 입력하지 말고, 환경 변수에 저장하거나 별도의 보안 저장소에 보관하는 것이 좋습니다.
- 사용 권한 최소화: 특정 작업에 필요한 권한만 부여하고 불필요한 권한을 제한하여 만일 키가 유출되더라도 피해를 최소화해야 합니다.
- 정기적인 키 재발급: 주기적으로 API 키를 재발급하여 기존 키가 유출될 가능성을 줄입니다.
- IP 주소 제한 설정: 특정 IP 주소에서만 API 요청을 허용하도록 설정함으로써 외부 접근을 차단할 수 있습니다.

암호화폐 거래소 API 키는 사용자의 자산을 안전하게 관리하는 데 중요한 보안 요소이므로, 외부에 절대 노출되지 않도록 주의하고 안전하게 보관하는 것이 중요합니다.

4.4 암호화폐 데이터 받아보기

이제 업비트 Open API를 통해서 암호화폐 데이터를 받아보는 방법을 소개합니다. 앞의 주식의 경우와 비슷하게 VBA 코드를 작성하여 데이터를 받는 절차를 살펴보겠습니다. 업비트 Open API의 경우 데이터를 JSON이라는 형태로 출력해주므로 JSON을 읽을 수 있는 엑셀 VBA 모듈이 필요합니다. 모듈을 일일이 찾아서 설치하는 것은 번거로우므로 이 책에서는 인터넷 경로를 통해 JSON 모듈이 내장되어 있는 엑셀 매크로 파일(xlsm)을 다운로드하고 그 파일에 우리의 코드를 작성하는 방식으로 진행하려고 합니다.

https://github.com/VBA-tools/VBA-JSON의 경로에 들어가면 그림 4-30과 같이 웹페이지가 열립니다.

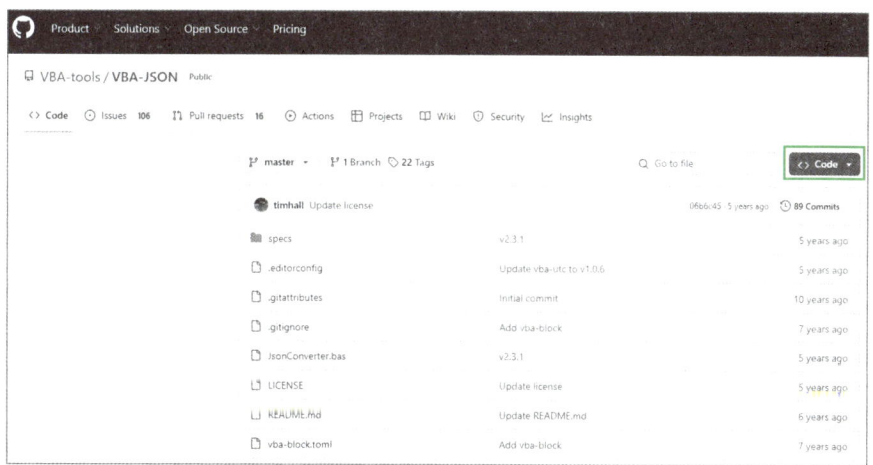

그림 4-30 VBA-tools 깃허브 웹페이지 화면 1

여기서 오른쪽의 [Code]를 클릭하면 그림 4-31과 같이 하위 메뉴가 나옵니다.

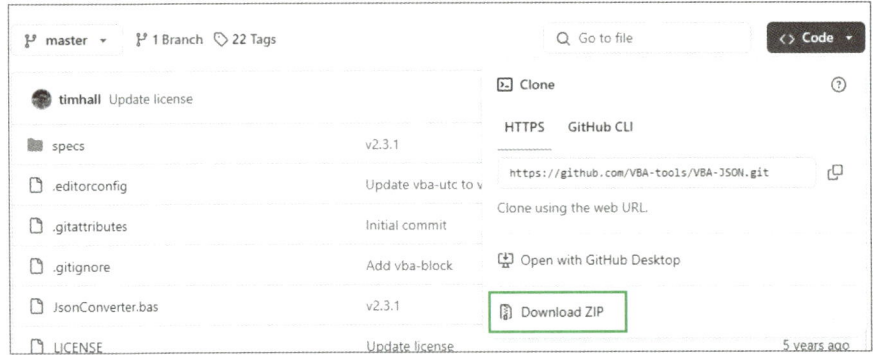

그림 4-31 VBA-tools 깃허브 웹페이지 화면 2

여기서 [Download ZIP] 부분을 클릭하면 `VBA-JSON-master.zip`이라는 파일을 다운로드할 수 있습니다. 이 파일의 압축을 해제하면 그림 4-32와 같은 폴더가 생길 것입니다.

그림 4-32 다운로드하여 압축을 푼 모습

여기서 specs라는 폴더에 들어가보면 `VBA-JSON - Specs.xlsm`이라는 파일이 내부에 있습니다.

그림 4-33 VBA-JSON - Specs.xlsm 파일 열기

이제 이 파일을 열어보겠습니다. 그림 4-34와 같이 엑셀 파일이 열린 것을 볼 수 있습니다.

그림 4-34 VBA-JSON - Specs.xlsm 파일 확인

개발 도구를 통해 VBA 편집기에 들어가보면 그림 4-35처럼 JSON을 컨트롤할 수 있는 다양한 모듈들이 이 파일에 이미 프로그래밍되어 있는 것을 볼 수 있습니다. 우리는 이 파일을 그대로 이용만 하면 됩니다.

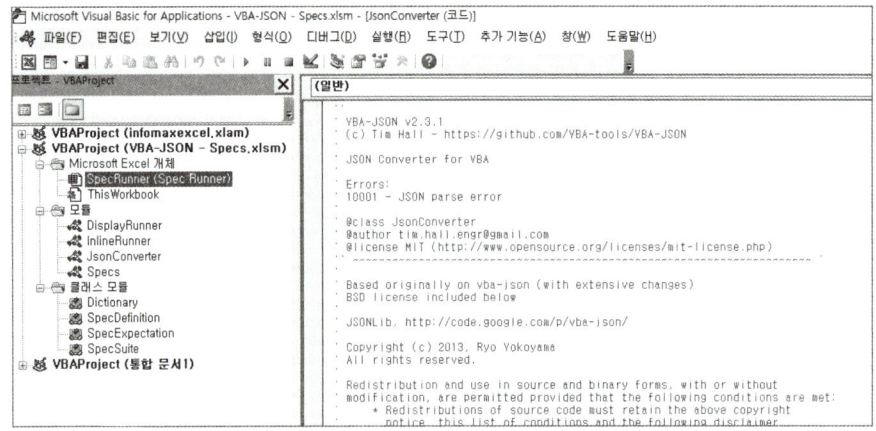

그림 4-35 **VBA 편집기에서 다양한 모듈이 확인됩니다.**

이제 Sheet1을 추가합니다. 그림 4-36에서 [Spec Runner] 옆에 있는 [+] 기호를 눌러주면 자동으로 Sheet1이 만들어집니다. 이어 앞에서 배운 것처럼 [CommandButton1]을 추가합니다.

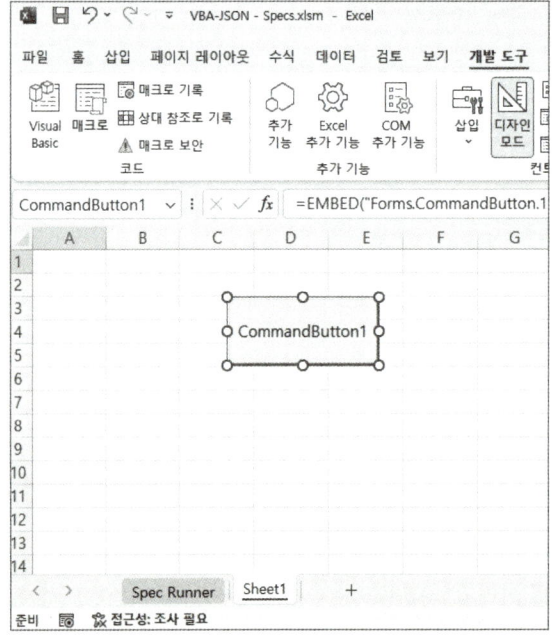

그림 4-36 **명령 단추 추가하기**

이제 [디자인 모드]를 선택한 상태에서 [CommandButton1]을 더블클릭하여 그림 4-37과 같이 코드 작성 준비를 합니다.

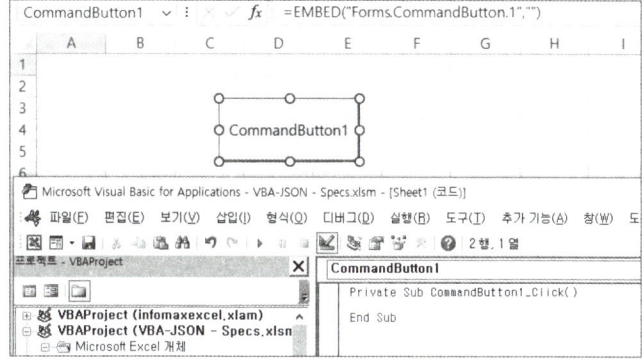

그림 4-37 명령 단추 코드 작성 준비하기

버튼의 이름을 [암호화폐데이터 받기]로 수정하고 그림 4-38과 같이 코드를 작성해 보겠습니다.

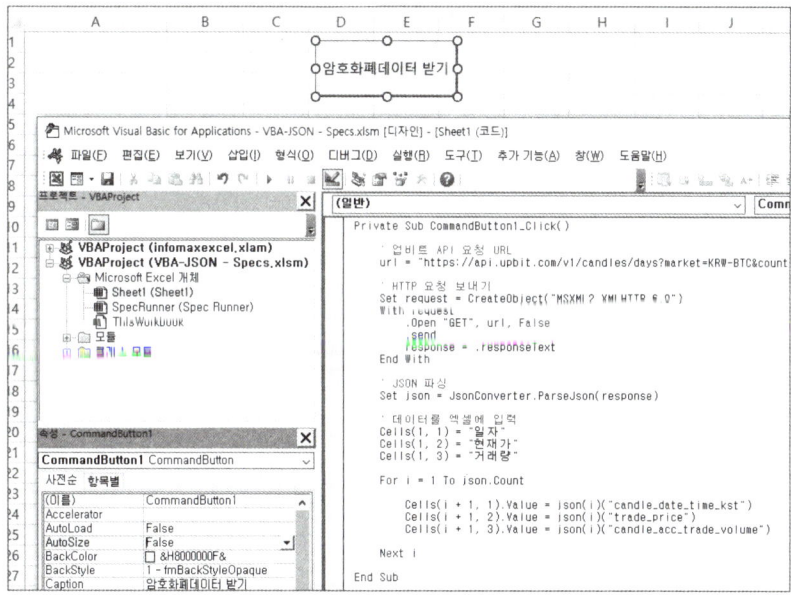

그림 4-38 버튼 이름을 '암호화폐데이터 받기'로 변경하고, 코드를 입력한 화면

4.4 암호화폐 데이터 받아보기　111

▼ 작성한 코드

```vb
Private Sub CommandButton1_Click()

    ' 업비트 API 요청 URL
    url = "https://api.upbit.com/v1/candles/days?market=KRW-BTC&count=200"

    ' HTTP 요청 보내기
    Set request = CreateObject("MSXML2.XMLHTTP.6.0")
    With request
        .Open "GET", url, False
        .send
        response = .responseText
    End With

    ' JSON 파싱
    Set json = JsonConverter.ParseJson(response)

    ' 데이터를 엑셀에 입력
    Cells(1, 1) = "일자"
    Cells(1, 2) = "현재가"
    Cells(1, 3) = "거래량"

    For i = 1 To json.Count

        Cells(i + 1, 1).Value = json(i)("candle_date_time_kst")
        Cells(i + 1, 2).Value = json(i)("trade_price")
        Cells(i + 1, 3).Value = json(i)("candle_acc_trade_volume")

    Next i

End Sub
```

이 코드를 살펴보면 앞의 주식 데이터를 받는 코드와 모양이 거의 비슷하다는 것을 알 수 있습니다. 차이점은 '업비트 API 요청 URL'을 통해 HTTP 요청을 보내고 그것을 **response**라는 변수에 JSON 파일 형식으로 데이터를 받는다는 것입니다. 그런 다음 그 JSON 파일을 **jsonConverter.ParseJson** 함수로 엑셀에 출력할 수 있는 형식으로 변환시켜 하단의 **For...Next** 문을 통해서 반복하면서 데이터를 출력해줍니다. 이 코드는 앞으로의 프로젝트에서 챗GPT를 활용할 때 자주 불러올 것입니다. 이 파일은 그림 4-39와 같이 **업비트API_TEST.xlsm**으로 저장하였습니다.

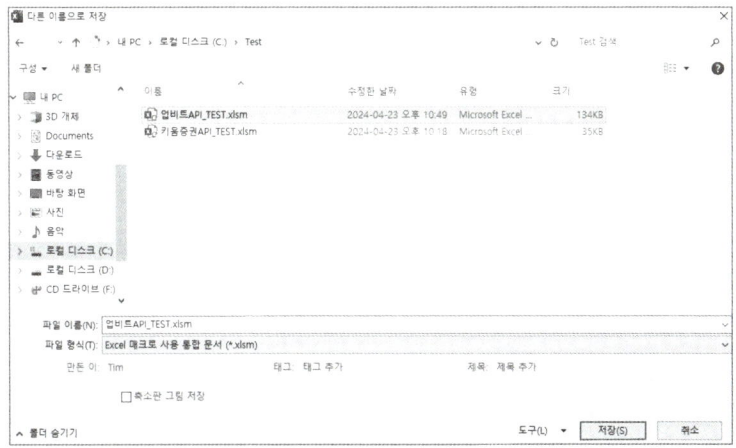

그림 4-39 업비트API_TEXT.xlsm으로 저장하기

이제 이 코드를 작성, 저장하고 실행해보겠습니다. 그림 4-40과 같이 비트코인의 일별 종가 및 거래량 데이터가 엑셀에 잘 출력됨을 확인할 수 있습니다.

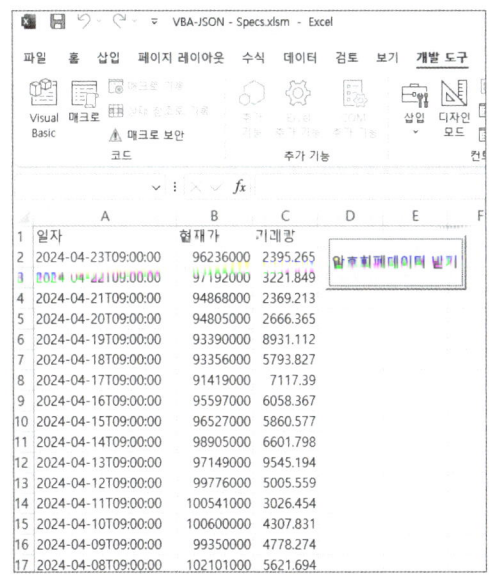

그림 4-40 암호화폐데이터 출력 결과 화면

4.4 암호화폐 데이터 받아보기　113

어떻습니까? 생각보다 간단한 코드로 과거 일별 데이터를 쉽게 받을 수 있습니다.

지금까지 API를 활용하여 삼성전자의 데이터와 비트코인의 데이터를 엑셀로 출력하는 실습을 해보았습니다. 이제 본격적으로 챗GPT를 활용하여 엑셀 데이터를 분석하는 방법을 살펴보도록 하겠습니다.

> 트레이더 이야기

파이썬과 VBA의 차이점은?

이 책의 이전 시리즈인 《챗GPT로 만드는 주식 & 암호화폐 자동매매 시스템》은 파이썬을 기준으로 집필했습니다. 이 책에서 활용하는 엑셀 VBA와 파이썬의 차이점이 무엇인지 궁금한 독자가 있을 것입니다.

금융 상품을 트레이딩하는 데 있어서 시스템 기반으로 분석 및 주문을 할 때 엑셀과 파이썬은 가장 자주 언급되는 도구들입니다. 두 언어 모두 업무 효율성을 높이고 복잡한 작업을 간소화하는 데 큰 도움을 주지만, 접근 방식과 사용 사례에서 중요한 차이가 있습니다. 그렇다면 파이썬과 VBA는 어떤 점에서 다를까요? 지금부터 자세히 살펴보겠습니다.

1. 언어의 목적과 범위

VBA는 마이크로소프트 오피스 제품군(엑셀, 워드, 파워포인트 등)에서 기본적으로 제공하는 프로그래밍 언어로, 엑셀과 같은 특정 응용 프로그램의 자동화 및 확장을 목적으로 설계한 것입니다. 즉, VBA는 엑셀과의 긴밀한 통합이 장점으로, 엑셀 안에서 실행되는 작업을 자동화하는 데 최적화되어 있습니다.

파이썬은 범용 프로그래밍 언어로, 데이터 분석, 웹 개발, 인공지능, 자동화 등 다양한 분야에서 사용하고 있습니다. 엑셀뿐만 아니라 다른 플랫폼과도 쉽게 연동되며, 데이터 처리와 분석에 강력한 라이브러리를 제공합니다.

한마디로 VBA는 엑셀 작업에 특화된 언어이고, 파이썬은 엑셀을 포함한 다양한 환경에서 활용 가능한 다목적 언어입니다.

2. 접근성과 학습 곡선

VBA는 엑셀을 자주 사용하는 사용자라면 비교적 쉽게 접근할 수 있습니다. 엑셀 내의 매크로 기록기를 활용하면 코드를 자동으로 생성해주므로 코딩 경험이 없는 사람도 빠르게 시작할 수 있습니다. 그러나 VBA는 비교적 오래된 언어로, 현대적인 코딩 스타일이나 문법을 제공하지 않는다는 점이 단점으로 꼽힙니다.

파이썬은 간결하고 읽기 쉬운 문법 덕분에 프로그래밍 입문자들에게도 인기가 많습니다. 그러나 엑셀과의 연동 작업(예: openpyxl, pandas, xlwings 등의 라이브러리 사용)은 VBA에 비해 설정이 더 필요할 수 있습니다. 대신 일단 익혀두면 엑셀을 넘어 다양한 데이터 처리와 분석 작업에 응용할 수 있는 점이 강점입니다.

요약하자면 VBA는 엑셀 작업에 특화된 기능을 지원하고, 파이썬은 더 넓은 가능성과 현대적인 프로그래밍 환경을 제공합니다.

3. 데이터 처리와 확장성

VBA는 엑셀 내부의 데이터 처리에 강력하지만, 대량의 데이터를 처리하거나 복잡한 알고리즘을 구현하는 데는 한계가 있습니다. 또한, 엑셀 파일 크기가 커지면 속도가 느려질 수 있습니다.

파이썬은 대량의 데이터 처리와 복잡한 분석 작업에 적합합니다. 특히 pandas, NumPy 같은 라이브러리를 통해 데이터를 효율적으로 다룰 수 있습니다. 또한, 엑셀을 넘어 데이터베이스, 웹 데이터, JSON 파일 등 다양한 형식의 데이터를 다룰 수 있는 유연성을 제공합니다.

즉, 파이썬은 대량의 데이터를 처리하거나 다양한 데이터 소스를 다룰 때 우수한 성능을 발휘하며, VBA는 엑셀 안에서 간단한 데이터 작업을 하는 데 적합합니다.

4. 성능과 실행 환경

VBA는 엑셀 내부에서 실행되기 때문에 엑셀 파일과 밀접하게 연동됩니다. 하지만 이는 엑셀이 실행 중인 상태에서만 코드를 실행할 수 있음을 의미하며, 외부 데이터나 다른 응용 프로그램과의 통합은 제한적입니다

파이썬은 독립 실행형 언어로, 엑셀이 실행되지 않아도 코드를 실행할 수 있습니다. 또한, 외부 API와의 통합, 클라우드 서버와의 연동 등 고급 작업을 수행할 수 있습니

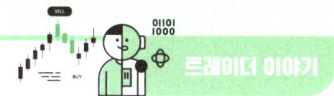

다. 특히, 여러 스레드를 활용한 병렬 처리로 복잡한 작업을 빠르게 처리할 수도 있습니다.

결론적으로 VBA는 엑셀과 밀접하게 연동되지만 실행 환경이 제한적이고, 파이썬은 더 유연하고 확장 가능한 환경을 제공합니다.

5. 커뮤니티와 지원

VBA는 오랜 역사를 가진 언어로, 엑셀 사용자 커뮤니티가 크고 문서화가 잘되어 있습니다. 그러나 업데이트가 드물고, 새로운 요구를 잘 반영하지 않는 점이 한계로 지적됩니다.

파이썬은 오픈소스 언어로, 전 세계적으로 커뮤니티가 활성화되어 최신 업데이트를 제공합니다. 다양한 라이브러리와 패키지를 지속적으로 선보이며, 문제가 발생했을 때 참고할 수 있는 자료와 예제가 풍부합니다.

요약하면 VBA는 전통적인 엑셀 커뮤니티에 강점이 있고, 파이썬은 최신의 폭넓은 지원 환경을 자랑합니다.

결론: 어떤 것을 선택해야 할까?

엑셀 중심의 작업, 간단한 자동화가 필요하다면 VBA가 적합합니다. 특히, 엑셀 안에서 빠르게 작업을 처리하고 싶다면 VBA는 더없이 효율적인 도구입니다.

대량의 데이터 처리, 복잡한 분석, 외부 데이터와의 연동, 그리고 엑셀을 넘어선 활용을 원한다면 파이썬이 더 나은 선택입니다.

결국 VBA와 파이썬은 각자의 강점이 뚜렷하므로 트레이더나 데이터 분석가로서 필요한 작업의 성격과 환경에 따라 적합한 도구를 선택하는 것이 중요합니다. 능숙하게 두 언어를 모두 활용할 수 있다면, 데이터 분석과 자동화의 가능성을 극대화할 수 있을 것입니다.

챗GPT와 엑셀을 활용한 데이터 분석

- 5.1 챗GPT를 활용한 상관관계 분석
- 5.2 챗GPT를 활용한 기술적 지표 분석

이 장에서는 챗GPT와 엑셀을 활용하여 데이터를 분석하는 다양한 방법을 소개합니다. 챗GPT의 자연어 처리 능력과 엑셀의 강력한 데이터 처리 기능을 결합하면, 복잡한 분석도 손쉽게 수행할 수 있습니다. 세부적으로는 상관관계 분석, 변동성 분석, 기술적 지표 분석과 같은 주요 분석 방법을 다룹니다. 찬찬히 읽어가다 보면 데이터를 해석하고 의사 결정을 내리는 과정을 이해할 수 있을 것입니다. 또한, 금융 트렌드와 패턴을 파악하고 투자 전략 수립에 필요한 인사이트를 얻을 수 있을 것입니다. 이 장이 끝날 때쯤 독자들은 챗GPT와 엑셀을 활용하여 다양한 데이터 분석 기법을 효과적으로 적용하는 방법을 익히게 될 것입니다.

5.1 챗GPT를 활용한 상관관계 분석

상관관계correlation는 두 변수 간의 관계를 수치적으로 표현한 개념입니다. 상관관계는 두 변수가 서로 어떻게 연관되어 있는지를 나타내며, 보통 −1에서 1 사이의 값을 가집니다. 상관계수가 1에 가까울수록 두 변수는 정(+)의 상관관계를 가지며, 한 변수가 증가할 때 다른 변수도 함께 증가하는 경향을 보입니다. 반대로 상관계수가 −1에 가까울수록 두 변수는 부(−)의 상관관계를 가지며, 한 변수가 증가할 때 다른 변수는 감소하는 경향이 나타납니다. 상관계수가 0에 가까운 값이라면, 두 변수 간에는 뚜렷한 선형적 관계가 없음을 의미합니다.

상관관계 분석은 데이터 분석에서 매우 중요한 역할을 합니다. 이를 통해 변수 간의 연관성을 이해할 수 있으며, 이러한 연관성은 다양한 분야에서 실질적인 인사이트를 제공합니다. 예를 들어 경제학에서는 소비와 소득 간의 상관관계를 분석하여 소비 패턴을 이해할 수 있고, 금융에서는 주식 가격과 거래량 간의 상관관계를 분석하여 시장 동향을 예측할 수 있습니다. 또한, 상관관계 분석은 통계적 모델링의 기초가 되기도 하며, 두 변수 간의 연관성을 기반으로 예측 모델을 구축하는 데 활용합니다.

상관관계 분석의 주요 목적은 두 변수 간의 관계를 파악하여 이를 바탕으로 의사 결정을 내리는 것입니다. 예를 들어 마케팅 분야에서는 특정 광고 캠페인과 판매 실적 간의 상관관계를 분석함으로써 캠페인의 효과를 평가할 수 있습니다. 상관관계 분석을 통해 얻은 정보는 복잡한 데이터 간의 관계를 단순화하여 이해하기 쉽게 정리해주며, 이를 통해 더 나은 전략적 결정을 내릴 수 있습니다.

이제 챗GPT와 엑셀을 활용하여 상관관계 분석을 어떻게 수행할 수 있는지 알아보겠습니다. 챗GPT의 자연어 처리 능력을 이용하면, 분석 과정에서 발생할 수 있는 복잡한 계산이나 데이터 해석의 어려움을 효과적으로 해결할 수 있습니다. 이를 통해 사용자들은 더 쉽고 빠르게 상관관계 분석을 수행할 수 있으며, 엑셀의 시각적 도구를 활용하여 결과를 명확하게 표현할 수 있습니다.

주식 상관관계 분석

앞에서 주식 데이터를 엑셀 VBA 코드를 통해서 받아오는 것을 알아보았습니다. 이제 챗GPT를 활용하고 응용함으로써 이 코드들에 대하여 좀 더 본격적이고 좀 더 의미 있는 데이터 분석에 들어가보겠습니다. 먼저 앞 장에서 실습한 코드를 활용하여 삼성전자와 하이닉스의 상관계수를 보여주는 코드를 챗GPT가 만들어낼 수 있는지 알아보겠습니다. 생성된 코드는 앞에서 만든 **키움증권API_TEST.xlsm** 파일의 코드를 수정하여 진행하도록 하겠습니다.

아래의 예제 코드는 삼성전자의 일별 가격과 거래량을 출력해주는 엑셀 VBA 코드입니다. 이 코드를 응용하여 삼성전자와 하이닉스의 상관계수(correlation)를 보여주는 코드를 만들어주세요.

```
Private Sub CommandButton1_Click() '로그인

    Call KHOpenAPI1.CommConnect
```

```
End Sub

Private Sub CommandButton2_Click() '데이터 요청

    sRQName = "RQ_005930" '요청 이름
    sTrCode = "OPT10081" 'TR명
    sScrNo = "0001" '요청 번호
    stockcode = "005930" '삼성전자 종목 코드
    datatime = Format(Date, "YYYYMMDD") '현재 일자

    Call KHOpenAPI1.SetInputValue("종목 코드", stockcode)
    Call KHOpenAPI1.SetInputValue("기준 일자", datatime)
    Call KHOpenAPI1.CommRqData(sRQName, sTrCode, 0, sScrNo)

End Sub

Private Sub KHOpenAPI1_OnReceiveTrData(ByVal sScrNo As
String, ByVal sRQName As String, ByVal sTrCode As String,
ByVal sRecordName As String, ByVal sPrevNext As String, ByVal
nDataLength As Long, ByVal sErrorCode As String, ByVal sMessage
As String, ByVal sSplmMsg As String)
'데이터 수신

    Count = 365 '요청 데이터 개수

    Cells(1, 1) = "일자"
    Cells(1, 2) = "현재가"
    Cells(1, 3) = "거래량"

    If sScrNo = "0001" Then

        For i = 0 To Count    1

            Cells(i + 2, 1) = Trim(KHOpenAPI1.GetCommData(sTrCode, sRQName, i, "일자"))
            Cells(i + 2, 2) = Trim(KHOpenAPI1.GetCommData(sTrCode, sRQName, i, "현재가"))
            Cells(i + 2, 3) = Trim(KHOpenAPI1.GetCommData(sTrCode, sRQName, i, "거래량"))

        Next
```

```
        End If
End Sub
```

놀라운 것은 앞 장에서 만든 코드 전체를 그대로 질문에 넣는 것도 가능하다는 것입니다. 이제 챗GPT는 우리가 이미 작성했던 코드를 잘 활용하여 원하는 결과물을 보여줄 것입니다.

GPT-3.5

아래는 삼성전자와 하이닉스의 상관계수를 계산하여 출력하는 VBA 코드입니다. 이 코드를 사용하려면 삼성전자와 하이닉스의 종목 코드를 알아야 합니다. 여기서는 삼성전자의 종목 코드가 '005930'이라고 가정하고, 하이닉스의 종목 코드를 '000660'으로 설정합니다. 이 코드는 CommandButton1_Click 및 CommandButton2_Click 서브루틴에서 데이터를 요청하는 방법을 유지합니다.

```vba
Private Sub CommandButton1_Click() '로그인

    Call KHOpenAPI1.CommConnect

End Sub

Private Sub CommandButton2_Click() '데이터 요청

    Dim sRQName1 As String, sRQName2 As String
    Dim sTrCode1 As String, sTrCode2 As String
    Dim sScrNo1 As String, sScrNo2 As String
    Dim stockcode1 As String, stockcode2 As String
    Dim datatime As String

    ' 삼성전자
    sRQName1 = "RQ_005930" '요청 이름
    sTrCode1 = "OPT10081" 'TR명
    sScrNo1 = "0001" '요청 번호
    stockcode1 = "005930" '삼성전자 종목 코드
```

```
    datatime = Format(Date, "YYYYMMDD") '현재 일자

    Call KHOpenAPI1.SetInputValue("종목 코드", stockcode1)
    Call KHOpenAPI1.SetInputValue("기준 일자", datatime)
    Call KHOpenAPI1.CommRqData(sRQName1, sTrCode1, 0, sScrNo1)

    ' 하이닉스
    sRQName2 = "RQ_000660" '요청 이름
    sTrCode2 = "OPT10081" 'TR명
    sScrNo2 = "0002" '요청 번호
    stockcode2 = "000660" '하이닉스 종목 코드

    Call KHOpenAPI1.SetInputValue("종목 코드", stockcode2)
    Call KHOpenAPI1.SetInputValue("기준 일자", datatime)
    Call KHOpenAPI1.CommRqData(sRQName2, sTrCode2, 0, sScrNo2)

End Sub

Private Sub KHOpenAPI1_OnReceiveTrData(ByVal sScrNo As String,
ByVal sRQName As String, ByVal sTrCode As String, ByVal
sRecordName As String, ByVal sPrevNext As String, ByVal
nDataLength As Long, ByVal sErrorCode As String, ByVal sMessage
As String, ByVal sSplmMsg As String)
'데이터 수신

    Dim Count As Long
    Count = 365 '요청 데이터 개수

    If sRQName = "RQ_005930" Then '삼성전자 데이터 수신

        Cells(1, 1) = "일자"
        Cells(1, 2) = "삼성전자 현재가"
        Cells(1, 3) = "삼성전자 거래량"

        For i = 0 To Count - 1
            Cells(i + 2, 1) = Trim(KHOpenAPI1.GetCommData(
sTrCode, sRQName, i, "일자"))
            Cells(i + 2, 2) = Trim(KHOpenAPI1.GetCommData(
sTrCode, sRQName, i, "현재가"))
            Cells(i + 2, 3) = Trim(KHOpenAPI1.GetCommData(
sTrCode, sRQName, i, "거래량"))
```

```
            Next
        
        ElseIf sRQName = "RQ_000660" Then '하이닉스 데이터 수신
        
            Cells(1, 5) = "일자"
            Cells(1, 6) = "하이닉스 현재가"
            Cells(1, 7) = "하이닉스 거래량"
            
            For i = 0 To Count - 1
                Cells(i + 2, 5) = Trim(KHOpenAPI1.GetCommData(
sTrCode, sRQName, i, "일자"))
                Cells(i + 2, 6) = Trim(KHOpenAPI1.GetCommData(
sTrCode, sRQName, i, "현재가"))
                Cells(i + 2, 7) = Trim(KHOpenAPI1.GetCommData(
sTrCode, sRQName, i, "거래량"))
            Next
            
            ' 상관계수 계산
            Dim rngSamsung As Range, rngHynix As Range
            Set rngSamsung = Range("B2:B" & Count + 1) ' 삼성전자
현재가 범위
            Set rngHynix = Range("F2:F" & Count + 1) ' 하이닉스
현재가 범위
            
            Dim correlation As Double
            correlation = WorksheetFunction.Correl(rngSamsung,
rngHynix)
            
            Cells(1, 9) = "상관계수"
            Cells(2, 9) = correlation
        
        End If

End Sub
```

VBA 편집 창에서 기존 코드를 삭제 후 챗GPT에서 제안한 위 코드를 복사하여 붙여넣기 후 실행해보았습니다.

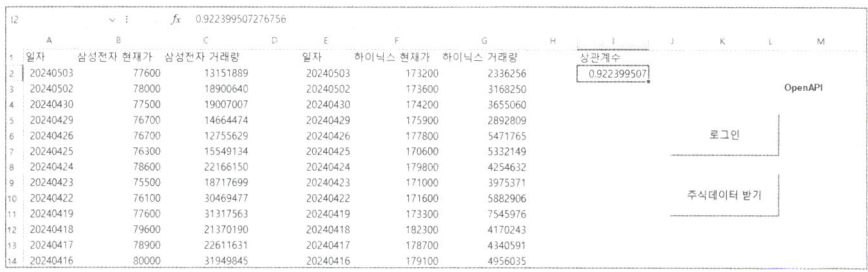

그림 5-1 상관관계 분석 코드 결과 화면

그림 5-1과 같이 상관계수는 0.92, 즉 삼성전자와 하이닉스의 상관관계는 92%로 상당히 비슷하게 움직이는 종목임을 알 수 있습니다.

그럼 이제 좀 더 응용하여 두 종목의 가격을 표준화하여 차트로 시각화해주는 것을 챗GPT로 만들어보겠습니다. 아래를 보면 질문이 보다 구체화된 것을 확인할 수 있습니다.

아래의 엑셀 VBA 코드를 통해서 나온 엑셀 시트를 활용해서 삼성전자와 하이닉스의 가격 데이터를 표준화하여 차트로 보여주는 코드로 수정해주세요.

아래의 코드를 통해서 나온 엑셀에 대한 설명과 구체적인 사항은 다음과 같습니다.

1. 삼성전자의 일자 데이터, 현재가, 거래량 데이터가 A, B, C열에 하이닉스의 데이터는 E, F, G열에 있다.

2. A열의 일자와 B열의 삼성전자 가격 데이터, F열의 하이닉스 가격 데이터를 활용한다.

3. 두 종목의 가격 데이터를 표준화하여 J, K, L열에 일자, 삼성전자 표준화 데이터, 하이닉스 표준화 데이터 순으로 출력한다.

4. J, K, L열에 표준화한 데이터를 차트로 보여준다. 이때 J열의 일자를 정렬하여 차트 X축의 오른쪽에 최신 데이터를 나타낸다.

```
Private Sub CommandButton1_Click() '로그인

    Call KHOpenAPI1.CommConnect
```

5.1 챗GPT를 활용한 상관관계 분석

```
End Sub

Private Sub CommandButton2_Click() '데이터 요청

    Dim sRQName1 As String, sRQName2 As String
    Dim sTrCode1 As String, sTrCode2 As String
    Dim sScrNo1 As String, sScrNo2 As String
    Dim stockcode1 As String, stockcode2 As String
    Dim datatime As String

    ' 삼성전자
    sRQName1 = "RQ_005930" '요청 이름
    sTrCode1 = "OPT10081" 'TR명
    sScrNo1 = "0001" '요청 번호
    stockcode1 = "005930" '삼성전자 종목 코드
    datatime = Format(Date, "YYYYMMDD") '현재 일자

    Call KHOpenAPI1.SetInputValue("종목 코드", stockcode1)
    Call KHOpenAPI1.SetInputValue("기준 일자", datatime)
    Call KHOpenAPI1.CommRqData(sRQName1, sTrCode1, 0, sScrNo1)

    ' 하이닉스
    sRQName2 = "RQ_000660" '요청 이름
    sTrCode2 = "OPT10081" 'TR명
    sScrNo2 = "0002" '요청 번호
    stockcode2 = "000660" '하이닉스 종목 코드

    Call KHOpenAPI1.SetInputValue("종목 코드", stockcode2)
    Call KHOpenAPI1.SetInputValue("기준 일자", datatime)
    Call KHOpenAPI1.CommRqData(sRQName2, sTrCode2, 0, sScrNo2)

End Sub

Private Sub KHOpenAPI1_OnReceiveTrData(ByVal sScrNo As
String, ByVal sRQName As String, ByVal sTrCode As String,
ByVal sRecordName As String, ByVal sPrevNext As String, ByVal
nDataLength As Long, ByVal sErrorCode As String, ByVal sMessage
As String, ByVal sSplmMsg As String)
'데이터 수신
```

```
    Dim Count As Long
    Count = 365 '요청 데이터 개수

    If sRQName = "RQ_005930" Then '삼성전자 데이터 수신

        Cells(1, 1) = "일자"
        Cells(1, 2) = "삼성전자 현재가"
        Cells(1, 3) = "삼성전자 거래량"

        For i = 0 To Count - 1
            Cells(i + 2, 1) = Trim(KHOpenAPI1.GetCommData(
sTrCode, sRQName, i, "일자"))
            Cells(i + 2, 2) = Trim(KHOpenAPI1.GetCommData(
sTrCode, sRQName, i, "현재가"))
            Cells(i + 2, 3) = Trim(KHOpenAPI1.GetCommData(
sTrCode, sRQName, i, "거래량"))
        Next

    ElseIf sRQName = "RQ_000660" Then '하이닉스 데이터 수신

        Cells(1, 5) = "일자"
        Cells(1, 6) = "하이닉스 현재가"
        Cells(1, 7) = "하이닉스 거래량"

        For i = 0 To Count - 1
            Cells(i + 2, 5) = Trim(KHOpenAPI1.GetCommData(
sTrCode, sRQName, i, "일자"))
            Cells(i + 2, 6) = Trim(KHOpenAPI1.GetCommData(
sTrCode, sRQName, i, "현재가"))
            Cells(i + 2, 7) = Trim(KHOpenAPI1.GetCommData(
sTrCode, sRQName, i, "거래량"))
        Next

    ' 상관계수 계산
        Dim rngSamsung As Range, rngHynix As Range
        Set rngSamsung = Range("B2:B" & Count + 1) ' 삼성전자
현재가 범위
        Set rngHynix = Range("F2:F" & Count + 1) ' 하이닉스
현재가 범위

        Dim correlation As Double
```

```
        correlation = WorksheetFunction.Correl(rngSamsung,
rngHynix)

        Cells(1, 9) = "상관계수"
        Cells(2, 9) = correlation

    End If

End Sub
```

아래는 삼성전자와 SK하이닉스의 가격 데이터를 표준화하여 차트로 보여주는 엑셀 VBA 코드입니다. 이 코드는 기존에 주어진 데이터를 활용하여 표준화된 데이터를 계산한 후, 해당 데이터를 차트로 시각화합니다.

```
Private Sub CommandButton1_Click() '로그인
    Call KHOpenAPI1.CommConnect
End Sub

Private Sub CommandButton2_Click() '데이터 요청

    Dim sRQName1 As String, sRQName2 As String
    Dim sTrCode1 As String, sTrCode2 As String
    Dim sScrNo1 As String, sScrNo2 As String
    Dim stockcode1 As String, stockcode2 As String
    Dim datatime As String

    ' 삼성전자
    sRQName1 = "RQ_005930" '요청 이름
    sTrCode1 = "OPT10081" 'TR명
    sScrNo1 = "0001" '요청 번호
    stockcode1 = "005930" '삼성전자 종목 코드
    datatime = Format(Date, "YYYYMMDD") '현재 일자

    Call KHOpenAPI1.SetInputValue("종목코드", stockcode1)
    Call KHOpenAPI1.SetInputValue("기준일자", datatime)
    Call KHOpenAPI1.CommRqData(sRQName1, sTrCode1, 0, sScrNo1)

    ' 하이닉스
```

```
    sRQName2 = "RQ_000660" '요청 이름
    sTrCode2 = "OPT10081" 'TR명
    sScrNo2 = "0002" '요청 번호
    stockcode2 = "000660" '하이닉스 종목 코드

    Call KHOpenAPI1.SetInputValue("종목 코드", stockcode2)
    Call KHOpenAPI1.SetInputValue("기준 일자", datatime)
    Call KHOpenAPI1.CommRqData(sRQName2, sTrCode2, 0, sScrNo2)

End Sub

Private Sub KHOpenAPI1_OnReceiveTrData(ByVal sScrNo As String,
ByVal sRQName As String, ByVal sTrCode As String, ByVal
sRecordName As String, ByVal sPrevNext As String, ByVal
nDataLength As Long, ByVal sErrorCode As String, ByVal sMessage
As String, ByVal sSplmMsg As String)
'데이터 수신

    Dim Count As Long
    Count = 365 '요청 데이터 개수

    If sRQName = "RQ_005930" Then '삼성전자 데이터 수신

        Cells(1, 1) = "일자"
        Cells(1, 2) = "삼성전자 현재가"
        Cells(1, 3) = "삼성전자 거래량"

        For i = 0 To Count - 1
            Cells(i + 2, 1) = Trim(KHOpenAPI1.GetCommData(
sTrCode, sRQName, i, "일자"))
            Cells(i + 2, 2) = Trim(KHOpenAPI1.GetCommData(
sTrCode, sRQName, i, "현재가"))
            Cells(i + 2, 3) = Trim(KHOpenAPI1.GetCommData(
sTrCode, sRQName, i, "거래량"))
        Next

    ElseIf sRQName = "RQ_000660" Then '하이닉스 데이터 수신

        Cells(1, 5) = "일자"
        Cells(1, 6) = "하이닉스 현재가"
        Cells(1, 7) = "하이닉스 거래량"
```

```
        For i = 0 To Count - 1
            Cells(i + 2, 5) = Trim(KHOpenAPI1.GetCommData(
sTrCode, sRQName, i, "일자"))
            Cells(i + 2, 6) = Trim(KHOpenAPI1.GetCommData(
sTrCode, sRQName, i, "현재가"))
            Cells(i + 2, 7) = Trim(KHOpenAPI1.GetCommData(
sTrCode, sRQName, i, "거래량"))
        Next
        
        ' 가격 데이터 표준화 및 차트 생성
        Call StandardizeAndChart
        
    End If

End Sub

Private Sub StandardizeAndChart()
    Dim lastRow As Long
    lastRow = Cells(Rows.Count, 1).End(xlUp).Row
    
    ' 가격 데이터 가져오기
    Dim samsungPrices As Range
    Dim hynixPrices As Range
    Set samsungPrices = Range("B2:B" & lastRow)
    Set hynixPrices = Range("F2:F" & lastRow)
    
    ' 표준화된 데이터를 저장할 열
    Dim i As Long
    Dim meanSamsung As Double, stdDevSamsung As Double
    Dim meanHynix As Double, stdDevHynix As Double
    
    meanSamsung = WorksheetFunction.Average(samsungPrices)
    stdDevSamsung = WorksheetFunction.StDev(samsungPrices)
    
    meanHynix = WorksheetFunction.Average(hynixPrices)
    stdDevHynix = WorksheetFunction.StDev(hynixPrices)
    
    Cells(1, 10) = "일자"
    Cells(1, 11) = "삼성전자 표준화 데이터"
    Cells(1, 12) = "하이닉스 표준화 데이터"
```

```
    For i = 2 To lastRow
        Cells(i, 10) = Cells(i, 1) ' 일자
        Cells(i, 11) = (Cells(i, 2) - meanSamsung) / 
stdDevSamsung ' 삼성전자 표준화 데이터
        Cells(i, 12) = (Cells(i, 6) - meanHynix) / 
stdDevHynix ' 하이닉스 표준화 데이터
    Next i

    ' 표준화 데이터 차트로 시각화
    Call CreateStandardizedChart(lastRow)
End Sub

Private Sub CreateStandardizedChart(ByVal lastRow As Long)
    ' 차트 생성
    Dim chartObj As ChartObject
    Set chartObj = ActiveSheet.ChartObjects.Add(Left:=100, 
Width:=600, Top:=50, Height:=300)
    Dim chart As Chart
    Set chart = chartObj.Chart

    ' 데이터 범위 설정
    Dim dataRange As Range
    Set dataRange = Range("J1:L" & lastRow)

    ' 차트에 데이터 추가
    chart.SetSourceData Source:=dataRange

    ' 차트 설정
    chart.ChartType = xlLine
    chart.SetElement (msoElementLegendBottom)
    chart.HasTitle = True
    chart.ChartTitle.Text = "삼성전자와 하이닉스의 표준화된 가격 
데이터"
    chart.Axes(xlCategory).CategoryNames = Range("J2:J" & lastRow)

    ' X축 정렬 (최신 데이터가 오른쪽에 오도록)
    chart.Axes(xlCategory).ReversePlotOrder = True

End Sub
```

이번에는 좀 더 정확한 답변을 위해서 GPT-4를 이용해보았습니다. [주식데이터 받기] 버튼을 클릭해서 실행해보니 그림 5-2와 같이 그래프가 조금 이상하게 나온 것을 확인할 수 있습니다.

그림 5-2 **주식 데이터 그래프 결과 화면**

그럼 질문에 잘못 나온 그래프까지 캡처하여 질문을 구성해서 챗GPT에 다시 물어보도록 하겠습니다. 질문에 그림 파일까지 포함할 수 있는 것은 유료 버전의 GPT-4 고유 기능입니다. 무료 버전인 GPT-3.5에서는 제공하지 않는 기능이니 참고 바랍니다.

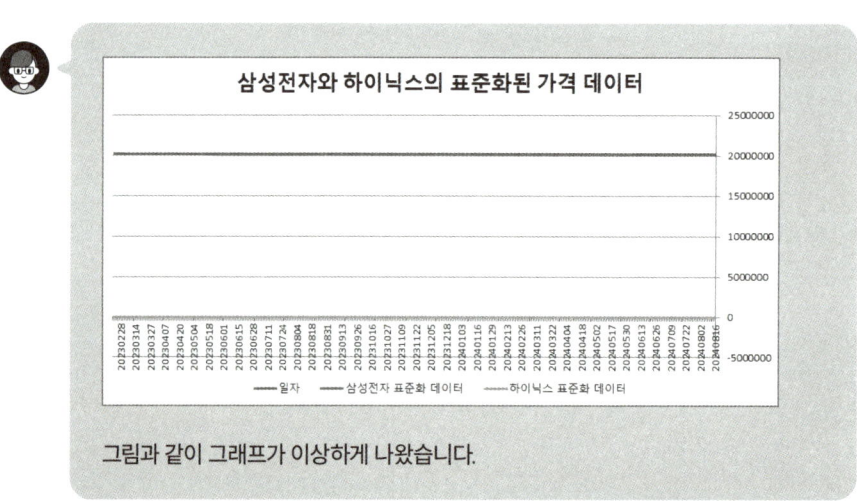

GPT-4

차트가 이상하게 나온 이유는 주로 데이터의 크기나 데이터 형식이 잘못되었기 때문일 수 있습니다. 표준화 작업이 올바르게 수행되지 않았거나, 차트 데이터의 축 설정이 잘못되었을 가능성도 있습니다. 이를 해결하기 위해 다음과 같이 몇 가지 조치를 취할 수 있습니다.

1. 표준화 작업 다시 확인

표준화된 값은 각 데이터에서 평균을 빼고 표준편차로 나눈 값이어야 합니다. 이 값들은 일반적으로 0을 중심으로 작은 값(양수 및 음수)으로 나와야 합니다. 그렇지 않은 경우, 데이터에 문제가 있을 수 있습니다.

2. 차트 축 설정 확인

차트의 주축과 보조 축이 제대로 설정되지 않아서 차트가 이상하게 보일 수 있습니다. 다음과 같은 방식으로 수정할 수 있습니다.

수정 VBA 코드

아래의 코드는 표준화 작업과 차트 축 설정을 명확하게 조정하여 차트를 수정합니다.

```
Private Sub StandardizeAndChart()
    Dim lastRow As Long
    lastRow = Cells(Rows.Count, 1).End(xlUp).Row
    
    ' 가격 데이터 가져오기
    Dim samsungPrices As Range
    Dim hynixPrices As Range
    Set samsungPrices = Range("B2:B" & lastRow)
    Set hynixPrices = Range("F2:F" & lastRow)
    
    ' 표준화된 데이터를 저장할 열
    Dim i As Long
    Dim meanSamsung As Double, stdDevSamsung As Double
    Dim meanHynix As Double, stdDevHynix As Double
    
    meanSamsung = WorksheetFunction.Average(samsungPrices)
    stdDevSamsung = WorksheetFunction.StDev(samsungPrices)
    
    meanHynix = WorksheetFunction.Average(hynixPrices)
    stdDevHynix = WorksheetFunction.StDev(hynixPrices)
```

```
    Cells(1, 10) = "일자"
    Cells(1, 11) = "삼성전자 표준화 데이터"
    Cells(1, 12) = "하이닉스 표준화 데이터"

    For i = 2 To lastRow
        Cells(i, 10) = Cells(i, 1) ' 일자
        Cells(i, 11) = (Cells(i, 2) - meanSamsung) /
stdDevSamsung ' 삼성전자 표준화 데이터
        Cells(i, 12) = (Cells(i, 6) - meanHynix) /
stdDevHynix ' 하이닉스 표준화 데이터
    Next i

    ' 표준화 데이터 차트로 시각화
    Call CreateStandardizedChart(lastRow)
End Sub

Private Sub CreateStandardizedChart(ByVal lastRow As Long)
    ' 차트 생성
    Dim chartObj As ChartObject
    Set chartObj = ActiveSheet.ChartObjects.Add(Left:=100,
Width:=600, Top:=50, Height:=300)
    Dim chart As Chart
    Set chart = chartObj.Chart

    ' 데이터 범위 설정
    Dim dataRange As Range
    Set dataRange = Range("J1:L" & lastRow)

    ' 차트에 데이터 추가
    chart.SetSourceData Source:=dataRange

    ' 차트 설정
    chart.ChartType = xlLine
    chart.SetElement (msoElementLegendBottom)
    chart.HasTitle = True
    chart.ChartTitle.Text = "삼성전자와 하이닉스의 표준화된 가격
데이터"

    ' X축 정렬 (최신 데이터가 오른쪽에 오도록)
    chart.Axes(xlCategory).CategoryNames = Range("J2:J" & lastRow)
```

```
        chart.Axes(xlCategory).ReversePlotOrder = True

        ' Y축 설정
        With chart.Axes(xlValue)
            .MinimumScale = WorksheetFunction.Min(Range("K2:K" & _
    lastRow), Range("L2:L" & lastRow)) - 1
            .MaximumScale = WorksheetFunction.Max(Range("K2:K" & _
    lastRow), Range("L2:L" & lastRow)) + 1
        End With

        ' 범례 수정 (일자 제거)
        chart.Legend.LegendEntries(1).Delete

    End Sub
```

이제 이 코드로 StandardizeAndChart() 함수와 CreateStandardizedChart() 함수를 수정하고 [주식데이터 받기] 버튼을 클릭해서 실행한 결과는 그림 5-3과 같습니다. 삼성전자와 하이닉스 주가의 표준화된 가격을 비교할 수 있는 차트도 추가되어 두 주가가 비슷한 움직임을 보인다는 것을 시각적으로 확인할 수 있습니다. 그림 5-3에서 [로그인] 버튼과 [주식데이터 받기] 버튼 및 [OpenAPI] 객체 부분은 보기 편하도록 이전 위치에서 오른쪽으로 옮겼으므로 위치가 갑자기 바뀌었다고 당황하지 말기를 바랍니다.

그림 5-3 다시 실행한 주식 데이터 그래프 결과 화면

지금까지 챗GPT와 엑셀 VBA를 이용하여 데이터를 수집하고 간단하게 분석해보는 방법을 알아보았습니다. 여러분은 이제 기본적인 엑셀 VBA에 대한 이해와 챗GPT를 활용하여 원하는 코드를 어떻게 얻을지 감을 잡을 수 있을 것입니다.

암호화폐 상관관계 분석

마찬가지로 앞에서 암호화폐 데이터를 엑셀 VBA 코드를 통해서 받아오는 것을 알아보았습니다. 이제 챗GPT를 통해 이 코드들을 상관관계를 보여주는 코드로 수정하고자 합니다. 비트코인과 이더리움의 상관계수를 보여주는 코드를 챗GPT가 만들어낼 수 있는지 알아보겠습니다. 생성된 코드는 앞에서 만든 **업비트API_TEST.xlsm** 파일의 코드를 수정하여 진행하도록 하겠습니다.

아래의 예제 코드는 비트코인의 일별 가격과 거래량을 출력해주는 엑셀 VBA 코드입니다. 이 코드를 응용하여 비트코인과 이더리움의 상관계수(correlation)를 보여주는 코드를 만들어주세요.

```
Private Sub CommandButton1_Click()

    ' 업비트 API 요청 URL
    URL = "https://api.upbit.com/v1/candles/days?market=KRW-BTC&count=200"

    ' HTTP 요청 보내기
    Set request = CreateObject("MSXML2.XMLHTTP.6.0")
    With request
        .Open "GET", URL, False
        .send
        response = .responseText
    End With

    ' JSON 파싱
    Set json = JsonConverter.ParseJson(response)
```

```
    ' 데이터를 엑셀에 입력
    Cells(1, 1) = "일자"
    Cells(1, 2) = "현재가"
    Cells(1, 3) = "거래량"
    
    For i = 1 To json.Count
    
        Cells(i + 1, 1).Value = json(i)("candle_date_time_kst")
        Cells(i + 1, 2).Value = json(i)("trade_price")
        Cells(i + 1, 3).Value = json(i)("candle_acc_trade_
volume")
    
    Next i

End Sub
```

주식에서와 마찬가지로 코드 전체를 그대로 질문에 넣어서 수정해달라고 요청했고, 정확성을 위해서 GPT-4를 활용하였습니다.

GPT-4

비트코인과 이더리움의 상관계수를 계산하여 엑셀에 표시하는 VBA 코드를 작성하려면, 두 종목의 데이터를 각각 가져와서 상관계수를 계산하는 작업이 필요합니다. 아래는 이를 위한 코드입니다.

```
Private Sub CommandButton1_Click()

    ' 업비트 API 요청 URL
    URL_BTC = "https://api.upbit.com/v1/candles/days?market=KRW-BTC&count=200"
    URL_ETH = "https://api.upbit.com/v1/candles/days?market=KRW-ETH&count=200"
    
    ' HTTP 요청 보내기 - 비트코인
    Set requestBTC = CreateObject("MSXML2.XMLHTTP.6.0")
    With requestBTC
```

```
        .Open "GET", URL_BTC, False
        .send
        responseBTC = .responseText
    End With

    ' HTTP 요청 보내기 - 이더리움
    Set requestETH = CreateObject("MSXML2.XMLHTTP.6.0")
    With requestETH
        .Open "GET", URL_ETH, False
        .send
        responseETH = .responseText
    End With

    ' JSON 파싱
    Set jsonBTC = JsonConverter.ParseJson(responseBTC)
    Set jsonETH = JsonConverter.ParseJson(responseETH)

    ' 데이터를 엑셀에 입력
    Cells(1, 1) = "일자"
    Cells(1, 2) = "BTC 현재가"
    Cells(1, 3) = "BTC 거래량"
    Cells(1, 4) = "ETH 현재가"
    Cells(1, 5) = "ETH 거래량"

    For i = 1 To jsonBTC.Count

        Cells(i + 1, 1).Value = jsonBTC(i)("candle_date_time_kst")
        Cells(i + 1, 2).Value = jsonBTC(i)("trade_price")
        Cells(i + 1, 3).Value = jsonBTC(i)("candle_acc_trade_
volume")

        Cells(i + 1, 4).Value = jsonETH(i)("trade_price")
        Cells(i + 1, 5).Value = jsonETH(i)("candle_acc_trade_
volume")

    Next i

    ' 상관계수 계산 (BTC 가격과 ETH 가격)
    Dim BTCPrices As Range
    Dim ETHPrices As Range
```

```
    Dim Correlation As Double

    Set BTCPrices = Range(Cells(2, 2), Cells(jsonBTC.Count + 1, 2))
    Set ETHPrices = Range(Cells(2, 4), Cells(jsonETH.Count + 1, 4))

    Correlation = Application.WorksheetFunction.Correl(BTCPrices,
ETHPrices)

    ' 상관계수 출력
    Cells(1, 7) = "BTC와 ETH 가격의 상관계수"
    Cells(2, 7) = Correlation

End Sub
```

VBA 편집 창에서 기존 코드를 삭제 후 이 코드로 변경하여 실행해보았습니다.

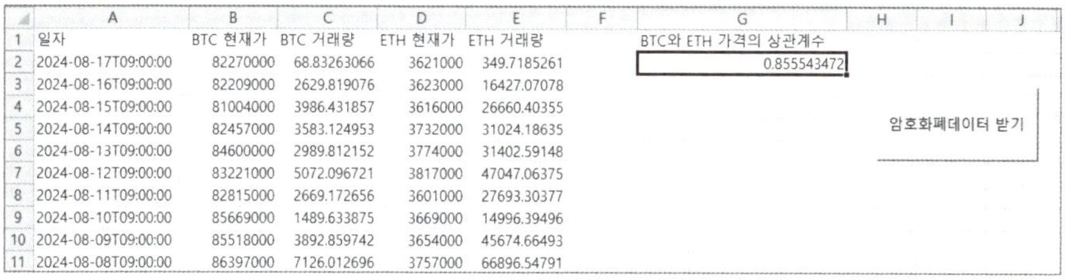

	A	B	C	D	E	F	G	H	I	J
1	일자	BTC 현재가	BTC 거래량	ETH 현재가	ETH 거래량		BTC와 ETH 가격의 상관계수			
2	2024-08-17T09:00:00	82270000	68.83263066	3621000	349.7185261		0.855543472			
3	2024-08-16T09:00:00	82209000	2629.819076	3623000	16427.07078					
4	2024-08-15T09:00:00	81004000	3986.431857	3616000	26660.40355				암호화폐데이터 받기	
5	2024-08-14T09:00:00	82457000	3583.124953	3732000	31024.18635					
6	2024-08-13T09:00:00	84600000	2989.812152	3774000	31402.59148					
7	2024-08-12T09:00:00	83221000	5072.096721	3817000	47047.06375					
8	2024-08-11T09:00:00	82815000	2669.172656	3601000	27693.30377					
9	2024-08-10T09:00:00	85669000	1489.633875	3669000	14996.39496					
10	2024-08-09T09:00:00	85518000	3892.859742	3654000	45674.66493					
11	2024-08-08T09:00:00	86397000	7126.012696	3757000	66896.54791					

그림 5-4 암호화폐 데이터 결과 화면

그림 5-4와 같이 상관계수는 0.85, 즉 비트코인과 이더리움의 상관관계는 85%로 상당히 비슷하게 움직이는 종목임을 알 수 있습니다.

그럼 이제 좀 더 응용하여 두 종목의 가격을 표준화하여 차트로 시각화해주는 작업을 챗GPT를 통해서 시도해보겠습니다. 다음을 보면 질문이 보다 구체화된 것을 확인할 수 있습니다.

아래의 엑셀 VBA 코드를 통해서 나온 엑셀 시트를 활용해서 비트코인과 이더리움의 가격 데이터를 표준화하여 차트로 보여주는 코드로 수정해주세요.

아래의 코드를 통해서 나온 엑셀에 대한 설명과 구체적인 사항은 다음과 같습니다.

1. 비트코인의 일자 데이터, 현재가, 거래량 데이터가 A, B, C열에 이더리움의 데이터는 D, E열에 있다.
2. A열의 일자와 B열의 비트코인 가격 데이터, D열의 이더리움 가격 데이터를 활용한다.
3. 두 종목의 가격 데이터를 표준화하여 I, J, K열에 일자, 비트코인 표준화 데이터, 이더리움 표준화 데이터 순으로 출력한다.
4. I, J, K열에 표준화한 데이터를 차트로 보여준다. 이때 I열의 일자를 정렬하여 차트 X축의 오른쪽에 최신 데이터를 나타낸다.

```
Private Sub CommandButton1_Click()

    ' 업비트 API 요청 URL
    URL_BTC = "https://api.upbit.com/v1/candles/days?market=KRW-BTC&count=200"
    URL_ETH = "https://api.upbit.com/v1/candles/days?market=KRW-ETH&count=200"

    ' HTTP 요청 보내기 - 비트코인
    Set requestBTC = CreateObject("MSXML2.XMLHTTP.6.0")
    With requestBTC
        .Open "GET", URL_BTC, False
        .send
        responseBTC = .responseText
    End With

    ' HTTP 요청 보내기 - 이더리움
    Set requestETH = CreateObject("MSXML2.XMLHTTP.6.0")
    With requestETH
        .Open "GET", URL_ETH, False
        .send
        responseETH = .responseText
    End With

    ' JSON 파싱
```

```vb
    Set jsonBTC = JsonConverter.ParseJson(responseBTC)
    Set jsonETH = JsonConverter.ParseJson(responseETH)

    ' 데이터를 엑셀에 입력
    Cells(1, 1) = "일자"
    Cells(1, 2) = "BTC 현재가"
    Cells(1, 3) = "BTC 거래량"
    Cells(1, 4) = "ETH 현재가"
    Cells(1, 5) = "ETH 거래량"

    For i = 1 To jsonBTC.Count

        Cells(i + 1, 1).Value = jsonBTC(i)("candle_date_time_kst")
        Cells(i + 1, 2).Value = jsonBTC(i)("trade_price")
        Cells(i + 1, 3).Value = jsonBTC(i)("candle_acc_trade_volume")

        Cells(i + 1, 4).Value = jsonETH(i)("trade_price")
        Cells(i + 1, 5).Value = jsonETH(i)("candle_acc_trade_volume")

    Next i

    ' 상관계수 계산 (BTC 가격과 ETH 가격)
    Dim BTCPrices As Range
    Dim ETHPrices As Range
    Dim Correlation As Double

    Set BTCPrices = Range(Cells(2, 2), Cells(jsonBTC.Count + 1, 2))
    Set ETHPrices = Range(Cells(2, 4), Cells(jsonETH.Count + 1, 4))

    Correlation = Application.WorksheetFunction.Correl(BTCPrices, ETHPrices)

    ' 상관계수 출력
    Cells(1, 7) = "BTC와 ETH 가격의 상관계수"
    Cells(2, 7) = Correlation
End Sub
```

아래는 주어진 엑셀 VBA 코드를 수정하여 비트코인과 이더리움의 가격 데이터를 표준화하고, 이를 차트로 보여주는 코드입니다.

```vba
Private Sub CommandButton1_Click()

    ' 업비트 API 요청 URL
    URL_BTC = "https://api.upbit.com/v1/candles/days?market=KRW-BTC&count=200"
    URL_ETH = "https://api.upbit.com/v1/candles/days?market=KRW-ETH&count=200"

    ' HTTP 요청 보내기 - 비트코인
    Set requestBTC = CreateObject("MSXML2.XMLHTTP.6.0")
    With requestBTC
        .Open "GET", URL_BTC, False
        .send
        responseBTC = .responseText
    End With

    ' HTTP 요청 보내기 - 이더리움
    Set requestETH = CreateObject("MSXML2.XMLHTTP.6.0")
    With requestETH
        .Open "GET", URL_ETH, False
        .send
        responseETH = .responseText
    End With

    ' JSON 파싱
    Set jsonBTC = JsonConverter.ParseJson(responseBTC)
    Set jsonETH = JsonConverter.ParseJson(responseETH)

    ' 데이터를 엑셀에 입력
    Cells(1, 1) = "일자"
    Cells(1, 2) = "BTC 현재가"
    Cells(1, 3) = "BTC 거래량"
    Cells(1, 4) = "ETH 현재가"
    Cells(1, 5) = "ETH 거래량"

    For i = 1 To jsonBTC.Count

        Cells(i + 1, 1).Value = jsonBTC(i)("candle_date_time_kst")
```

```
            Cells(i + 1, 2).Value = jsonBTC(i)("trade_price")
            Cells(i + 1, 3).Value = jsonBTC(i)("candle_acc_trade_
volume")

            Cells(i + 1, 4).Value = jsonETH(i)("trade_price")
            Cells(i + 1, 5).Value = jsonETH(i)("candle_acc_trade_
volume")

    Next i

    ' 표준화 작업 (Z-Score 방식)
    Dim BTCPrices As Range
    Dim ETHPrices As Range
    Dim BTCMean As Double
    Dim BTCStdDev As Double
    Dim ETHMean As Double
    Dim ETHStdDev As Double
    Dim iRow As Integer

    Set BTCPrices = Range(Cells(2, 2), Cells(jsonBTC.Count + 1, 2))
    Set ETHPrices = Range(Cells(2, 4), Cells(jsonETH.Count + 1, 4))

    BTCMean = Application.WorksheetFunction.Average(BTCPrices)
    BTCStdDev = Application.WorksheetFunction.StDev(BTCPrices)
    ETHMean = Application.WorksheetFunction.Average(ETHPrices)
    ETHStdDev = Application.WorksheetFunction.StDev(ETHPrices)

    ' 표준화된 데이터 입력
    Cells(1, 9) = "일자"
    Cells(1, 10) = "BTC 표준화 데이터"
    Cells(1, 11) = "ETH 표준화 데이터"

    For iRow = 2 To jsonBTC.Count + 1
        Cells(iRow, 9).Value = Cells(iRow, 1).Value
        Cells(iRow, 10).Value = (Cells(iRow, 2).Value - BTCMean)
/ BTCStdDev
        Cells(iRow, 11).Value = (Cells(iRow, 4).Value - ETHMean)
/ ETHStdDev
    Next iRow

    ' 일자 기준으로 데이터 정렬
```

```
            Range("I2:K" & jsonBTC.Count + 1).Sort Key1:=Range("I2"),
Order1:=xlAscending, Header:=xlNo

            ' 차트 생성
            Dim ChartObj As ChartObject
            Set ChartObj = ActiveSheet.ChartObjects.Add(Left:=300,
Width:=500, Top:=50, Height:=300)

            With ChartObj.Chart
                .SetSourceData Source:=Range("I1:K" & jsonBTC.Count + 1)
                .ChartType = xlLine
                .HasTitle = True
                .ChartTitle.Text = "BTC와 ETH 표준화 가격 비교"
                .Axes(xlCategory).HasTitle = True
                .Axes(xlCategory).AxisTitle.Text = "일자"
                .Axes(xlValue).HasTitle = True
                .Axes(xlValue).AxisTitle.Text = "표준화 가격"
            End With

End Sub
```

이제 이 코드로 수정하고 [암호화폐데이터 받기] 버튼을 클릭해서 실행한 결과는 그림 5-5와 같습니다. 비트코인과 이더리움 코인의 표준화된 가격을 비교할 수 있는 차트도 추가되어 두 코인 가격이 비슷하게 움직이는 것을 시각적으로 확실히 확인할 수 있습니다.

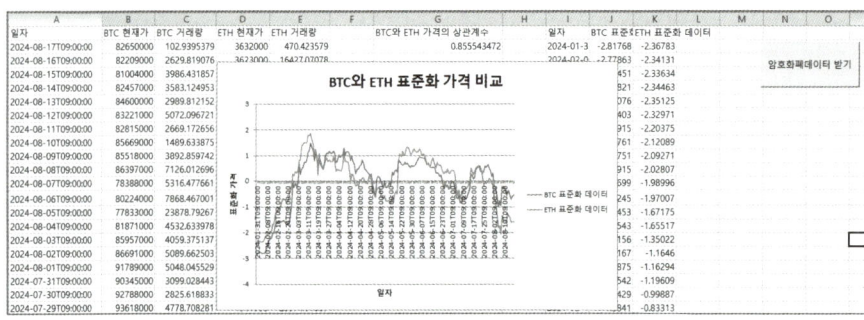

그림 5-5 다시 실행한 암호화폐 데이터 그래프 결과 화면

5.2 챗GPT를 활용한 기술적 지표 분석

기술적 지표 분석은 금융시장에서 자산의 가격 변동을 예측하기 위해 사용하는 중요한 분석 방법입니다. 주식, 외환, 암호화폐 등 다양한 자산군에서 거래 결정을 내릴 때, 투자자와 트레이더는 기술적 지표를 활용하여 시장의 흐름을 파악하고 적절한 매매 시점을 결정합니다. 기술적 지표는 과거의 가격 데이터와 거래량 데이터를 수학적 공식을 통해 분석하여, 현재 시장의 상태와 향후 움직임을 예측하는 데 도움을 줍니다. 여기서는 기술적 지표 분석의 기본 개념, 주요 지표들, 그리고 실무에서의 활용 방법을 살펴보겠습니다.

기술적 지표는 가격, 거래량, 시간 등 다양한 변수를 고려하여 시장의 상태를 수치화하는 도구입니다. 이러한 지표는 크게 **추세 지표**trend indicator, **모멘텀 지표**momentum indicator, **변동성 지표**volatility indicator, 그리고 **거래량 지표**volume indicator로 구분할 수 있습니다. 각 지표는 특정한 시장 상황을 분석하는 데 특화되어 있으며, 트레이더는 이런 지표를 조합하여 종합적으로 시장을 분석합니다.

기술적 지표는 어떻게 구분되나요?

기술적 지표는 크게 아래 네 가지로 구분되며 각 지표는 다음의 성격을 가지고 있습니다.

1. 추세 지표는 시장의 방향을 파악하는 데 사용됩니다. 예를 들어 이동평균선은 자산의 평균 가격을 계산하여 현재 시장이 상승 추세인지 하락 추세인지를 보여줍니다.
2. 모멘텀 지표는 가격 변동의 속도와 강도를 측정합니다. 상대강도지수는 자산이 과매수 상태인지 과매도 상태인지를 판단하는 데 유용합니다.
3. 변동성 지표는 가격 변동의 정도를 측정합니다. 볼린저 밴드(Bollinger band)는 가격의 표준편차를 기준으로 가격이 얼마나 변동하고 있는지를 보여줍니다.
4. 거래량 지표는 거래량 데이터를 기반으로 매수와 매도의 힘을 분석합니다. 거래량 가중 평균 가격(volume weighted average price, VWAP)은 특정 기간 동안의 평균 가격을 거래량으로 가중치하여 계산한 값으로, 거래의 질을 평가하는 데 도움을 줍니다.

여기서는 여러 기술적 지표 중에서도 대표적인 몇 가지를 소개하고, 그 해석 방법을 설명하겠습니다.

- **이동평균선**moving average: 주어진 기간 동안의 가격 평균을 계산하여, 시장의 장기적 추세를 파악하는 데 유용합니다. 일반적으로 단기(20일), 중기(50일), 장기(200일) 이동평균선을 사용하며, 이들 간의 교차가 발생할 때 매수 또는 매도 신호로 해석할 수 있습니다.
- **MACD**moving average convergence divergence: MACD는 단기이동평균과 장기이동평균의 차이를 이용하여 시장의 모멘텀을 분석합니다. MACD와 신호선의 교차는 강력한 매수 또는 매도 신호로 간주합니다.
- **상대강도지수**relative strength index, RSI: 자산의 최근 가격 변화 속도를 측정하여 과매수 또는 과매도 상태를 판단합니다. RSI가 70 이상이면 과매수 상태로, 30 이하이면 과매도 상태로 간주합니다.
- **볼린저 밴드**Bollinger band: 이동평균을 기준으로 상하에 표준편차를 더하고 뺀 선을 그려, 가격의 변동성을 시각적으로 표현합니다. 가격이 상단 밴드를 돌파하면 과매수로, 하단 밴드를 돌파하면 과매도로 해석할 수 있습니다.

이러한 기술적 지표는 단독으로 사용하기보다는 보다 정확한 시장 분석을 위해 여러 지표를 조합하여 사용하는 것이 좋습니다. 예를 들어 이동평균선과 MACD를 함께 사용하여 추세와 모멘텀을 동시에 분석하거나, RSI와 볼린저 밴드를 결합하여 가격의 변동성과 과매수, 과매도 상태를 동시에 평가할 수 있습니다. 또한, 기술적 지표는 시장의 특정 조건에서 보다 효과적으로 작동합니다. 추세 지표는 명확한 추세가 있는 시장에서, 변동성 지표는 시장의 변동성이 높을 때 유용합니다. 따라서 트레이더는 현재 시장 상황에 맞는 지표를 선택하여 전략을 수립해야 합니다.

기술적 지표는 과거 데이터를 바탕으로 시장을 분석하기 때문에 미래의 불확실성을 완전히 제거할 수는 없습니다. 또한, 주로 가격과 거래량 데이터에 의존하기 때문에 외부 요인(예: 정치적 이벤트, 경제지표 발표 등)에 대한 고려가 부족할 수 있습니다. 따라서 기술적 지표를 활용할 때는 항상 다른 분석 방법(기본적 분석, 뉴스 분석 등)과 병행하여 사용하고, 과도한 의존을 피하는 것이 좋습니다. 그럼에도 불구하고 기술적 지표 분석을 적절히 활용한다면, 보다 정교한 시장 예측과 전략적 거래를 통해 안정적인 수익을 실현하는 데 도움을 얻을 수 있을 것입니다.

이제부터 이 기술적 지표들을 수집한 데이터를 통해서 분석해보도록 하겠습니다. 챗GPT의 도움을 얻어 쉽게 구현할 수 있는 방법을 소개합니다.

주식의 이동평균선 구현

앞에서 본 것처럼 **이동평균선**은 일정 기간 동안의 주가 평균을 구하여 그 변화를 선으로 나타낸 지표입니다. 이는 주식의 가격 변동을 부드럽게 표현하며, 단기 및 장기적인 주가 추세를 파악하는 데 유용합니다. 일반적으로 단기이동평균선(예: 5일, 20일)과 장기이동평균선(예: 60일, 120일)을 비교함으로써 골든 크로스나 데드 크로스와 같은 매매 신호를 발견할 수 있습니다.

- **골든 크로스**golden cross: 단기이동평균선이 장기이동평균선을 상향 돌파할 때 발생하며, 이는 상승 추세의 시작을 의미합니다.
- **데드 크로스**dead cross: 단기이동평균선이 장기이동평균선을 하향 돌파할 때 발생하며, 이는 하락 추세의 시작을 의미합니다.

이동평균선은 그 자체로도 중요한 분석 도구이지만, 다른 지표들과 결합하여 사용할 때 더욱 강력한 예측 도구의 역할을 합니다.

앞 장에서 구현한 **키움증권API_TEST.xlsm** 파일의 코드를 챗GPT를 통해서 수정하여 해당 기술적 지표를 구현하는 방식으로 진행하겠습니다.

아래의 예제 코드는 삼성전자의 가격과 거래량을 출력해주는 엑셀 VBA 코드입니다. 이 코드를 응용하여 삼성전자의 이동평균선을 분석해서 보여주는 엑셀 VBA 코드를 다음의 요건대로 만들어주세요.

1. 엑셀 시트에 있는 이전의 모든 값을 지우고 혹시 차트가 있는지 확인 후 있다면 차트도 삭제한다. 예제 코드의 로그인 기능과 데이터 요청 및 수신 기능을 유지하면서 나머지 부분을 적절히 수정하여 진행하도록 한다.
2. 삼성전자의 일자와 현재가를 A, B열에 출력한다. 각 데이터는 빈칸이 없도록 하고 일자 데이터는 YYYYMMDD로 되어 있는 형식을 YYYY-MM-DD 형식으로 변환해준다. 그리고 제일 과거의 것이 위로 오도록 정렬한다.
3. C, D, E열에 20일, 60일, 120일 이동평균선 데이터를 계산해서 출력한다.
4. A열의 날짜를 X축으로 구성하고 B열의 일별 가격을 Y축으로 구성한 차트 1을 H1셀에서 O15셀까지의 범위에 그려준다. 이때 Y축의 가격 범위는 B열의 값의 최댓값과 최솟값을 넘지 않도록 한다.
5. A열의 날짜를 X축으로 구성하고 C, D, E열의 20일, 60일, 120일 이동평균선 데이터를 Y축으로 구성한 차트 2를 H16셀에서 O30셀까지의 범위에 그려준다. 그리고 어느 선이 20일, 60일, 120일 이동평균선인지 표시하도록 한다. 이때 Y축의 가격 범위는 C, D, E열의 값의 최댓값과 최솟값을 넘지 않도록 한다.
6. 제일 마지막 데이터가 최신 데이터이므로 뒤에서부터 앞으로 7일 동안 역순으로 데이터를 확인하여 20일 이동평균선이 60일 이동평균선을 상향 돌파할 때 골든크로스, 하향 돌파할 때는 데드 크로스라고 G1셀에 출력한다.

예제 코드

```
Private Sub CommandButton1_Click() '로그인

    Call KHOpenAPI1.CommConnect

End Sub

Private Sub CommandButton2_Click() '데이터 요청

    sRQName = "RQ_005930" '요청 이름
    sTrCode = "OPT10081" 'TR명
    sScrNo = "0001" '요청 번호
    stockcode = "005930" '삼성전자 종목 코드
```

```
    datatime = Format(Date, "YYYYMMDD") '현재 일자

    Call KHOpenAPI1.SetInputValue("종목 코드", stockcode)
    Call KHOpenAPI1.SetInputValue("기준 일자", datatime)
    Call KHOpenAPI1.CommRqData(sRQName, sTrCode, 0, sScrNo)

End Sub

Private Sub KHOpenAPI1_OnReceiveTrData(ByVal sScrNo As
String, ByVal sRQName As String, ByVal sTrCode As String,
ByVal sRecordName As String, ByVal sPrevNext As String, ByVal
nDataLength As Long, ByVal sErrorCode As String, ByVal sMessage
As String, ByVal sSplmMsg As String)
'데이터 수신

    Count = 365 '요청 데이터 개수

    Cells(1, 1) = "일자"
    Cells(1, 2) = "현재가"
    Cells(1, 3) = "거래량"

    If sScrNo = "0001" Then

        For i = 0 To Count - 1

            Cells(i + 2, 1) = Trim(KHOpenAPI1.GetCommData(
sTrCode, sRQName, i, "일자"))
            Cells(i + 2, 2) = Trim(KHOpenAPI1.GetCommData(
sTrCode, sRQName, i, "현재가"))
            Cells(i + 2, 3) = Trim(KHOpenAPI1.GetCommData(
sTrCode, sRQName, i, "거래량"))

        Next

    End If

End Sub
```

아래는 주어진 요구 사항을 반영한 엑셀 VBA 코드입니다. 이 코드는 삼성전자의 일자, 현재가, 20일, 60일, 120일 이동평균선을 출력하고, 이동평균선 데이터를 기반으로 차트를 생성하며, 골든 크로스 및 데드 크로스 여부를 판단하여 출력합니다.

```
Private Sub CommandButton1_Click() '로그인
    Call KHOpenAPI1.CommConnect
End Sub

Private Sub CommandButton2_Click() '데이터 요청
    ' 기존 데이터 및 차트 삭제
    Cells.ClearContents
    Dim chtObj As ChartObject
    For Each chtObj In ActiveSheet.ChartObjects
        chtObj.Delete
    Next chtObj

    sRQName = "RQ_005930" '요청 이름
    sTrCode = "OPT10081" 'TR명
    sScrNo = "0001" '요청 번호
    stockcode = "005930" '삼성전자 종목 코드
    datatime = Format(Date, "YYYYMMDD") '현재 일자

    Call KHOpenAPI1.SetInputValue("종목 코드", stockcode)
    Call KHOpenAPI1.SetInputValue("기준 일자", datatime)
    Call KHOpenAPI1.CommRqData(sRQName, sTrCode, 0, sScrNo)
End Sub

Private Sub KHOpenAPI1_OnReceiveTrData(ByVal sScrNo As String,
ByVal sRQName As String, ByVal sTrCode As String, ByVal
sRecordName As String, ByVal sPrevNext As String, ByVal
nDataLength As Long, ByVal sErrorCode As String, ByVal
sMessage As String, ByVal sSplmMsg As String)
    ' 데이터 수신 및 처리
    Dim Count As Integer
    Dim i As Integer
    Dim sum20 As Double, sum60 As Double, sum120 As Double
    Dim rowNum As Integer
    Count = 365 '요청 데이터 개수
```

```
    Cells(1, 1) = "일자"
    Cells(1, 2) = "현재가"
    Cells(1, 3) = "20일 이동평균"
    Cells(1, 4) = "60일 이동평균"
    Cells(1, 5) = "120일 이동평균"

    If sScrNo = "0001" Then
        For i = 0 To Count - 1
            rowNum = i + 2
            Cells(rowNum, 1) = Format(Trim(KHOpenAPI1.
GetCommData(sTrCode, sRQName, i, "일자")), "YYYY-MM-DD")
            Cells(rowNum, 2) = Trim(KHOpenAPI1.GetCommData(
sTrCode, sRQName, i, "현재가"))
        Next

        ' 데이터 정렬 (날짜를 기준으로 오름차순 정렬)
        Columns("A:B").Sort Key1:=Range("A2"), Order1:=
xlAscending, Header:=xlYes

        ' 이동평균 계산 및 출력
        For i = 2 To Count + 1
            If i >= 21 Then
                sum20 = Application.WorksheetFunction.Sum(
Range(Cells(i - 19, 2), Cells(i, 2)))
                Cells(i, 3) = sum20 / 20
            End If

            If i >= 61 Then
                sum60 = Application.WorksheetFunction.Sum(
Range(Cells(i - 59, 2), Cells(i, 2)))
                Cells(i, 4) = sum60 / 60
            End If

            If i >= 121 Then
                sum120 = Application.WorksheetFunction.Sum(
Range(Cells(i - 119, 2), Cells(i, 2)))
                Cells(i, 5) = sum120 / 120
            End If
        Next
```

```
        ' 차트 1: 일별 가격
        Dim chart1 As ChartObject
        Set chart1 = ActiveSheet.ChartObjects.Add(Left:=Range
("H1").Left, Width:=Range("O1").Left - Range("H1").Left + Range
("O1").Width, Top:=Range("H1").Top, Height:=Range("O15").
Top - Range("H1").Top + Range("O15").Height)
        With chart1.Chart
            .SetSourceData Source:=Range("A1:B" & Count + 1)
            .ChartType = xlLine
            .Axes(xlValue).MinimumScale = WorksheetFunction.Min(
Range("B2:B" & Count + 1))
            .Axes(xlValue).MaximumScale = WorksheetFunction.Max(
Range("B2:B" & Count + 1))
            .HasTitle = True
            .ChartTitle.Text = "일별 가격"
        End With

        ' 차트 2: 이동평균선
        Dim chart2 As ChartObject
        Set chart2 = ActiveSheet.ChartObjects.Add(Left:=Range
("H16").Left, Width:=Range("O16").Left - Range("H16").Left +
Range("O16").Width, Top:=Range("H16").Top, Height:=Range("O30").
Top - Range("H16").Top + Range("O30").Height)
        With chart2.Chart
            .SetSourceData Source:=Range("A1:E" & Count + 1)
            .ChartType = xlLine
            .SeriesCollection(1).Name = "20일 이동평균선"
            .SeriesCollection(2).Name = "60일 이동평균선"
            .SeriesCollection(3).Name = "120일 이동평균선"
            .Axes(xlValue).MinimumScale = WorksheetFunction.
Min(Range("C2:E" & Count + 1))
            .Axes(xlValue).MaximumScale = WorksheetFunction.
Max(Range("C2:E" & Count + 1))
            .HasTitle = True
            .ChartTitle.Text = "이동평균선"
        End With

        ' 골든 크로스, 데드 크로스 판별
        Dim lastRow As Integer
```

```
            lastRow = Count + 1
            For i = lastRow To lastRow - 6 Step -1
                If Cells(i, 3) > Cells(i, 4) And Cells(i - 1, 3)
<= Cells(i - 1, 4) Then
                    Cells(1, 7) = "골든 크로스"
                    Exit For
                ElseIf Cells(i, 3) < Cells(i, 4) And Cells(i - 1, 3)
>= Cells(i - 1, 4) Then
                    Cells(1, 7) = "데드 크로스"
                    Exit For
                End If
            Next i
        End If
End Sub
```

챗GPT가 원하는 코드를 잘 만들어준 것 같습니다. 그럼 이제 이 코드를 실행해보겠습니다. VBA 편집기에서 이 코드로 변경한 후 [로그인], [주식데이터 받기] 버튼을 차례대로 눌러보겠습니다. 위의 코드를 실행하니 그림 5-6과 같이 오류 메시지가 나타납니다.

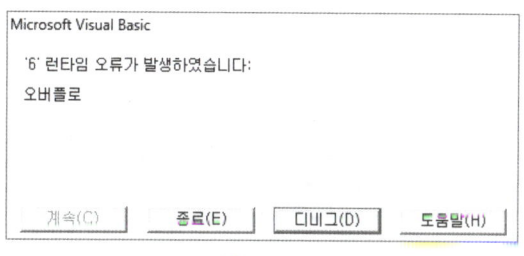

그림 5-6 오류 메시지 발생 화면

문제를 해결하기 위해 [디버그]를 누르면 그림 5-7과 같이 오류가 나는 코드가 노란색으로 표시되는 것을 확인할 수 있습니다.

5.2 챗GPT를 활용한 기술적 지표 분석 **155**

```
KHOpenAPI1                                                          OnReceiv
Private Sub KHOpenAPI1_OnReceiveTrData(ByVal sScrNo As String, ByVal sRQName As String, ByVal sTrCode As String, ByV
    '데이터 수신 및 처리
    Dim Count As Integer
    Dim i As Integer
    Dim sum20 As Double, sum60 As Double, sum120 As Double
    Dim rowNum As Integer
    Count = 365  '요청 데이터 갯수
    
    Cells(1, 1) = "일자"
    Cells(1, 2) = "현재가"
    Cells(1, 3) = "20일 이동평균"
    Cells(1, 4) = "60일 이동평균"
    Cells(1, 5) = "120일 이동평균"
    
    If sScrNo = "0001" Then
        For i = 0 To Count - 1
            rowNum = i + 2
            Cells(rowNum, 1) = Format(Trim(KHOpenAPI1.GetCommData(sTrCode, sRQName, i, "일자")), "YYYY-MM-DD")
            Cells(rowNum, 2) = Trim(KHOpenAPI1.GetCommData(sTrCode, sRQName, i, "현재가"))
```

그림 5-7 **VBA 편집기에서 오류 위치 확인**

이제 이 코드를 복사하고 VBA 편집기를 종료합니다. 그리고 그 코드를 챗GPT의 질문에 붙여넣어 아래와 같이 오류를 수정해달라고 요청해보겠습니다.

질문 내용: Cells(rowNum, 1) = Format(Trim(KHOpenAPI1.GetCommData (sTrCode, sRQName, I, "일자")), "YYYY-MM-DD") 이 코드에서 오류가 나니 수정해서 전체 코드를 보여주세요.

GPT-4

아래는 주어진 코드에서 날짜 형식을 변환하는 부분을 수정한 전체 코드입니다. 날짜 형식을 YYYY-MM-DD로 변환하는 방법을 수정하였습니다.

```
Private Sub CommandButton1_Click() '로그인
    Call KHOpenAPI1.CommConnect
End Sub

Private Sub CommandButton2_Click() '데이터 요청
    ' 기존 데이터 및 차트 삭제
    Cells.ClearContents
    Dim chtObj As ChartObject
    For Each chtObj In ActiveSheet.ChartObjects
        chtObj.Delete
    Next chtObj
    
    sRQName = "RQ_005930" '요청 이름
    sTrCode = "OPT10081" 'TR명
```

```vb
    sScrNo = "0001" '요청 번호
    stockcode = "005930" '삼성전자 종목 코드
    datatime = Format(Date, "YYYYMMDD") '현재 일자
    
    Call KHOpenAPI1.SetInputValue("종목 코드", stockcode)
    Call KHOpenAPI1.SetInputValue("기준 일자", datatime)
    Call KHOpenAPI1.CommRqData(sRQName, sTrCode, 0, sScrNo)
End Sub

Private Sub KHOpenAPI1_OnReceiveTrData(ByVal sScrNo As String, ByVal sRQName As String, ByVal sTrCode As String, ByVal sRecordName As String, ByVal sPrevNext As String, ByVal nDataLength As Long, ByVal sErrorCode As String, ByVal sMessage As String, ByVal sSplmMsg As String)
    ' 데이터 수신 및 처리
    Dim Count As Integer
    Dim i As Integer
    Dim sum20 As Double, sum60 As Double, sum120 As Double
    Dim rowNum As Integer
    Count = 365 '요청 데이터 개수
    
    Cells(1, 1) = "일자"
    Cells(1, 2) = "현재가"
    Cells(1, 3) = "20일 이동평균"
    Cells(1, 4) = "60일 이동평균"
    Cells(1, 5) = "120일 이동평균"
    
    If sScrNo = "0001" Then
        For i = 0 To Count - 1
            rowNum = i + 2
            Dim rawDate As String
            rawDate = Trim(KHOpenAPI1.GetCommData(sTrCode, sRQName, i, "일자"))
            Cells(rowNum, 1) = Left(rawDate, 4) & "-" & Mid(rawDate, 5, 2) & "-" & Right(rawDate, 2)
            Cells(rowNum, 2) = Trim(KHOpenAPI1.GetCommData(sTrCode, sRQName, i, "현재가"))
        Next
        
        ' 데이터 정렬 (날짜를 기준으로 오름차순 정렬)
```

```
        Columns("A:B").Sort Key1:=Range("A2"), Order1:=
xlAscending, Header:=xlYes

        ' 이동평균 계산 및 출력
        For i = 2 To Count + 1
            If i >= 21 Then
                sum20 = Application.WorksheetFunction.Sum(
Range(Cells(i - 19, 2), Cells(i, 2)))
                Cells(i, 3) = sum20 / 20
            End If

            If i >= 61 Then
                sum60 = Application.WorksheetFunction.Sum(
Range(Cells(i - 59, 2), Cells(i, 2)))
                Cells(i, 4) = sum60 / 60
            End If

            If i >= 121 Then
                sum120 = Application.WorksheetFunction.Sum(
Range(Cells(i - 119, 2), Cells(i, 2)))
                Cells(i, 5) = sum120 / 120
            End If
        Next

        ' 차트 1: 일별 가격
        Dim chart1 As ChartObject
        Set chart1 = ActiveSheet.ChartObjects.Add(Left:=Range
("H1").Left, Width:=Range("O1").Left - Range("H1").Left + Range
("O1").Width, Top:=Range("H1").Top, Height:=Range("O15").
Top - Range("H1").Top + Range("O15").Height)
        With chart1.Chart
            .SetSourceData Source:=Range("A1:B" & Count + 1)
            .ChartType = xlLine
            .Axes(xlValue).MinimumScale = WorksheetFunction.Min(
Range("B2:B" & Count + 1))
            .Axes(xlValue).MaximumScale = WorksheetFunction.Max(
Range("B2:B" & Count + 1))
            .HasTitle = True
            .ChartTitle.Text = "일별 가격"
        End With
```

```
    ' 차트 2: 이동평균선
    Dim chart2 As ChartObject
    Set chart2 = ActiveSheet.ChartObjects.Add(Left:=Range
("H16").Left, Width:=Range("O16").Left - Range("H16").Left +
Range("O16").Width, Top:=Range("H16").Top, Height:=Range("O30").
Top - Range("H16").Top + Range("O30").Height)
    With chart2.Chart
        .SetSourceData Source:=Range("A1:E" & Count + 1)
        .ChartType = xlLine
        .SeriesCollection(1).Name = "20일 이동평균선"
        .SeriesCollection(2).Name = "60일 이동평균선"
        .SeriesCollection(3).Name = "120일 이동평균선"
        .Axes(xlValue).MinimumScale = WorksheetFunction.Min(
Range("C2:E" & Count + 1))
        .Axes(xlValue).MaximumScale = WorksheetFunction.Max(
Range("C2:E" & Count + 1))
        .HasTitle = True
        .ChartTitle.Text = "이동평균선"
    End With
    
    ' 골든 크로스, 데드 크로스 판별
    Dim lastRow As Integer
    lastRow = Count + 1
    For i = lastRow To lastRow - 6 Step -1
        If Cells(i, 3) > Cells(i, 4) And Cells(i - 1, 3)
<= Cells(i - 1, 4) Then
            Cells(1, 7) = "골든 크로스"
            Exit For
        ElseIf Cells(i, 3) < Cells(i, 4) And Cells(i - 1, 3)
>= Cells(i - 1, 4) Then
            Cells(1, 7) = "데드 크로스"
            Exit For
        End If
    Next i
    End If
End Sub
```

이런 방식을 사용하면 챗GPT로 엑셀 VBA 코드를 디버깅할 수 있으므로 잘 숙지하시기 바랍니다. 이제 VBA 편집기에서 이 코드로 변경 후 실행하면 그림 5-8과 같은 결과가 나옵니다.

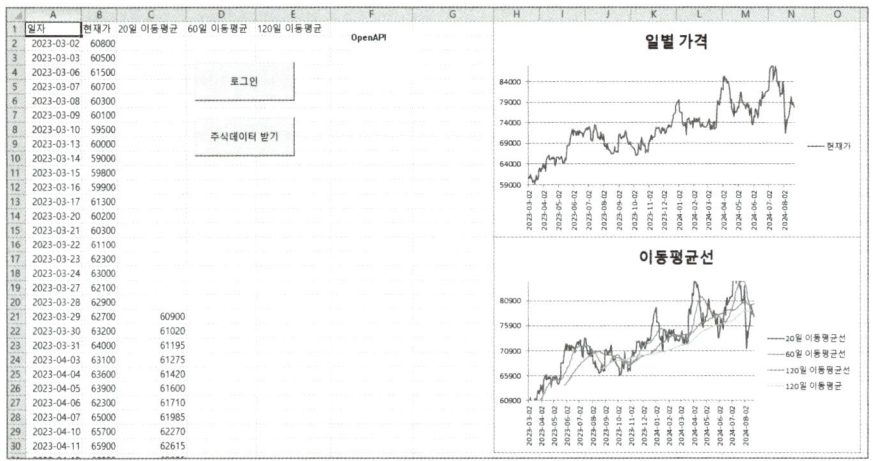

그림 5-8 오류 수정 후 확인한 결과 화면

이동평균선 차트를 보니 이동평균선뿐 아니라 일별 현재가를 같이 나타내 의도를 살짝 벗어난 것이 보입니다. 이 부분을 챗GPT를 통해서 수정해보겠습니다. 엑셀에서 차트 부분을 선택 후 Ctrl+C로 복사하여 GPT-4 이상의 챗GPT 질문 창에 붙여넣으면 그림 5-9와 같이 차트의 그림도 질문에 붙여넣기 할 수 있습니다.

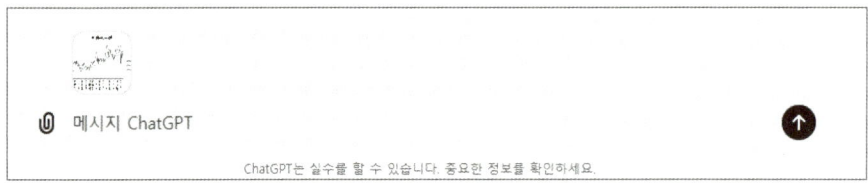

그림 5-9 챗GPT에 이미지를 입력한 모습

이제 여기에 그림과 함께 질문도 같이 넣어서 우리가 원하는 코드 수정을 요청해 보겠습니다.

차트2를 보면 차트1에만 있어야 할 현재가가 같이 포함되어 있습니다. 20일, 60일, 120일 이동평균선만 차트에 그릴 수 있도록 수정해주세요.

GPT-4

차트에서 현재가를 제외하고 20일, 60일, 120일 이동평균선만 표시하기 위해서는, 이동평균선 차트의 데이터 소스를 정확하게 설정해주어야 합니다. 아래는 해당 문제를 해결한 수정된 VBA 코드입니다.

```
Private Sub CommandButton1_Click() '로그인
    Call KHOpenAPI1.CommConnect
End Sub

Private Sub CommandButton2_Click() '데이터 요청
    ' 기존 데이터 및 차트 삭제
    Cells.ClearContents
    Dim chtObj As ChartObject
    For Each chtObj In ActiveSheet.ChartObjects
        chtObj.Delete
    Next chtObj
```

```vb
        sRQName = "RQ_005930" '요청 이름
        sTrCode = "OPT10081" 'TR명
        sScrNo = "0001" '요청 번호
        stockcode = "005930" '삼성전자 종목 코드
        datatime = Format(Date, "YYYYMMDD") '현재 일자
        
        Call KHOpenAPI1.SetInputValue("종목 코드", stockcode)
        Call KHOpenAPI1.SetInputValue("기준 일자", datatime)
        Call KHOpenAPI1.CommRqData(sRQName, sTrCode, 0, sScrNo)
End Sub

Private Sub KHOpenAPI1_OnReceiveTrData(ByVal sScrNo As String, 
ByVal sRQName As String, ByVal sTrCode As String, ByVal 
sRecordName As String, ByVal sPrevNext As String, ByVal 
nDataLength As Long, ByVal sErrorCode As String, ByVal 
sMessage As String, ByVal sSplmMsg As String)
    ' 데이터 수신 및 처리
    Dim Count As Integer
    Dim i As Integer
    Dim sum20 As Double, sum60 As Double, sum120 As Double
    Dim rowNum As Integer
    Count = 365 '요청 데이터 개수
    
    Cells(1, 1) = "일자"
    Cells(1, 2) = "현재가"
    Cells(1, 3) = "20일 이동평균"
    Cells(1, 4) = "60일 이동평균"
    Cells(1, 5) = "120일 이동평균"
    
    If sScrNo = "0001" Then
        For i = 0 To Count - 1
            rowNum = i + 2
            Dim rawDate As String
            rawDate = Trim(KHOpenAPI1.GetCommData(sTrCode, 
sRQName, i, "일자"))
            Cells(rowNum, 1) = Left(rawDate, 4) & "-" & Mid(
rawDate, 5, 2) & "-" & Right(rawDate, 2)
            Cells(rowNum, 2) = Trim(KHOpenAPI1.GetCommData(
sTrCode, sRQName, i, "현재가"))
```

```
        Next
    
        ' 데이터 정렬 (날짜를 기준으로 오름차순 정렬)
        Columns("A:B").Sort Key1:=Range("A2"), Order1:=
xlAscending, Header:=xlYes
    
        ' 이동평균 계산 및 출력
        For i = 2 To Count + 1
            If i >= 21 Then
                sum20 = Application.WorksheetFunction.Sum(
Range(Cells(i - 19, 2), Cells(i, 2)))
                Cells(i, 3) = sum20 / 20
            End If
        
            If i >= 61 Then
                sum60 = Application.WorksheetFunction.Sum(
Range(Cells(i - 59, 2), Cells(i, 2)))
                Cells(i, 4) = sum60 / 60
            End If
        
            If i >= 121 Then
                sum120 = Application.WorksheetFunction.Sum(
Range(Cells(i - 119, 2), Cells(i, 2)))
                Cells(i, 5) = sum120 / 120
            End If
        Next
    
        ' 차트 1: 일별 가격
        Dim chart1 As ChartObject
        Set chart1 = ActiveSheet.ChartObjects.Add(Left:=Range
("H1").Left, Width:=Range("O1").Left - Range("H1").Left + Range
("O1").Width, Top:=Range("H1").Top, Height:=Range("O15").
Top - Range("H1").Top + Range("O15").Height)
        With chart1.Chart
            .SetSourceData Source:=Range("A1:B" & Count + 1)
            .ChartType = xlLine
            .Axes(xlValue).MinimumScale = WorksheetFunction.Min(
Range("B2:B" & Count + 1))
```

```
                .Axes(xlValue).MaximumScale = WorksheetFunction.Max(
Range("B2:B" & Count + 1))
                .HasTitle = True
                .ChartTitle.Text = "일별 가격"
        End With

        ' 차트 2: 이동평균선만 (현재가 제외)
        Dim chart2 As ChartObject
        Set chart2 = ActiveSheet.ChartObjects.Add(Left:=Range
("H16").Left, Width:=Range("O16").Left - Range("H16").Left +
Range("O16").Width, Top:=Range("H16").Top, Height:=Range("O30").
Top - Range("H16").Top + Range("O30").Height)
        With chart2.Chart
            .SetSourceData Source:=Range("A1:A" & Count + 1 &
",C1:E" & Count + 1) ' A열과 C, D, E열 데이터만 포함
            .ChartType = xlLine
            .SeriesCollection(1).Name = "20일 이동평균선"
            .SeriesCollection(2).Name = "60일 이동평균선"
            .SeriesCollection(3).Name = "120일 이동평균선"
            .Axes(xlValue).MinimumScale = WorksheetFunction.Min(
Range("C2:E" & Count + 1))
            .Axes(xlValue).MaximumScale = WorksheetFunction.Max(
Range("C2:E" & Count + 1))
            .HasTitle = True
            .ChartTitle.Text = "이동평균선"
        End With


        ' 골든 크로스, 데드 크로스 판별
        Dim lastRow As Integer
        lastRow = Count + 1
        For i = lastRow To lastRow - 6 Step -1
            If Cells(i, 3) > Cells(i, 4) And Cells(i - 1, 3)
<= Cells(i - 1, 4) Then
                Cells(1, 7) = "골든 크로스"
                Exit For
            ElseIf Cells(i, 3) < Cells(i, 4) And Cells(i - 1, 3)
>= Cells(i - 1, 4) Then
                Cells(1, 7) = "데드 크로스"
                Exit For
```

```
            End If
        Next i
    End If
End Sub
```

이제 VBA 편집기에서 이 코드로 변경 후 실행하면 그림 5-10과 같은 최종 결과가 나옵니다.

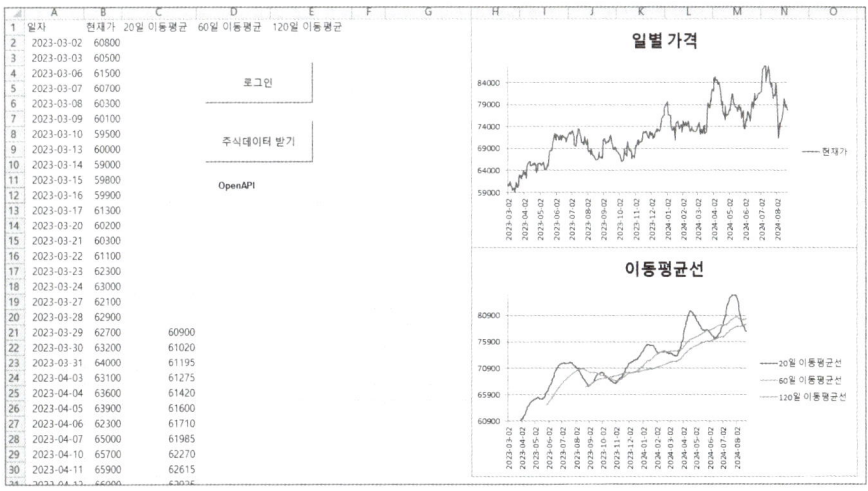

그림 5-10 **다시 실행한 결과 화면**

어떻습니까? 챗GPT를 활용하면 주식에 대한 이동평균선을 구하는 프로그램을 쉽게 만들 수 있습니다. 코드의 오류를 수정하고 심지어 실행 결과에 대한 차트를 질문에 첨부하여 의도하는 프로그램으로 수정하기까지의 과정을 살펴보았습니다. 챗GPT를 활용하면 이러한 작업을 쉽게 구현할 수 있습니다.

지금까지 살펴본 절차를 반복하여 다양한 엑셀 VBA 프로그램을 만들어보면 챗GPT와 엑셀을 어떻게 활용할 것인가에 대한 감이 올 것입니다.

주식의 MACD 구현

MACD는 이동평균선의 수렴과 확산을 분석하는 지표로, 주식의 중장기 추세를 파악하는 데 유용합니다. MACD는 2개의 이동평균선(일반적으로 12일과 26일) 사이의 차이로 계산되며, 이 차이를 기반으로 MACD 선과 시그널 선(9일 이동평균선)을 도출합니다.

- **MACD 선**: 빠른 이동평균(12일)에서 느린 이동평균(26일)을 뺀 값입니다.
- **시그널 선**: MACD 선의 9일 이동평균으로, MACD 선과 시그널 선의 교차를 통해 매매 신호를 포착할 수 있습니다.

MACD가 시그널 선을 상향 돌파할 때는 매수 신호로, 하향 돌파할 때는 매도 신호로 해석합니다. 또한, MACD 히스토그램을 통해 두 선 간의 차이를 시각적으로 분석할 수 있으며, 히스토그램이 0선을 중심으로 전환될 때 추세의 전환 가능성을 예측할 수 있습니다.

마찬가지로 앞 장에서 구현한 **키움증권API_TEST.xlsm** 파일의 코드를 챗GPT를 통해서 수정하여 해당 기술적 지표를 구현하는 방식으로 진행하겠습니다.

아래의 예제 코드는 삼성전자의 가격과 거래량을 출력해주는 엑셀 VBA 코드입니다. 이 코드를 응용하여 삼성전자의 MACD를 차트로 보여주는 엑셀 VBA 코드를 다음의 요건대로 만들어주세요.

1. 엑셀 시트에 있는 이전의 모든 값을 지우고 혹시 차트가 있는지 확인 후 있다면 차트도 삭제한다. 예제 코드의 로그인 기능과 데이터 요청 및 수신 기능을 유지하면서 나머지 부분을 적절히 수정하여 진행하도록 한다.
2. 삼성전자의 일자와 현재가를 A, B열에 출력한다. 각 데이터는 빈칸이 없도록 하고 일자 데이터는 YYYYMMDD로 되어 있는 형식을 YYYY-MM-DD 형식으로 변환해준다. 그리고 제일 과거의 것이 위로 오도록 정렬한다.
3. C, D열에 MACD 선, 시그널 선 데이터를 계산해서 출력한다.

4. A열의 날짜를 X축으로 구성하고 B열의 일별 가격을 Y축으로 구성한 차트 1을 H1 셀에서 O15셀까지의 범위에 그려준다. 이때 Y축의 가격 범위는 B열의 값의 최댓값과 최솟값을 넘지 않도록 한다.

5. A열의 날짜를 X축으로 구성하고 C, D열의 MACD 선, 시그널 선 데이터를 Y축으로 구성한 차트 2를 H16셀에서 O30셀까지의 범위에 그려준다. 그리고 어느 선이 MACD 선, 시그널 선 데이터인지 표시하도록 한다. 이때 Y축의 가격 범위는 C, D열의 값의 최댓값과 최솟값을 넘지 않도록 한다.

6. 제일 마지막 데이터가 최신 데이터이므로 뒤에서부터 앞으로 7일 동안 역순으로 데이터를 확인하여 MACD 선이 시그널 선을 상향 돌파할 때 매수 신호, 하향 돌파할 때는 매도 신호라고 G1셀에 출력한다.

예제 코드

```vb
Private Sub CommandButton1_Click() '로그인

    Call KHOpenAPI1.CommConnect

End Sub

Private Sub CommandButton2_Click() '데이터 요청

    sRQName = "RQ_005930" '요청 이름
    sTrCode = "OPT10081" 'TR명
    sScrNo = "0001" '요청 번호
    stockcode = "005930" '삼성전자 종목 코드
    datatime = Format(Date, "YYYYMMDD") '현재 일자

    Call KHOpenAPI1.SetInputValue("종목 코드", stockcode)
    Call KHOpenAPI1.SetInputValue("기준 일자", datatime)
    Call KHOpenAPI1.CommRqData(sRQName, sTrCode, 0, sScrNo)

End Sub

Private Sub KHOpenAPI1_OnReceiveTrData(ByVal sScrNo As
String, ByVal sRQName As String, ByVal sTrCode As String,
ByVal sRecordName As String, ByVal sPrevNext As String,
ByVal nDataLength As Long, ByVal sErrorCode As String,
ByVal sMessage As String, ByVal sSplmMsg As String)
'데이터 수신
```

```
            Count = 365    '요청 데이터 개수

            Cells(1, 1) = "일자"
            Cells(1, 2) = "현재가"
            Cells(1, 3) = "거래량"

            If sScrNo = "0001" Then

                For i = 0 To Count - 1

                    Cells(i + 2, 1) = Trim(KHOpenAPI1.GetCommData(
sTrCode, sRQName, i, "일자"))
                    Cells(i + 2, 2) = Trim(KHOpenAPI1.GetCommData(
sTrCode, sRQName, i, "현재가"))
                    Cells(i + 2, 3) = Trim(KHOpenAPI1.GetCommData(
sTrCode, sRQName, i, "거래량"))

                Next

            End If

End Sub
```

GPT-4

아래는 삼성전자의 MACD를 차트로 보여주는 엑셀 VBA 코드입니다. 코드의 주석을 참고하여 기능을 이해하시고, 필요에 따라 수정하시면 됩니다.

```
Private Sub CommandButton1_Click()  '로그인
    Call KHOpenAPI1.CommConnect
End Sub

Private Sub CommandButton2_Click()  '데이터 요청
    ' 기존 데이터 및 차트 삭제
    Call ClearSheet

    sRQName = "RQ_005930"  '요청 이름
    sTrCode = "OPT10081"   'TR명
    sScrNo = "0001"        '요청 번호
```

```
    stockcode = "005930" '삼성전자 종목 코드
    datatime = Format(Date, "YYYYMMDD") '현재 일자

    Call KHOpenAPI1.SetInputValue("종목 코드", stockcode)
    Call KHOpenAPI1.SetInputValue("기준 일자", datatime)
    Call KHOpenAPI1.CommRqData(sRQName, sTrCode, 0, sScrNo)
End Sub

Private Sub KHOpenAPI1_OnReceiveTrData(ByVal sScrNo As String,
ByVal sRQName As String, ByVal sTrCode As String, ByVal
sRecordName As String, ByVal sPrevNext As String, ByVal
nDataLength As Long, ByVal sErrorCode As String, ByVal
sMessage As String, ByVal sSplmMsg As String)
    Dim Count As Integer
    Dim i As Integer
    Dim dataRange As Range

    Count = 365 '요청 데이터 개수

    Cells(1, 1) = "일자"
    Cells(1, 2) = "현재가"
    Cells(1, 3) = "MACD 선"
    Cells(1, 4) = "시그널 선"

    If sScrNo = "0001" Then
        For i = 0 To Count - 1
            Cells(i + 2, 1) = Format(Trim(KHOpenAPI1.GetCommData(
sTrCode, sRQName, i, "일자")), "YYYY-MM-DD")
            Cells(i + 2, 2) = Trim(KHOpenAPI1.GetCommData(
sTrCode, sRQName, i, "현재가"))
        Next i

        ' 날짜 기준오름 정렬 (파기 데이터가 위로)
        Set dataRange = Range("A2:B" & Count + 1)
        dataRange.Sort Key1:=Range("A2"), Order1:=xlAscending,
Header:=xlNo

        ' MACD 및 시그널 선 계산
        Call CalculateMACD(Count)

        ' 차트 생성
```

```
            Call CreatePriceChart(Count)
            Call CreateMACDChart(Count)

            ' 매수/매도 신호 확인
            Call CheckTradingSignal(Count)
        End If
End Sub

Private Sub ClearSheet()
    ' 기존 데이터 및 차트 삭제
    Cells.Clear
    Dim chtObj As ChartObject
    For Each chtObj In ActiveSheet.ChartObjects
        chtObj.Delete
    Next chtObj
End Sub

Private Sub CalculateMACD(ByVal Count As Integer)
    Dim ShortPeriod As Integer
    Dim LongPeriod As Integer
    Dim SignalPeriod As Integer
    Dim i As Integer
    Dim MACD As Double
    Dim Signal As Double
    Dim EMA12 As Double
    Dim EMA26 As Double
    Dim Multiplier12 As Double
    Dim Multiplier26 As Double
    Dim SignalMultiplier As Double

    ShortPeriod = 12
    LongPeriod = 26
    SignalPeriod = 9

    Multiplier12 = 2 / (ShortPeriod + 1)
    Multiplier26 = 2 / (LongPeriod + 1)
    SignalMultiplier = 2 / (SignalPeriod + 1)

    For i = 2 To Count + 1
        If i = 2 Then
            EMA12 = Cells(i, 2).Value
```

```vb
            EMA26 = Cells(i, 2).Value
            Signal = 0
        Else
            EMA12 = ((Cells(i, 2).Value - EMA12) * Multiplier12) + EMA12
            EMA26 = ((Cells(i, 2).Value - EMA26) * Multiplier26) + EMA26
        End If
        
        MACD = EMA12 - EMA26
        Cells(i, 3) = MACD
        
        If i = 2 + LongPeriod Then
            Signal = MACD
        ElseIf i > 2 + LongPeriod Then
            Signal = ((MACD - Signal) * SignalMultiplier) + Signal
        End If
        
        Cells(i, 4) = Signal
    Next i
End Sub

Private Sub CreatePriceChart(ByVal Count As Integer)
    Dim chartObj As ChartObject
    Set chartObj = ActiveSheet.ChartObjects.Add(Left:=Range("H1").Left, Width:=Range("O1").Left - Range("H1").Left + Range("O1").Width, Top:=Range("H1").Top, Height:=Range("O15").Top - Range("H1").Top + Range("O15").Height)
    
    With chartObj.Chart
        .SetSourceData Source:=Range("A1:B" & Count + 1)
        .ChartType = xlLine
        .Axes(xlValue).MinimumScale = WorksheetFunction.Min(Range("B2:B" & Count + 1))
        .Axes(xlValue).MaximumScale = WorksheetFunction.Max(Range("B2:B" & Count + 1))
        .Axes(xlCategory).CategoryNames = Range("A2:A" & Count + 1)
        .HasTitle = True
        .ChartTitle.Text = "삼성전자 일별 가격"
    End With
End Sub
```

```
Private Sub CreateMACDChart(ByVal Count As Integer)
    Dim chartObj As ChartObject
    Set chartObj = ActiveSheet.ChartObjects.Add(Left:=Range("H16").Left, Width:=Range("O16").Left - Range("H16").Left + Range("O16").Width, Top:=Range("H16").Top, Height:=Range("O30").Top - Range("H16").Top + Range("O30").Height)

    With chartObj.Chart
        .SetSourceData Source:=Range("A1:D" & Count + 1)
        .ChartType = xlLine
        .Axes(xlValue).MinimumScale = WorksheetFunction.Min(Range("C2:D" & Count + 1))
        .Axes(xlValue).MaximumScale = WorksheetFunction.Max(Range("C2:D" & Count + 1))
        .Axes(xlCategory).CategoryNames = Range("A2:A" & Count + 1)
        .SeriesCollection(1).Name = "MACD 선"
        .SeriesCollection(2).Name = "시그널 선"
        .HasTitle = True
        .ChartTitle.Text = "삼성전자 MACD 차트"
    End With
End Sub

Private Sub CheckTradingSignal(ByVal Count As Integer)
    Dim i As Integer
    Dim BuySignal As Boolean
    Dim SellSignal As Boolean

    For i = Count + 1 To Count - 5 Step -1
        If Cells(i, 3).Value > Cells(i, 4).Value And Cells(i - 1, 3).Value < Cells(i - 1, 4).Value Then
            BuySignal = True
        ElseIf Cells(i, 3).Value < Cells(i, 4).Value And Cells(i - 1, 3).Value > Cells(i - 1, 4).Value Then
            SellSignal = True
        End If
    Next i

    If BuySignal Then
        Range("G1").Value = "매수 신호"
    ElseIf SellSignal Then
```

```
                Range("G1").Value = "매도 신호"
        Else
                Range("G1").Value = "신호 없음"
        End If
End Sub
```

이제 이 코드를 실행해보겠습니다. 만들어준 코드로 VBA 편집기에서 코드를 변경 후 [로그인], [주식데이터 받기] 버튼을 차례대로 실행해보겠습니다. 위의 코드를 실행하니 이동평균선을 구할 때와 마찬가지로 그림 5-11과 같이 오류 메시지가 나타납니다.

그림 5-11 **오류 메시지 발생 화면**

여기서 [디버그] 버튼을 누르면 그림 5-12와 같이 오류가 나는 코드가 노란색으로 표시됨을 알 수가 있습니다.

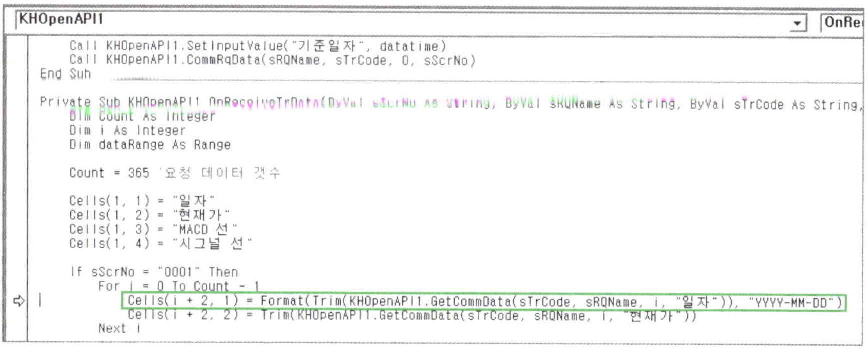

그림 5-12 **VBA 편집기에서 오류 위치 확인**

5.2 챗GPT를 활용한 기술적 지표 분석 **173**

이제 오류 부분의 코드를 복사하고 VBA 편집기를 종료합니다. 그리고 그 코드를 챗GPT의 질문에 붙여넣어 아래 그림과 같이 오류를 수정해달라고 해보겠습니다.

질문 내용: Cells(i + 2, 1) = Format(Trim(KHOpenAPI1.GetCommData (sTrCode,sRQName, i, "일자")), "YYYY-MM-DD") 이 코드에서 오류가 나는데 수정하여 전체 코드를 다시 보여주세요.

GPT-4

Format 함수는 엑셀의 VBA에서 날짜 형식을 지정하는 데 사용되지만, Trim과 함께 사용할 때 오류가 발생할 수 있습니다. 날짜 데이터를 YYYYMMDD 형식에서 YYYY-MM-DD 형식으로 변환하는 방법을 수정하여 전체 코드를 다시 작성하겠습니다.

```
Private Sub CommandButton1_Click() '로그인
    Call KHOpenAPI1.CommConnect
End Sub

Private Sub CommandButton2_Click() '데이터 요청
    ' 기존 데이터 및 차트 삭제
    Call ClearSheet

    sRQName = "RQ_005930" '요청 이름
    sTrCode = "OPT10081" 'TR명
    sScrNo = "0001" '요청 번호
    stockcode = "005930" '삼성전자 종목 코드
    datatime = Format(Date, "YYYYMMDD") '현재 일자

    Call KHOpenAPI1.SetInputValue("종목 코드", stockcode)
    Call KHOpenAPI1.SetInputValue("기준 일자", datatime)
    Call KHOpenAPI1.CommRqData(sRQName, sTrCode, 0, sScrNo)
End Sub

Private Sub KHOpenAPI1_OnReceiveTrData(ByVal sScrNo As String,
ByVal sRQName As String, ByVal sTrCode As String, ByVal
sRecordName As String, ByVal sPrevNext As String, ByVal
```

```vb
nDataLength As Long, ByVal sErrorCode As String, ByVal sMessage As String, ByVal sSplmMsg As String)
    Dim Count As Integer
    Dim i As Integer
    Dim dataRange As Range
    Dim rawDate As String
    Dim formattedDate As String
    
    Count = 365 '요청 데이터 개수
    
    Cells(1, 1) = "일자"
    Cells(1, 2) = "현재가"
    Cells(1, 3) = "MACD 선"
    Cells(1, 4) = "시그널 선"
    
    If sScrNo = "0001" Then
        For i = 0 To Count - 1
            rawDate = Trim(KHOpenAPI1.GetCommData(sTrCode, sRQName, i, "일자"))
            formattedDate = Left(rawDate, 4) & "-" & Mid(rawDate, 5, 2) & "-" & Right(rawDate, 2)
            Cells(i + 2, 1) = formattedDate
            Cells(i + 2, 2) = Trim(KHOpenAPI1.GetCommData(sTrCode, sRQName, i, "현재가"))
        Next i
        
        ' 날짜 기준으로 정렬 (과거 데이터가 위로)
        Set dataRange = Range("A2:B" & Count + 1)
        dataRange.Sort Key1:=Range("A2"), Order1:=xlAscending, Header:=xlNo
        
        ' MACD 및 시그널 선 계산
        Call CalculateMACD(Count)
        
        ' 차트 생성
        Call CreatePriceChart(Count)
        Call CreateMACDChart(Count)
        
        ' 매수/매도 신호 확인
```

```
            Call CheckTradingSignal(Count)
        End If
End Sub

Private Sub ClearSheet()
    ' 기존 데이터 및 차트 삭제
    Cells.Clear
    Dim chtObj As ChartObject
    For Each chtObj In ActiveSheet.ChartObjects
        chtObj.Delete
    Next chtObj
End Sub

Private Sub CalculateMACD(ByVal Count As Integer)
    Dim ShortPeriod As Integer
    Dim LongPeriod As Integer
    Dim SignalPeriod As Integer
    Dim i As Integer
    Dim MACD As Double
    Dim Signal As Double
    Dim EMA12 As Double
    Dim EMA26 As Double
    Dim Multiplier12 As Double
    Dim Multiplier26 As Double
    Dim SignalMultiplier As Double
    
    ShortPeriod = 12
    LongPeriod = 26
    SignalPeriod = 9
    
    Multiplier12 = 2 / (ShortPeriod + 1)
    Multiplier26 = 2 / (LongPeriod + 1)
    SignalMultiplier = 2 / (SignalPeriod + 1)
    
    For i = 2 To Count + 1
        If i = 2 Then
            EMA12 = Cells(i, 2).Value
            EMA26 = Cells(i, 2).Value
            Signal = 0
```

```
            Else
                EMA12 = ((Cells(i, 2).Value - EMA12) * Multiplier12) 
+ EMA12
                EMA26 = ((Cells(i, 2).Value - EMA26) * Multiplier26) 
+ EMA26
            End If
            
            MACD = EMA12 - EMA26
            Cells(i, 3) = MACD
            
            If i = 2 + LongPeriod Then
                Signal = MACD
            ElseIf i > 2 + LongPeriod Then
                Signal = ((MACD - Signal) * SignalMultiplier) + Signal
            End If
            
            Cells(i, 4) = Signal
    Next i
End Sub

Private Sub CreatePriceChart(ByVal Count As Integer)
    Dim chartObj As ChartObject
    Set chartObj = ActiveSheet.ChartObjects.Add(Left:=Range
("H1").Left, Width:=Range("O1").Left - Range("H1").Left + Range
("O1").Width, Top:=Range("H1").Top, Height:=Range("O15").
Top - Range("H1").Top + Range("O15").Height)

    With chartObj.Chart
        .SetSourceData Source:=Range("A1:B" & Count + 1)
        .ChartType = xlLine
        .Axes(xlValue).MinimumScale = WorksheetFunction.Min(
Range("B2:B" & Count + 1))
        .Axes(xlValue).MaximumScale = WorksheetFunction.Max(
Range("B2:B" & Count + 1))
        .Axes(xlCategory).CategoryNames = Range("A2:A" & Count + 1)
        .HasTitle = True
        .ChartTitle.Text = "삼성전자 일별 가격"
    End With
End Sub
```

```
Private Sub CreateMACDChart(ByVal Count As Integer)
    Dim chartObj As ChartObject
    Set chartObj = ActiveSheet.ChartObjects.Add(Left:=Range("H16").Left, Width:=Range("O16").Left - Range("H16").Left + Range("O16").Width, Top:=Range("H16").Top, Height:=Range("O30").Top - Range("H16").Top + Range("O30").Height)
    
    With chartObj.Chart
        .SetSourceData Source:=Range("A1:D" & Count + 1)
        .ChartType = xlLine
        .Axes(xlValue).MinimumScale = WorksheetFunction.Min(Range("C2:D" & Count + 1))
        .Axes(xlValue).MaximumScale = WorksheetFunction.Max(Range("C2:D" & Count + 1))
        .Axes(xlCategory).CategoryNames = Range("A2:A" & Count + 1)
        .SeriesCollection(1).Name = "MACD 선"
        .SeriesCollection(2).Name = "시그널 선"
        .HasTitle = True
        .ChartTitle.Text = "삼성전자 MACD 차트"
    End With
End Sub

Private Sub CheckTradingSignal(ByVal Count As Integer)
    Dim i As Integer
    Dim BuySignal As Boolean
    Dim SellSignal As Boolean
    
    For i = Count + 1 To Count - 5 Step -1
        If Cells(i, 3).Value > Cells(i, 4).Value And Cells(i - 1, 3).Value < Cells(i - 1, 4).Value Then
            BuySignal = True
        ElseIf Cells(i, 3).Value < Cells(i, 4).Value And Cells(i - 1, 3).Value > Cells(i - 1, 4).Value Then
            SellSignal = True
        End If
    Next i
    
    If BuySignal Then
```

```
                Range("G1").Value = "매수 신호"
        ElseIf SellSignal Then
                Range("G1").Value = "매도 신호"
        Else
                Range("G1").Value = "신호 없음"
        End If
End Sub
```

이제 이 코드로 VBA 편집기에서 코드를 변경 후 실행하면 그림 5-13과 같은 결과가 나옵니다.

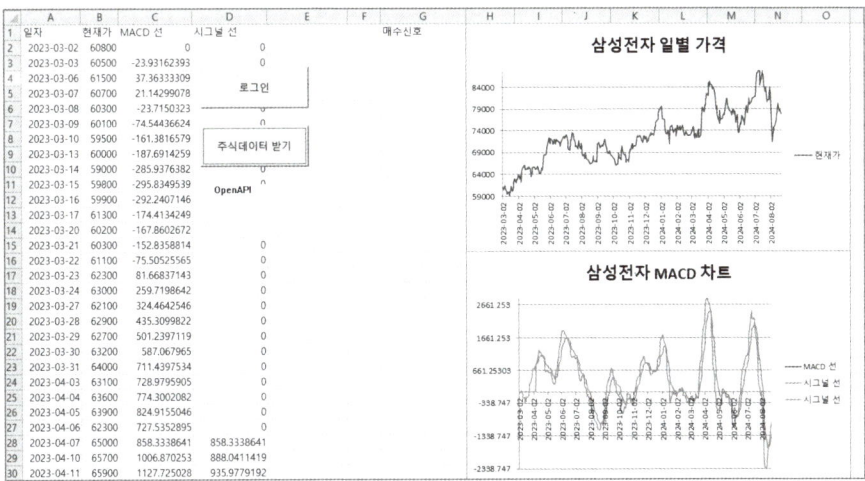

그림 5-13 수정된 코드로 다시 확인한 그래프 화면

MACD 차트에서 앞의 이동평균선 코드가 초기 코드와 미진사시로 일별 현재가가 같이 포함되어 의도대로 표시되지 않은 것이 보입니다. 이 부분을 챗GPT를 통해서 수정해보겠습니다.

MACD 차트에서 차트 1에만 있어야 할 현재가 데이터가 같이 포함되어 있습니다. MACD 선과 시그널 선만 차트에 그릴 수 있도록 수정해주세요.

GPT-4

MACD 차트에서 현재가 데이터가 포함되지 않도록 수정하려면, 차트를 생성할 때 데이터를 선택하는 부분을 조정해야 합니다. 현재 코드는 A1 범위를 차트 데이터로 설정하고 있으므로, B열의 현재가 데이터도 포함되게 됩니다. 이를 수정하여 C열과 D열만 선택하도록 변경하겠습니다.

```
Private Sub CommandButton1_Click() '로그인
    Call KHOpenAPI1.CommConnect
End Sub

Private Sub CommandButton2_Click() '데이터 요청
    ' 기존 데이터 및 차트 삭제
    Call ClearSheet
    
    sRQName = "RQ_005930" '요청 이름
    sTrCode = "OPT10081" 'TR명
    sScrNo = "0001" '요청 번호
    stockcode = "005930" '삼성전자 종목 코드
    datatime = Format(Date, "YYYYMMDD") '현재 일자
    
    Call KHOpenAPI1.SetInputValue("종목 코드", stockcode)
    Call KHOpenAPI1.SetInputValue("기준 일자", datatime)
    Call KHOpenAPI1.CommRqData(sRQName, sTrCode, 0, sScrNo)
End Sub

Private Sub KHOpenAPI1_OnReceiveTrData(ByVal sScrNo As String,
ByVal sRQName As String, ByVal sTrCode As String,
ByVal sRecordName As String, ByVal sPrevNext As String,
ByVal nDataLength As Long, ByVal sErrorCode As String,
ByVal sMessage As String, ByVal sSplmMsg As String)
    Dim Count As Integer
    Dim i As Integer
    Dim dataRange As Range
    Dim rawDate As String
    Dim formattedDate As String
```

```
    Count = 365 '요청 데이터 개수

    Cells(1, 1) = "일자"
    Cells(1, 2) = "현재가"
    Cells(1, 3) = "MACD 선"
    Cells(1, 4) = "시그널 선"

    If sScrNo = "0001" Then
        For i = 0 To Count - 1
            rawDate = Trim(KHOpenAPI1.GetCommData(sTrCode, sRQName, i, "일자"))
            formattedDate = Left(rawDate, 4) & "-" & Mid(rawDate, 5, 2) & "-" & Right(rawDate, 2)
            Cells(i + 2, 1) = formattedDate
            Cells(i + 2, 2) = Trim(KHOpenAPI1.GetCommData(sTrCode, sRQName, i, "현재가"))
        Next i

        ' 날짜 기준으로 정렬 (과거 데이터가 위로)
        Set dataRange = Range("A2:B" & Count + 1)
        dataRange.Sort Key1:=Range("A2"), Order1:=xlAscending, Header:=xlNo

        ' MACD 및 시그널 선 계산
        Call CalculateMACD(Count)

        ' 차트 생성
        Call CreatePriceChart(Count)
        Call CreateMACDChart(Count)

        ' 매수/매도 신호 확인
        Call CheckTradingSignal(Count)
    End If
End Sub

Private Sub ClearSheet()
    ' 기존 데이터 및 차트 삭제
    Cells.Clear
    Dim chtObj As ChartObject
    For Each chtObj In ActiveSheet.ChartObjects
```

```
            chtObj.Delete
        Next chtObj
    End Sub

    Private Sub CalculateMACD(ByVal Count As Integer)
        Dim ShortPeriod As Integer
        Dim LongPeriod As Integer
        Dim SignalPeriod As Integer
        Dim i As Integer
        Dim MACD As Double
        Dim Signal As Double
        Dim EMA12 As Double
        Dim EMA26 As Double
        Dim Multiplier12 As Double
        Dim Multiplier26 As Double
        Dim SignalMultiplier As Double

        ShortPeriod = 12
        LongPeriod = 26
        SignalPeriod = 9

        Multiplier12 = 2 / (ShortPeriod + 1)
        Multiplier26 = 2 / (LongPeriod + 1)
        SignalMultiplier = 2 / (SignalPeriod + 1)

        For i = 2 To Count + 1
            If i = 2 Then
                EMA12 = Cells(i, 2).Value
                EMA26 = Cells(i, 2).Value
                Signal = 0
            Else
                EMA12 = ((Cells(i, 2).Value - EMA12) * Multiplier12)
+ EMA12
                EMA26 = ((Cells(i, 2).Value - EMA26) * Multiplier26)
+ EMA26
            End If

            MACD = EMA12 - EMA26
            Cells(i, 3) = MACD

            If i = 2 + LongPeriod Then
```

```
                Signal = MACD
            ElseIf i > 2 + LongPeriod Then
                Signal = ((MACD - Signal) * SignalMultiplier) + Signal
            End If

            Cells(i, 4) = Signal
    Next i
End Sub

Private Sub CreatePriceChart(ByVal Count As Integer)
    Dim chartObj As ChartObject
    Set chartObj = ActiveSheet.ChartObjects.Add(Left:=Range("H1").Left, Width:=Range("O1").Left - Range("H1").Left + Range("O1").Width, Top:=Range("H1").Top, Height:=Range("O15").Top - Range("H1").Top + Range("O15").Height)

    With chartObj.Chart
        .SetSourceData Source:=Range("A1:B" & Count + 1)
        .ChartType = xlLine
        .Axes(xlValue).MinimumScale = WorksheetFunction.Min(Range("B2:B" & Count + 1))
        .Axes(xlValue).MaximumScale = WorksheetFunction.Max(Range("B2:B" & Count + 1))
        .Axes(xlCategory).CategoryNames = Range("A2:A" & Count + 1)
        .HasTitle = True
        .ChartTitle.Text = "삼성전자 일별 가격"
    End With
End Sub

Private Sub CreateMACDChart(ByVal Count As Integer)
    Dim chartObj As ChartObject
    Set chartObj = ActiveSheet.ChartObjects.Add(Left:=Range("H16").Left, Width:=Range("O16").Left - Range("H16").Left + Range("O16").Width, Top:=Range("H16").Top, Height:=Range("O30").Top - Range("H16").Top + Range("O30").Height)

    With chartObj.Chart
        ' C, D열만 선택하여 MACD 선과 시그널 선을 그립니다.
        .SetSourceData Source:=Range("A1:A" & Count + 1 & ",C1:D" & Count + 1) ' A열과 C, D, E열 데이터만 포함
        .ChartType = xlLine
```

```
            .Axes(xlValue).MinimumScale = WorksheetFunction.Min(
Range("C2:D" & Count + 1))
            .Axes(xlValue).MaximumScale = WorksheetFunction.Max(
Range("C2:D" & Count + 1))
            .Axes(xlCategory).CategoryNames = Range("A2:A" & Count + 1)
            .SeriesCollection(1).Name = "MACD 선"
            .SeriesCollection(2).Name = "시그널 선"
            .HasTitle = True
            .ChartTitle.Text = "삼성전자 MACD 차트"
    End With
End Sub


Private Sub CheckTradingSignal(ByVal Count As Integer)
    Dim i As Integer
    Dim BuySignal As Boolean
    Dim SellSignal As Boolean
    
    For i = Count + 1 To Count - 5 Step -1
        If Cells(i, 3).Value > Cells(i, 4).Value And Cells(
i - 1, 3).Value < Cells(i - 1, 4).Value Then
            BuySignal = True
        ElseIf Cells(i, 3).Value < Cells(i, 4).Value And Cells(
i - 1, 3).Value > Cells(i - 1, 4).Value Then
            SellSignal = True
        End If
    Next i
    
    If BuySignal Then
        Range("G1").Value = "매수 신호"
    ElseIf SellSignal Then
        Range("G1").Value = "매도 신호"
    Else
        Range("G1").Value = "신호 없음"
    End If
End Sub
```

이제 이 코드로 수정하고 실행하면 그림 5-14와 같은 결과가 나옵니다.

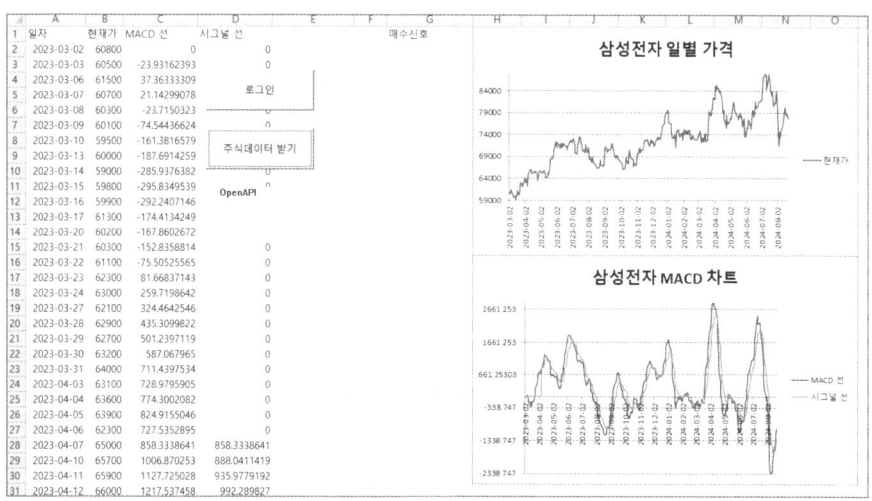

그림 5-14 다시 수정한 코드로 얻은 결과 화면

삼성전자의 일별 가격 차트와 MACD 차트가 제대로 그려지고 MACD 선이 시그널 선을 상향 돌파하여 '매수 신호'가 G1셀에 표시됨을 알 수 있습니다.

암호화폐의 RSI 구현

RSIrelative strength index는 주식의 가격이 과매수 상태인지 과매도 상태인지를 측정하는 지표로, 주로 단기적인 매매 신호를 포착하는 데 사용됩니다. RSI는 0에서 100 사이의 값을 가지며, 일반적으로 70 이상일 때는 과매수, 30 이하일 때는 과매도로 간주됩니다.

- **과매수**overbought: RSI가 70 이상일 때, 주식이 과도하게 매수되어 가격이 조정될 가능성이 큽니다.
- **과매도**oversold: RSI가 30 이하일 때, 주식이 과도하게 매도되어 가격이 반등할 가능성이 큽니다.

RSI는 또한 다이버전스divergence를 통해 추세의 전환을 예고할 수 있습니다. 예를 들어 주가가 상승하는 동안 RSI가 하락한다면, 이는 곧 하락 전환이 일어날 수 있음을 의미할 수 있습니다.

이번에는 주식이 아닌 암호화폐로 해당 기술적 지표를 구현해보도록 하겠습니다. 앞의 장에서 구현한 **업비트API_TEST.xlsm** 파일의 코드를 챗GPT를 통해서 수정하여 해당 기술적 지표를 구현하는 방식으로 진행하겠습니다.

아래의 예제 코드는 비트코인의 가격과 거래량을 출력해주는 엑셀 VBA 코드입니다. 이 코드를 응용하여 비트코인의 RSI를 차트로 보여주는 엑셀 VBA 코드를 다음의 요건대로 만들어주세요.

1. 엑셀 시트에 있는 이전의 모든 값을 지우고 혹시 차트가 있는지 확인 후 있다면 차트를 삭제한다. 코드는 예제 코드의 데이터 요청 및 수신 기능을 유지하면서 나머지 부분을 적절히 수정하여 진행하도록 한다.

2. 비트코인의 일자와 현재가를 A, B열에 출력한다. 각 데이터는 빈칸이 없도록 하고 일자 데이터는 YYYY-MM-DD 형식으로 변환해준다. 그리고 제일 과거의 것이 위로 오도록 정렬한다.

3. C, D열에 RSI 선, 시그널 선 데이터를 계산해서 출력한다.

4. A열의 날짜를 X축으로 구성하고 B열의 일별 가격을 Y축으로 구성한 차트 1을 H1셀에서 O15셀까지의 범위에 그려준다. 이때 Y축의 가격 범위는 B열의 값의 최댓값과 최솟값을 넘지 않도록 한다.

5. A열의 날짜를 X축으로 구성하고 C, D열의 RSI 선, 시그널 선 데이터를 Y축으로 구성한 차트 2를 H16셀에서 O30셀까지의 범위에 그려준다. 그리고 어느 선이 RSI 선, 시그널 선 데이터인지 표시하도록 한다. 이때 Y축의 가격 범위는 C, D열의 값의 최댓값과 최솟값을 넘지 않도록 한다.

6. 제일 마지막 데이터가 최신 데이터이므로 뒤에서부터 앞으로 7일 동안 역순으로 데이터를 확인하여 RSI 선이 시그널 선을 상향 돌파할 때 매수 신호, 하향 돌파할 때는 매도 신호라고 G1셀에 출력한다. 그리고 RSI 선이 70 이상일 때는 과매수, 30 이하일 때는 과매도라고 G2셀에 출력한다.

예제 코드

```
Private Sub CommandButton1_Click()

    ' 업비트 API 요청 URL
    url = "https://api.upbit.com/v1/candles/days?market=KRW-BTC&count=200"

    ' HTTP 요청 보내기
    Set request = CreateObject("MSXML2.XMLHTTP.6.0")
    With request
        .Open "GET", url, False
        .send
        response = .responseText
    End With

    ' JSON 파싱
    Set json = JsonConverter.ParseJson(response)

    ' 데이터를 엑셀에 입력
    Cells(1, 1) = "일자"
    Cells(1, 2) = "현재가"
    Cells(1, 3) = "거래량"

    For i = 1 To json.Count

        Cells(i + 1, 1).Value = json(i)("candle_date_time_kst")
        Cells(i + 1, 2).Value = json(i)("trade_price")
        Cells(i + 1, 3).Value = json(i)("candle_acc_trade_volume")

    Next i

End Sub
```

GPT-4 아래는 주어진 예제 코드를 바탕으로 비트코인의 RSI를 계산하고 차트를 그려주는 엑셀 VBA 코드입니다. 각 요건을 충족하도록 코드를 작성했습니다.

```vba
Private Sub CommandButton1_Click()

    ' 엑셀 시트 초기화
    Cells.Clear
    For Each chartObj In ActiveSheet.ChartObjects
        chartObj.Delete
    Next chartObj

    ' 업비트 API 요청 URL
    url = "https://api.upbit.com/v1/candles/days?market=KRW-BTC&count=200"

    ' HTTP 요청 보내기
    Set request = CreateObject("MSXML2.XMLHTTP.6.0")
    With request
        .Open "GET", url, False
        .send
        response = .responseText
    End With

    ' JSON 파싱
    Set json = JsonConverter.ParseJson(response)

    ' 데이터를 엑셀에 입력
    Cells(1, 1) = "일자"
    Cells(1, 2) = "현재가"

    Dim i As Integer
    For i = 1 To json.count
        Cells(i + 1, 1).Value = Format(json(i)("candle_date_time_kst"), "YYYY-MM-DD")
        Cells(i + 1, 2).Value = json(i)("trade_price")
    Next i

    ' 데이터 역순으로 정렬
    Range("A2:B" & i).Sort Key1:=Range("A2"), Order1:=xlAscending, Header:=xlNo
```

```vba
    ' RSI 계산을 위한 데이터 추가 (C, D 열)
    CalculateRSI i - 1
    
    ' 가격 차트 생성
    CreatePriceChart i - 1
    
    ' RSI 차트 생성
    CreateRSIChart i - 1
    
    ' 매수/매도 신호 및 과매수/과매도 상태 확인
    AnalyzeSignals i - 1

End Sub

Sub CalculateRSI(count As Integer)
    ' RSI 계산을 위한 변수
    Dim gain As Double, loss As Double, avgGain As Double, avgLoss As Double
    Dim rsi As Double
    Dim period As Integer
    period = 14 ' RSI 기본 기간
    
    ' 초기 설정
    Cells(1, 3) = "RSI"
    Cells(1, 4) = "시그널 선"
    
    ' 초반 14일간의 평균 상승/하락 계산
    For i = 2 To period + 1
        If Cells(i + 1, 2).Value > Cells(i, 2).Value Then
            gain = gain + (Cells(i + 1, 2).Value - Cells(i, 2).Value)
        Else
            loss = loss + (Cells(1, 2).Value - Cells(i + 1, 2).Value)
        End If
    Next i
    
    avgGain = gain / period
    avgLoss = loss / period
    
    ' RSI 계산
```

```vb
    For i = period + 2 To count + 1
        If Cells(i, 2).Value > Cells(i - 1, 2).Value Then
            gain = Cells(i, 2).Value - Cells(i - 1, 2).Value
            loss = 0
        Else
            gain = 0
            loss = Cells(i - 1, 2).Value - Cells(i, 2).Value
        End If

        avgGain = (avgGain * (period - 1) + gain) / period
        avgLoss = (avgLoss * (period - 1) + loss) / period

        If avgLoss = 0 Then
            rsi = 100
        Else
            RS = avgGain / avgLoss
            rsi = 100 - (100 / (1 + RS))
        End If

        Cells(i, 3).Value = rsi
        If i >= period + 5 Then ' 시그널 선 계산을 위한 조건
            Cells(i, 4).Value = WorksheetFunction.Average(Range(Cells(i - 8, 3), Cells(i, 3))) ' 시그널 선 계산
        End If
    Next i
End Sub

Sub CreatePriceChart(count As Integer)
    ' 가격 차트 생성
    Dim chart As ChartObject
    Set chart = ActiveSheet.ChartObjects.Add(Left:=Range("H1").Left, Width:=Range("O1").Left - Range("H1").Left, _
                                                Top:=Range("H1").Top, Height:=Range("O15").Top - Range("H1").Top)
    chart.chart.SetSourceData Source:=Range("A1:B" & count + 1)
    chart.chart.ChartType = xlLine
    chart.chart.Axes(xlCategory).CategoryType = xlCategoryScale
    chart.chart.Axes(xlCategory).BaseUnit = xlDays
    chart.chart.HasTitle = True
    chart.chart.ChartTitle.Text = "비트코인 가격"
    chart.chart.Axes(xlValue).MinimumScale = WorksheetFunction.
```

```
Min(Range("B2:B" & count + 1))
    chart.chart.Axes(xlValue).MaximumScale = WorksheetFunction.
Max(Range("B2:B" & count + 1))
End Sub

Sub CreateRSIChart(count As Integer)
    ' RSI 차트 생성
    Dim chart As ChartObject
    Set chart = ActiveSheet.ChartObjects.Add(Left:=Range("H16").
Left, Width:=Range("O16").Left - Range("H16").Left, _
                                            Top:=Range("H16").
Top, Height:=Range("O30").Top - Range("H16").Top)
    With chart.chart
        .ChartType = xlLine
        ' 기존에 자동으로 생성된 계열 제거
        Do While .SeriesCollection.count > 0
            .SeriesCollection(1).Delete
        Loop
        
        ' RSI 선 추가
        With .SeriesCollection.NewSeries
            .XValues = Range("A2:A" & count + 1)
            .Values = Range("C2:C" & count + 1)
            .Name = "RSI 선"
        End With
        
        ' 시그널 선 추가
        With .SeriesCollection.NewSeries
            .XValues = Range("A2:A" & count + 1)
            .Values = Range("D2:D" & count + 1)
            .Name = "시그널 선"
        End With
        
        ' 차트 제목 및 축 설정
        .HasTitle = True
        .ChartTitle.Text = "RSI 차트"
        .Axes(xlCategory).CategoryType = xlCategoryScale
        .Axes(xlCategory).BaseUnit = xlDays
        .Axes(xlValue).MinimumScale = WorksheetFunction.Min(
Range("C2:D" & count + 1))
        .Axes(xlValue).MaximumScale = WorksheetFunction.Max(
```

```vba
        Range("C2:D" & count + 1))
        End With
End Sub

Sub AnalyzeSignals(count As Integer)
    ' 매수/매도 신호 및 과매수/과매도 상태 분석
    Dim lastRSI As Double, lastSignal As Double
    Dim signalText As String, conditionText As String
    
    For i = count + 1 To count - 5 Step -1
        lastRSI = Cells(i, 3).Value
        lastSignal = Cells(i, 4).Value
        
        If lastRSI > lastSignal And Cells(i + 1, 3).Value <= Cells(i + 1, 4).Value Then
            signalText = "매수 신호"
        ElseIf lastRSI < lastSignal And Cells(i + 1, 3).Value >= Cells(i + 1, 4).Value Then
            signalText = "매도 신호"
        End If
        
        If lastRSI >= 70 Then
            conditionText = "과매수"
        ElseIf lastRSI <= 30 Then
            conditionText = "과매도"
        End If
    Next i
    
    Range("G1").Value = signalText
    Range("G2").Value = conditionText
End Sub
```

이제 VBA 편집기에서 이 코드로 변경 후 [암호화폐데이터 받기] 버튼을 실행하면 그림 5-15와 같은 최종 결과가 나옵니다.

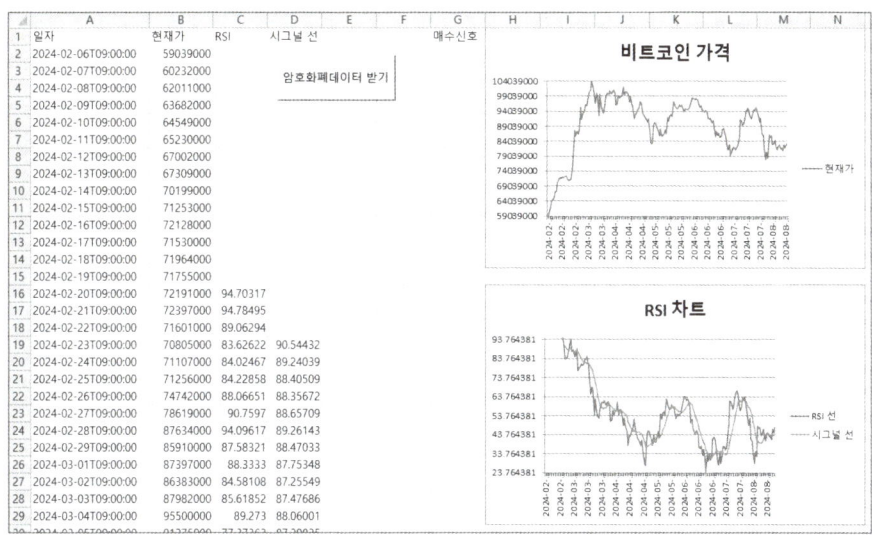

그림 5-15 RSI 차트를 포함한 결과 화면

결과를 보면 RSI 선이 시그널 선을 상향 돌파해서 G1셀에 매수 신호를 출력한 것을 볼 수 있습니다. 70 이상이면 과매수, 30 이하이면 과매도인데 RSI가 45 정도를 보이고 있으므로 과매수인지 과매도인지의 신호는 G2셀에 표시되지 않았다는 것을 확인할 수 있습니다.

혹시 챗GPT를 통해서 앞의 코드를 만들다가 제대로 실행되는 코드가 한 번에 나오지 않는다면 앞 장에서의 디버깅 과정을 시도하여 원하는 코드로 만들어가는 경험을 해보기 바랍니다. 코드가 오류가 난다면 해당 코드 부분을 질문에 첨부하고, 차드가 이상하다면 차트 자체를 복사하여 질문에 첨부합니다. 이와 같이 원하는 목표를 이루기 위한 상세한 질문을 단계적으로 작성해나가다 보면 문제 해결 능력이 생길 것입니다.

암호화폐의 볼린저 밴드 구현

볼린저 밴드는 주가의 변동성을 시각화하는 지표로, 주가가 평균으로부터 얼마나 멀리 떨어져 있는지를 보여줍니다. 볼린저 밴드는 주가의 20일 이동평균선을 중심으로 표준편차를 이용해 상단 밴드와 하단 밴드를 형성합니다.

> 상단 밴드: 20일 이동평균선 + (표준편차 × 2)
>
> 하단 밴드: 20일 이동평균선 - (표준편차 × 2)

주가가 상단 밴드를 넘어설 경우 과매수 상태로 해석할 수 있으며, 하단 밴드 아래로 내려갈 경우 과매도 상태로 해석할 수 있습니다. 볼린저 밴드는 주가가 밴드 내부로 되돌아오는 특성상 밴드를 벗어난 주가는 곧 평균으로 회귀할 가능성이 높다고 판단할 수 있습니다. 다른 기술적 지표와 함께 볼린저 밴드를 사용하면, 주가의 변동성을 보다 명확히 이해하고 더 정교한 매매 전략을 세울 수 있습니다.

마찬가지로 앞 장에서 구현한 **업비트API_TEST.xlsm** 파일의 코드를 챗GPT를 통해서 수정하여 해당 기술적 지표를 구현하는 방식으로 진행하겠습니다.

아래의 예제 코드는 비트코인의 가격과 거래량을 출력해주는 엑셀 VBA 코드입니다. 이 코드를 응용하여 비트코인의 볼린저 밴드를 차트로 보여주는 엑셀 VBA 코드를 다음의 요건대로 만들어주세요.

1. 엑셀 시트에 있는 이전의 모든 값을 지우고 혹시 차트가 있는지 확인 후 있다면 차트를 삭제한다. 예제 코드의 데이터 요청 및 수신 기능을 유지하면서 나머지 부분을 적절히 수정하여 진행하도록 한다.
2. 비트코인의 일자와 현재가를 A, B열에 출력한다. 각 데이터는 빈칸이 없도록 하고 일자 데이터는 YYYY-MM-DD 형식으로 변환해준다. 그리고 제일 과거의 것이 위로 오도록 정렬한다.
3. C, D, E열에 상단 밴드, 중심선, 하단 밴드 데이터를 계산해서 출력한다.
4. A열의 날짜를 X축으로 구성하고 B열의 일별 가격을 Y축으로 구성한 차트 1을 H1

셀에서 O15셀까지의 범위에 그려준다. 이때 Y축의 가격 범위는 B열의 값의 최댓값과 최솟값을 넘지 않도록 한다.

5. A열의 날짜를 X축으로 구성하고 C, D, E열의 상단 밴드, 중심선, 하단 밴드 데이터를 Y축으로 구성한 차트 2를 H16셀에서 O30셀까지의 범위에 그려준다. 그리고 어느 선이 상단 밴드, 중심선, 하단 밴드 데이터인지 표시하도록 한다. 이때 Y축의 가격 범위는 C, D, E열의 값의 최댓값과 최솟값을 넘지 않도록 한다.

예제 코드

```
Private Sub CommandButton1_Click()

    ' 업비트 API 요청 URL
    url = "https://api.upbit.com/v1/candles/days?market=KRW-BTC&count=200"

    ' HTTP 요청 보내기
    Set request = CreateObject("MSXML2.XMLHTTP.6.0")
    With request
        .Open "GET", url, False
        .send
        response = .responseText
    End With

    ' JSON 파싱
    Set json = JsonConverter.ParseJson(response)

    ' 데이터를 엑셀에 입력
    Cells(1, 1) = "일자"
    Cells(1, 2) = "현재가"
    Cells(1, 3) = "거래량"

    For i = 1 To json.Count

        Cells(i + 1, 1).Value = json(i)("candle_date_time_kst")
        Cells(i + 1, 2).Value = json(i)("trade_price")
        Cells(i + 1, 3).Value = json(i)("candle_acc_trade_volume")

    Next i

End Sub
```

GPT-4

아래는 요구 사항에 맞게 작성한 엑셀 VBA 코드입니다. 이 코드는 비트코인의 가격 데이터를 가져와서 볼린저 밴드를 계산한 후 차트로 시각화하는 기능을 수행합니다.

```vba
Private Sub CommandButton1_Click()

    ' 업비트 API 요청 URL
    url = "https://api.upbit.com/v1/candles/days?market=KRW-BTC&count=200"

    ' HTTP 요청 보내기
    Set request = CreateObject("MSXML2.XMLHTTP.6.0")
    With request
        .Open "GET", url, False
        .send
        response = .responseText
    End With

    ' JSON 파싱
    Set json = JsonConverter.ParseJson(response)

    ' 이전 데이터 및 차트 삭제
    Cells.Clear
    Dim cht As ChartObject
    For Each cht In ActiveSheet.ChartObjects
        cht.Delete
    Next cht

    ' 데이터를 엑셀에 입력
    Cells(1, 1) = "일자"
    Cells(1, 2) = "현재가"
    Cells(1, 3) = "상단 밴드"
    Cells(1, 4) = "중심선"
    Cells(1, 5) = "하단 밴드"

    Dim closePrices() As Double
    ReDim closePrices(1 To json.Count)

    For i = 1 To json.Count
        Cells(i + 1, 1).Value = Format(json(i)("candle_date_time_kst"), "YYYY-MM-DD")
```

```
            Cells(i + 1, 2).Value = json(i)("trade_price")
            closePrices(i) = json(i)("trade_price")
        Next i
        
        ' 날짜 데이터 역순으로 정렬
        Columns("A:B").Sort Key1:=Range("A2"),
Order1:=xlAscending, Header:=xlYes

        ' 볼린저 밴드 계산 (20일 이동평균선과 표준편차 사용)
        Dim maPeriod As Integer: maPeriod = 20
        Dim j As Integer
        For i = maPeriod + 1 To json.Count
            Dim sum As Double: sum = 0
            For j = i - maPeriod + 1 To i
                sum = sum + Cells(j + 1, 2).Value
            Next j
            
            Dim ma As Double: ma = sum / maPeriod
            Dim devSum As Double: devSum = 0
            For j = i - maPeriod + 1 To i
                devSum = devSum + (Cells(j + 1, 2).Value - ma) ^ 2
            Next j
            
            Dim stdDev As Double: stdDev = Sqr(devSum / maPeriod)
            
            Cells(i + 1, 4).Value = ma ' 중심선
            Cells(i + 1, 3).Value = ma + (2 * stdDev) ' 상단 밴드
            Cells(i + 1, 5).Value = ma - (2 * stdDev) ' 하단 밴드
        Next i
        
        ' 차트 1 - 일별 가격
        Dim chart1 As ChartObject
        Set chart1 = ActiveSheet.ChartObjects.Add(Left:=Range("H1").
Left, Width:=Range("H1:O15").Width, Top:=Range("H1").
Top, Height:=Range("H1:O15").Height)
        With chart1.Chart
            .SetSourceData Source:=Range("A1:B" & json.Count + 1)
            .ChartType = xlLine
            .HasTitle = True
            .ChartTitle.Text = "비트코인 일별 가격"
            .Axes(xlValue).MinimumScale = WorksheetFunction.Min(
```

```
        Range("B2:B" & json.Count + 1))
            .Axes(xlValue).MaximumScale = WorksheetFunction.Max(
Range("B2:B" & json.Count + 1))
        End With
        
        ' 차트 2 - 볼린저 밴드
        Dim chart2 As ChartObject
        Set chart2 = ActiveSheet.ChartObjects.Add(Left:=Range("H16").
Left, Width:=Range("H16:O30").Width, Top:=Range("H16").
Top, Height:=Range("H16:O30").Height)
        With chart2.Chart
            .SetSourceData Source:=Range("A1:E" & json.Count + 1)
            .ChartType = xlLine
            .HasTitle = True
            .ChartTitle.Text = "비트코인 볼린저 밴드"
            .Axes(xlValue).MinimumScale = WorksheetFunction.Min(
Range("E2:E" & json.Count + 1))
            .Axes(xlValue).MaximumScale = WorksheetFunction.Max(
Range("C2:C" & json.Count + 1))
            .Legend.Position = xlLegendPositionBottom
        End With

End Sub
```

이제 VBA 편집기에서 이 코드로 변경 후 [암호화폐데이터 받기] 버튼을 실행하면 그림 5-16과 같이 볼린저 밴드를 포함한 최종 결과가 나옵니다.

그림 5-16의 실행 결과를 보면 상단 밴드와 중심선, 하단 밴드를 잘 그려주고 있습니다. 현재 가격이 볼린저 밴드의 상단 밴드에 가까이 와 있으므로 과매수에 가까운 상태라는 것을 알 수 있습니다.

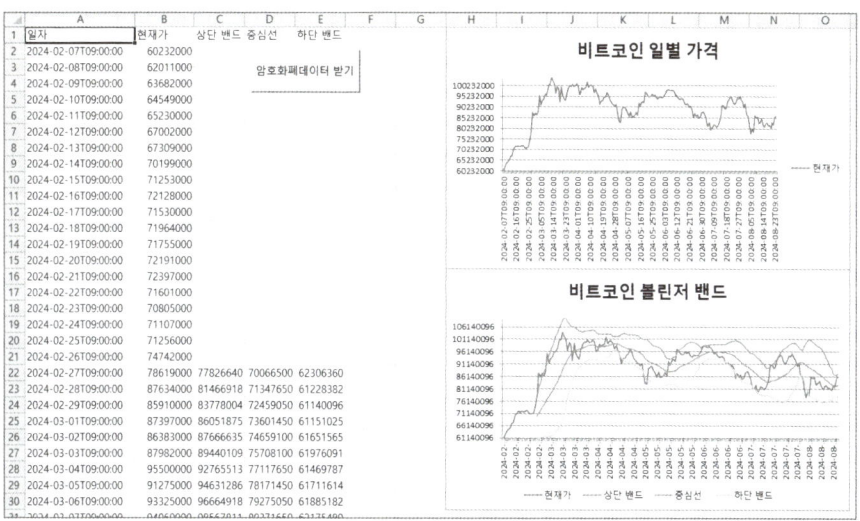

그림 5-16 볼린저 밴드를 포함한 결과 화면

지금까지 이동평균선, MACD, RSI, 볼린저 밴드라는 대표적인 기술적 지표를 주식과 암호화폐 두 자산에 적용하여 각각 구해보았습니다. 이 책에서 제안한 방식으로 그 외 다른 지표도 얼마든지 챗GPT의 도움을 통해 쉽게 얻을 수 있을 것입니다.

다음 장에서부터 본격적으로 실전 시스템을 구축해보고 지금까지 배운 기술적 지표들을 결합하여 자동매매 시스템을 만들어보도록 하겠습니다.

> 트레이더 이야기

증권사의 프런트, 미들, 백이란 무슨 뜻인가요?

증권사는 고객의 자산을 관리하고 금융 상품을 거래하며 다양한 금융 서비스를 제공합니다. 이러한 업무를 수행하기 위해 증권사는 조직을 프런트 오피스, 미들 오피스, 백 오피스로 구분하여 각각의 역할을 명확히 하고 있습니다. 각 부서는 특화된 역할을 수행하지만, 모든 부서에서 중요한 도구로 사용하는 엑셀과 엑셀 VBA는 각 부서의 효율성을 극대화합니다. 이제 각 부서의 역할과 함께 엑셀 VBA를 어떻게 활용하는지 알아보겠습니다.

1. 프런트 오피스(front office): 고객과 가장 가까운 곳

증권사의 수익 창출을 담당하는 부서로 트레이더, 영업 담당자, 애널리스트 등이 포함됩니다. 이들은 고객과 직접 소통하거나 금융시장과 상호작용하며 실시간으로 거래를 수행합니다.

주요 역할

- 트레이딩(trading): 주식, 채권, 파생 상품 등 다양한 금융 상품을 매매
- 영업(sales): 기관이나 개인 고객에게 금융 상품을 제안하고 판매
- 리서치(research): 시장 및 기업 분석 보고서를 작성하고 투자 전략 제시

엑셀 VBA의 활용

- 자동화된 거래 보고서 생성: 일일 거래 데이터를 기반으로 손익을 계산하고, 고객 맞춤형 보고서를 자동으로 생성
- 실시간 데이터 관리: DDE(dynamic data exchange)나 API를 활용하여 실시간 시장 데이터를 엑셀로 불러와 전략을 신속히 테스트
- 트레이딩 전략 백테스트: 과거 데이터를 바탕으로 다양한 투자 전략의 성과를 검증

프런트 오피스에서는 빠른 대응과 실시간 의사 결정이 중요한 만큼, 엑셀 VBA는 효율적인 데이터 처리와 보고서 자동화를 통해 경쟁력을 높이는 데 큰 도움을 줍니다.

2. 미들 오피스(middle office): 리스크 관리와 성과 분석의 중추

리스크 관리와 성과 분석을 담당하고, 프런트 오피스의 거래가 안전하고 적절하게 이루어졌는지 확인합니다. 이 부서는 회사의 안정성과 지속 가능성을 보장하는 중요한 역할을 합니다.

주요 역할

- 리스크 관리(risk management): 시장 리스크, 신용 리스크 등을 측정하고 관리
- 성과 분석(performance analysis): 프런트 오피스의 성과를 분석하고 개선 방향 제시
- 규제 준수(compliance): 금융 당국의 규제와 내부 정책 준수 여부를 확인

엑셀 VBA의 활용

- 리스크 분석 도구: 복잡한 수식을 구현하여 포트폴리오의 VAR(value at risk) 계산 및 시뮬레이션 실행
- 성과 추적 보고서: 각 트레이더나 부서의 성과를 자동으로 집계하고 시각화된 보고서 생성
- 규제 데이터 관리: 대규모 데이터를 정리하고, 규제 기관에 제출할 서식을 자동으로 생성

미들 오피스에서는 데이터의 정확성과 리스크 관리가 핵심이므로, 엑셀 VBA는 복잡한 계산을 자동화하고 데이터의 무결성을 유지하는 데 유용합니다.

3. 백 오피스(back office): 운영의 든든한 후방 지원

백 오피스는 회사의 운영을 지원하는 부서로 거래 결제, 회계, IT 지원 등의 업무를 담당합니다. 고객과 직접 상호작용하지는 않지만, 모든 거래와 데이터가 정확히 처리되도록 보장합니다.

주요 역할

- 결제 및 정산(settlement): 거래의 정확한 정산과 완료 지원
- 회계 및 보고(accounting & reporting): 재무 기록 관리와 보고서 작성
- IT 지원(IT support): 트레이딩 시스템과 데이터베이스 운영 및 유지 보수

엑셀 VBA의 활용

- 결제 내역 관리: 대량의 거래 데이터를 효율적으로 정리하고 정산 프로세스를 자동화
- 재무 보고서 자동 생성: 회계 데이터를 기반으로 정기적으로 보고서를 생성하여 업무 시간 단축
- IT 지원 자동화: VBA를 통해 엑셀 데이터베이스와 외부 시스템 간의 연동을 쉽게 처리

반복적이고 정형화된 작업이 많은 백 오피스에서 엑셀 VBA를 활용하면 업무 속도를 크게 향상시킬 수 있습니다.

엑셀 VBA: 프런트, 미들, 백 오피스의 공통 도구

엑셀 VBA는 증권사의 모든 부서에서 업무 효율성을 높이는 핵심 도구로 자리 잡고 있습니다. 프런트 오피스에서는 실시간 데이터 처리와 거래 자동화에, 미들 오피스에서는 복잡한 리스크 분석과 규제 준수에, 백 오피스에서는 정산과 보고서 작성 자동화에 엑셀 VBA를 활용하고 있습니다.

특히, VBA의 가장 큰 장점은 유연성과 접근성입니다. 엑셀만 사용할 줄 알면 누구나 VBA를 배워 자신만의 자동화 도구를 만들 수 있으며, 이를 통해 반복 작업을 줄이고 정확성을 높일 수 있습니다.

결론: 유기적으로 연결된 부서와 엑셀 VBA의 역할

프런트, 미들, 백 오피스는 각기 다른 역할을 수행하면서도 서로 긴밀히 연결되어 증권사의 운영을 지원합니다. 엑셀 VBA는 이러한 부서 간 협업을 원활하게 하고, 데이터를 효율적으로 관리하며, 반복적인 업무를 간소화하는 데 중요한 역할을 합니다.

프런트에서 수익을 창출하고, 미들이 리스크를 관리하며, 백이 운영을 뒷받침합니다. 그 모든 과정을 효율적으로 이어주는 엑셀 VBA는 숨은 조력자라 할 수 있습니다. 모든 부서에서 더욱 정교하고 빠르게 금융시장에 대응할 수 있도록 한몫 단단히 하는 셈입니다.

이제 여러분들이 왜 엑셀 VBA를 공부해야 하는지 그 이유를 알 수 있을 것입니다.

엑셀 VBA 실전 시스템 만들기

- **6.1** 텔레그램 봇 구축하기
- **6.2** 암호화폐 실시간 시세 전송 시스템 만들기
- **6.3** 주식 백테스트 시스템 만들기

많은 사람들은 엑셀을 사용하여 데이터를 관리하고 분석하는 데 익숙하지만, VBA를 활용하여 보다 정교하고 효율적인 시스템을 만드는 방법은 잘 알려지지 않았습니다. 앞 장에서는 챗GPT와 엑셀 VBA에 대한 기본적인 활용을 중점적으로 살펴보았습니다. 이제 엑셀 VBA를 활용하여 실전에서 유용한 시스템을 구축하는 과정을 단계별로 안내하겠습니다. 특히, 텔레그램 봇을 활용한 알림 시스템, 진입 신호 실시간 전송 시스템, 그리고 백테스트 시스템 구축을 중심으로 실전에서 사용할 수 있는 노하우를 전달하고자 합니다. 잘 숙지하여 독자 여러분이 엑셀 VBA를 활용하여 실제 업무에서 써먹을 수 있는 시스템을 직접 설계하고 구현하는 능력을 갖추길 바랍니다.

 텔레그램 봇 구축하기

텔레그램Telegram은 전 세계적으로 널리 사용되는 메시징 플랫폼으로, 개방적인 API를 통해 다양한 자동화 시스템과 연동할 수 있습니다. 이 장에서는 엑셀 VBA와 텔레그램 API를 활용하여, 특정 이벤트 발생 시 자동으로 메시지를 전송하는 텔레그램 봇을 구축하는 방법을 다룹니다. 텔레그램 봇은 거래 신호 알림, 데이터 업데이트 알림 등 다양한 용도로 활용할 수 있으며, 엑셀과 연동하면 그 가능성은 더욱 확장됩니다. 그럼 지금부터 텔레그램 봇을 설정하고 엑셀 VBA 코드를 작성하여 실시간으로 알림을 전송하는 시스템을 구축하는 방법을 살펴보도록 하겠습니다.

텔레그램 봇을 구축하는 구체적 이유는 다음과 같습니다.

1. **실시간 알림과 통지**: 텔레그램 봇을 통해 시장 상황이나 트레이딩 전략의 신호를 실시간으로 받을 수 있습니다. 이는 빠른 트레이딩 결정을 내리는 데 도움됩니다.
2. **사용자 편의성**: 텔레그램은 전 세계적으로 널리 사용되는 메신저 애플리케이션으로, 사용자들이 봇을 통해 손쉽게 시장 데이터에 접근하고 관리할 수 있습니

다. 모바일 기기에서도 쉽게 알림을 받을 수 있어 트레이더들에게 유용합니다.
3. **자동화된 거래 실행**: 텔레그램 봇을 통해 거래 명령을 자동으로 실행할 수 있습니다. 예를 들어 특정 조건을 충족했을 때 거래를 시작하거나 중지시키는 등의 자동화된 트레이딩 전략을 구현할 수 있습니다.
4. **편리한 상호작용**: 사용자는 텔레그램을 통해 직접적으로 봇에게 명령을 내리거나 쿼리를 보낼 수 있습니다. 이를 통해 필요한 정보나 데이터에 빠르게 접근할 수 있습니다.
5. **보안과 안전성**: 텔레그램은 메시지 암호화와 데이터 보호에 중점을 둔 메신저로 알려져 있습니다. 따라서 봇을 통한 트레이딩 활동 역시 상대적으로 안전하게 관리할 수 있습니다.

텔레그램 봇 생성 방법

우선 핸드폰에 텔레그램 앱을 설치하고 계정이 없으면 계정을 생성합니다. 그런 다음 PC에서 다음과 같은 절차를 따라 진행합니다.

1. 로그인
https://web.telegram.org에 접속하여 가입한 계정으로 로그인합니다.

2. BotFather와 대화 시작
텔레그램 앱에서 @BotFather를 검색하고 대화를 시작합니다. 그림 6-1과 같이 /start 명령어를 입력하여 봇을 생성합니다.

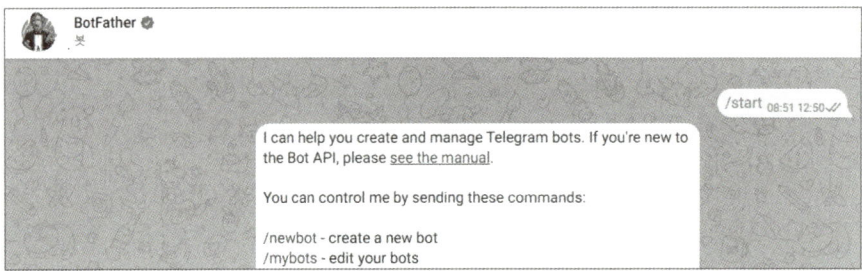

그림 6-1 **텔레그램 봇 생성 화면 1**

3. 새 봇 생성

그림과 6-2와 같이 `/newbot` 명령어를 입력하여 새 봇을 생성합니다.

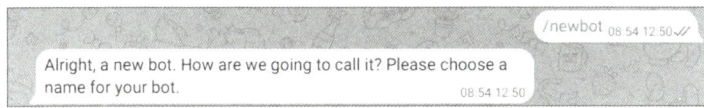

그림 6-2 텔레그램 봇 생성 화면 2

봇의 이름과 사용자 이름(사용자 이름은 반드시 `bot`으로 끝나야 함)을 입력합니다. 이 책에서는 예시로 `seolgpt_bot`으로 하겠습니다. 이 이름은 중복을 허용하지 않을 수도 있으므로 여러분들은 다른 이름으로 설정하시기 바랍니다. 그림 6-3과 같이 `seolgpt_bot`을 입력하고 답변이 오면 `seolgpt_bot`를 한 번 더 입력합니다. 그러면 그림 6-3과 같이 API 토큰이 나타납니다.

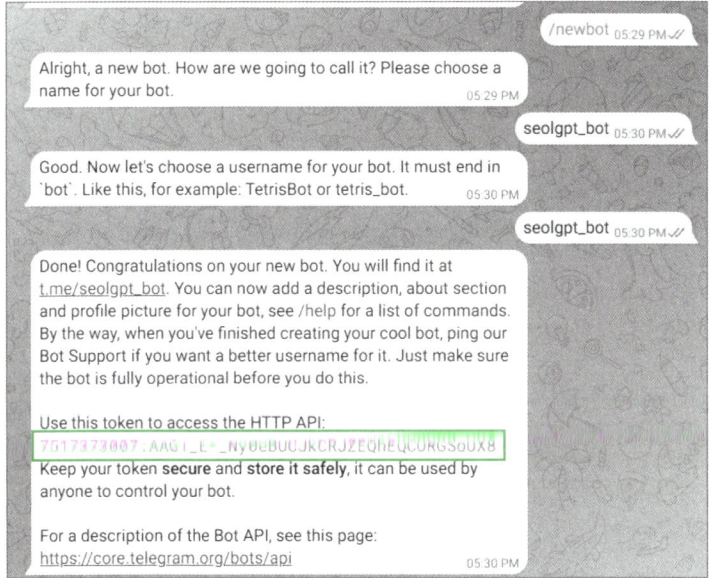

그림 6-3 텔레그램 봇 생성 화면 3

4. API 토큰 복사

BotFather가 제공하는 API 토큰을 복사합니다. 이 토큰은 봇과 상호작용하는 데 필요합니다. 여기서는 그림 6-3에 박스로 표시된 [7517373007:AAG1_E-_NxxxBUCJkCRJZEQhEQCORGSoUX8] 부분이 토큰이 됩니다. 이 토큰을 복사해서 메모장이나 여타 다른 곳에 붙여둡니다.

5. 봇 검색

앞에서 만든 `seolgpt_bot`을 검색해서 들어갑니다.

그림 6-4 텔레그램 봇 생성 화면 4

6. 봇 시작

그림 6-5의 [START] 버튼을 눌러 봇을 시작합니다.

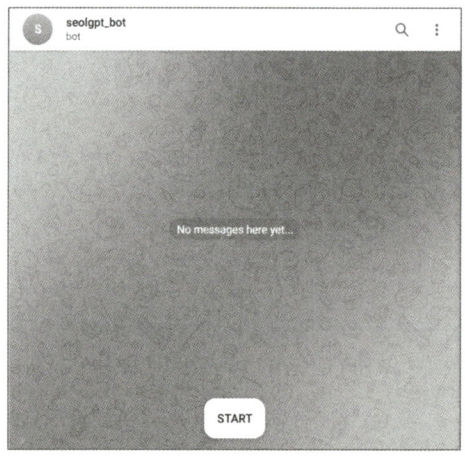

그림 6-5 텔레그램 봇 생성 화면 5

7. Chat_id 얻기

웹브라우저에서 https://api.telegram.org/bot받은토큰/getUpdates*를 실행하면 그림 6-6과 같은 결과가 나옵니다.

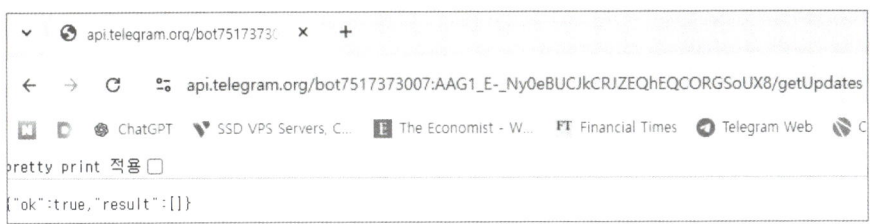

그림 6-6 텔레그램 봇 생성 화면 6

그림 6-7과 같이 봇에서 /start를 실행한 후 hi라고 입력해봅니다.

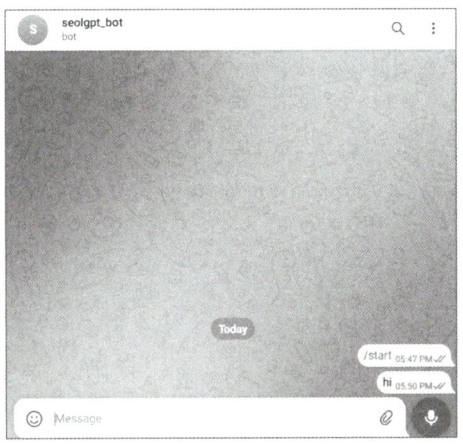

그림 6-7 텔레그램 봇 생성 화면 7

그런 다음 웹브라우저에서 다시 https://api.telegram.org/bot받은토큰/getUpdates 주소를 실행하면 그림 6-8과 같은 결과가 나옵니다. 여기서 [id] 부분인 [159941261]이 챗 ID입니다.

---

* '받은토큰' 위치에 앞에서 복사해둔 토큰을 넣습니다.

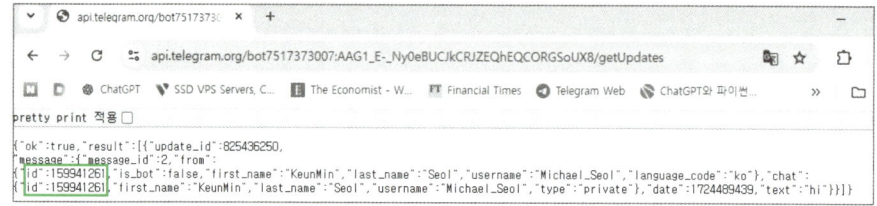

그림 6-8 텔레그램 봇 생성 화면 8

지금까지 토큰과 챗ID를 얻는 방법을 살펴보았습니다.

여기서 최종적으로 얻어진 토큰은 [7517373007:AAG1_E-_NxxxBUCJkCRJZEQhEQCORGSoUX8]이고 챗ID는 [159941261]입니다.

이제 이 두 정보로 텔레그램 봇을 엑셀로 사용해보는 방법을 알아보겠습니다.

텔레그램 봇을 엑셀로 사용해보기

챗GPT를 활용하여 엑셀로 텔레그램에 메시지를 보내는 간단한 프로그램을 만들어보겠습니다. 앞으로 여러분들은 이 프로그램을 응용하여 원하는 매매 신호를 텔레그램으로 유용하게 보낼 수 있을 것입니다.

앞에서 설명한 방법을 참고하여 그림 6-9와 같은 간단한 엑셀 파일을 만듭니다.

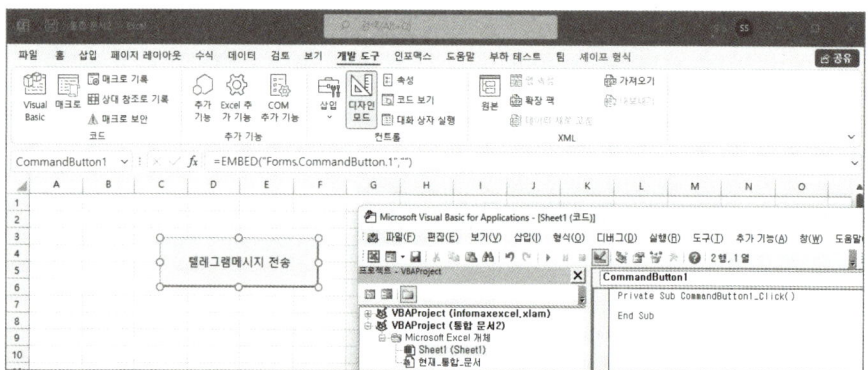

그림 6-9 새 엑셀 파일에서 명령 단추 만들기

VBA 코드 안에 텔레그램을 전송할 코드를 챗GPT의 도움을 받아 만들어보도록 하겠습니다.

CommandButton1을 실행하면 텔레그램 봇을 통해 'Hi Telegram bot~!' 이라는 메시지를 텔레그램에 보내는 엑셀 VBA 코드를 만들어주세요. 토큰은 '7517373007:AAG1_E-_NxxxBUCJkCRJZEQhEQCORGSoUX8'이고 챗ID는 '159941261'입니다.

GPT-4

아래는 텔레그램 봇을 통해 'Hi Telegram bot~!' 메시지를 보내는 엑셀 VBA 코드입니다. VBA 편집기에서 모듈을 추가하고, 해당 모듈에 이 코드를 붙여넣으면 이 코드를 엑셀에서 사용할 수 있습니다다.

```vba
Sub CommandButton1_Click()
    Dim TelegramBotToken As String
    Dim ChatID As String
    Dim MessageText As String
    Dim TelegramURL As String
    Dim HttpRequest As Object
    
    ' 텔레그램 봇 토큰
    TelegramBotToken = "7517373007:AAG1_E-_NxxxBUCJkCRJZEQhEQCORGSoUX8"
    
    ' 챗ID
    ChatID = "159941261"
    
    ' 보낼 메시지
    MessageText = "Hi Telegram bot~!"
    
    ' 텔레그램 API URL
    TelegramURL = "https://api.telegram.org/bot" & TelegramBotToken & "/sendMessage?chat_id=" & ChatID & "&text=" & MessageText
    
    ' HTTP 요청 객체 생성
    Set HttpRequest = CreateObject("MSXML2.XMLHTTP")
```

6.1 텔레그램 봇 구축하기 **213**

```
    ' HTTP 요청 설정
    HttpRequest.Open "GET", TelegramURL, False

    ' 요청 보내기
    HttpRequest.Send

    ' 상태 코드 확인 (선택 사항)
    If HttpRequest.Status = 200 Then
        MsgBox "메시지가 성공적으로 전송되었습니다!"
    Else
        MsgBox "메시지 전송에 실패했습니다. 오류 코드: "
& HttpRequest.Status
    End If

    ' 객체 해제
    Set HttpRequest = Nothing
End Sub
```

이제 이 코드를 실행해보면 그림 6-10과 같이 텔레그램으로 메시지가 제대로 보내지는 것을 확인할 수 있습니다.

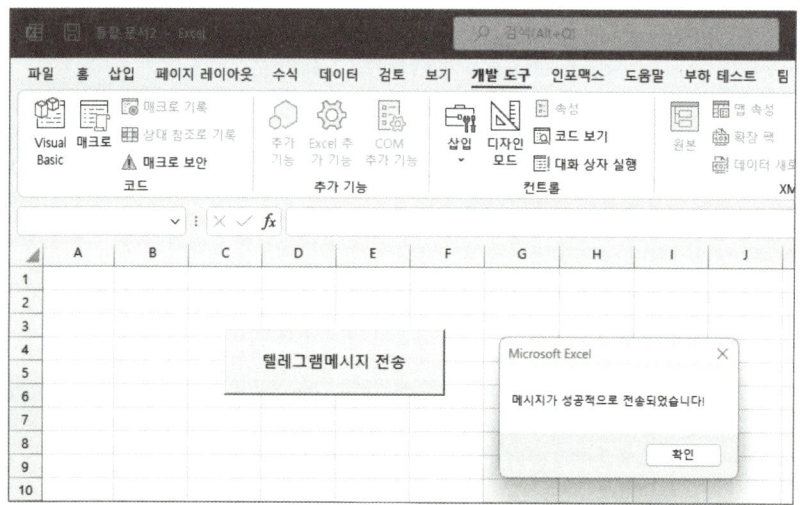

그림 6-10 메시지 전송 성공 화면

그림 6-11 텔레그램에서 메시지가 전송된 화면

이제 우리는 이 코드를 이용하여 엑셀의 버튼을 누르면 원하는 메시지를 텔레그램에 전송할 수 있습니다. 이는 향후 시세를 전송한다든지 매매 신호를 전송하는 데 유용하게 쓰일 것입니다.

 암호화폐 실시간 시세 전송 시스템 만들기

금융시장에서 실시간 시세를 빠르게 확인하고 대응하는 것은 트레이더와 투자자들에게 매우 중요한 요소입니다. 이 장에서는 엑셀 VBA를 활용하여 특정 자산의 실시간 시세를 사용자에게 실시간으로 전송하는 시스템을 구축하는 방법을 다룹니다. 이러한 시스템은 주식, 외환, 암호화폐 등의 자산 시세를 지속적으로 모니터링하며, 시세 변동을 즉시 사용자에게 전달하여 빠른 의사 결정을 지원합니다.

엑셀 VBA와 외부 데이터 소스를 연동하여 실시간 시세 정보를 자동으로 가져오는 방법을 살펴본 다음, 조건에 맞게 시세 변동이 발생할 때마다 자동으로 알림을 보내는 시스템을 구현합니다. 이 시스템은 거래에 필요한 중요한 정보를 적시에 제공하여, 트레이딩 전략을 보다 효율적으로 수행할 수 있도록 돕습니다.

이 장에서는 엑셀 VBA를 사용하여 실시간 시세 데이터를 관리하고, 이를 기반으로 한 효율적인 정보 전송 시스템을 구축하는 방법을 살펴봅니다. 이 시스템은 시장 변동에 빠르게 대응해야 하는 트레이더나 투자자에게 실질적인 도움을 제공할 것입니다. 실시간 시세 전송 시스템을 성공적으로 구현한다면 여러분은 보다 정교한 금융 데이터 관리 능력을 갖추게 될 것입니다.

비트코인의 실시간 시세 받아보기

우선 비트코인의 실시간 시세를 엑셀로 받아보는 코드를 챗GPT를 통해서 만들어 보겠습니다. 앞 장에서부터 계속 사용해온 예제 코드를 이번에도 활용하겠습니다.

먼저 앞 장에서 설명했던 VBA-JSON - Specs.xlsm 엑셀 파일을 새로 받고 Sheet1을 추가한 다음 [CommandButton1]과 [CommandButton2]를 차례로 추가합니다.

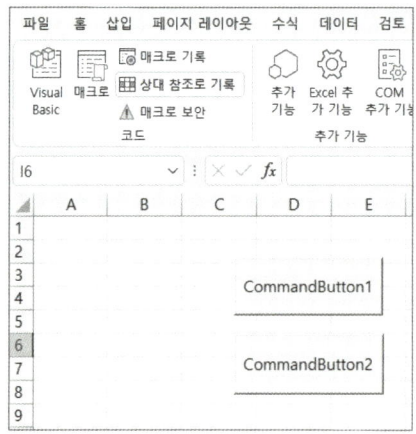

그림 6-12 **명령 단추 2개를 만든 화면**

이제 [디자인 모드]를 선택한 상태에서 [CommandButton1]과 [CommandButton2]를 더블클릭하여 그림 6-13과 같이 코드 작성 준비를 합니다.

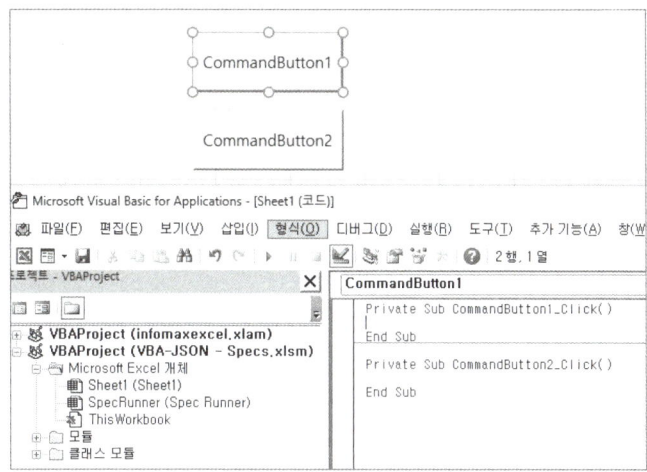

그림 6-13 VBA 편집기에 코드 작성 준비 화면

그리고 [CommandButton1]과 [CommandButton2] 프로시저는 [Microsoft Excel 개체]의 코드 작성란에 작성을 하고, 그 외 함수는 모듈로 구성하기 위해서 그림 6-14와 같이 모듈을 추가하면 Module1이 추가됩니다.

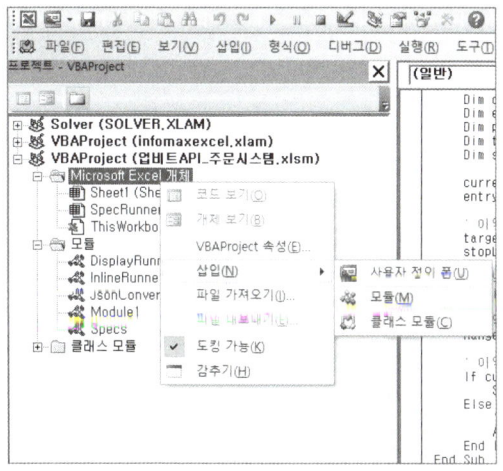

그림 6-14 모듈 추가 화면

그림 6-15와 같이 버튼의 이름을 [CommandButton1]은 [실시간시세 시작], [CommandButton2]는 [실시간시세 종료]로 수정합니다.

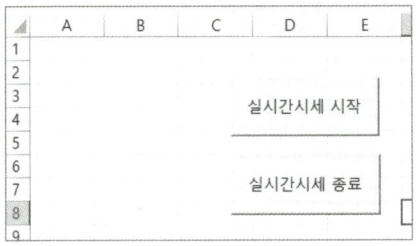

그림 6-15 버튼 이름을 변경한 화면

이제 아래와 같이 코드를 만들기 위한 챗GPT의 질문을 만들어보겠습니다.

아래의 예제 코드는 비트코인의 일별 가격과 거래량을 출력해주는 엑셀 VBA 코드입니다. 이 코드를 응용하여 다음의 요건에 맞는 코드를 만들어주세요.

1. 비트코인의 실시간 가격과 수신 시각을 1초마다 Sheet1의 A1셀과 B1셀에 업데이트해준다. 이때 제대로 실행되는지 확인하기 위해 C1셀에 시작 시부터 1초 단위로 1씩 더한 숫자를 출력한다.

2. 함수를 주기적으로 실시간 호출하기 위해 모듈 안에 함수를 만들어주고 실시간 호출을 시작하는 함수와 호출을 종료하는 함수를 각각 만든다.

3. CommandButton1을 실행하면 모듈 내의 호출을 시작하는 함수를 부르고 시작했다는 메시지 박스를 출력한다. CommandButton2을 실행하면 모듈 내의 호출을 종료하는 함수는 부르고 종료했다는 메시지 박스를 보여준다.

```
Private Sub CommandButton1_Click()

    ' 업비트 API 요청 URL
    URL = "https://api.upbit.com/v1/candles/days?market=KRW-BTC&count=200"

    ' HTTP 요청 보내기
    Set request = CreateObject("MSXML2.XMLHTTP.6.0")
    With request
```

```
        .Open "GET", URL, False
        .send
        response = .responseText
    End With
    
    ' JSON 파싱
    Set json = JsonConverter.ParseJson(response)
    
    ' 데이터를 엑셀에 입력
    Cells(1, 1) = "일자"
    Cells(1, 2) = "현재가"
    Cells(1, 3) = "거래량"
    
    For i = 1 To json.Count
    
        Cells(i + 1, 1).Value = json(i)("candle_date_time_kst")
        Cells(i + 1, 2).Value = json(i)("trade_price")
        Cells(i + 1, 3).Value = json(i)("candle_acc_trade_volume")
        
    Next i
    
End Sub
```

GPT-4

아래는 요청하신 기능을 구현한 엑셀 VBA 코드입니다. 이 코드는 비트코인의 실시간 가격을 1초마다 Sheet1의 A1셀과 B1셀에 업데이트하고, C1셀에는 실행된 초 단위 시간을 표시합니다. 또한, 실시간 업데이트를 시작하고 종료할 수 있는 함수를 모듈에 정의하고, 이 함수를 CommandButton1과 CommandButton2에서 호출합니다.

모듈 코드

먼저 모듈에 실시간 업데이트를 제어하는 함수를 작성합니다. 이 함수는 Application.OnTime 메서드를 사용하여 1초마다 업데이트 함수를 호출합니다.

```
Option Explicit
```

```vb
Dim isUpdating As Boolean
Dim startTime As Double

Sub StartRealTimeUpdate()
    isUpdating = True
    startTime = Timer
    Call UpdateRealTimeData
    MsgBox "실시간 업데이트가 시작되었습니다.", vbInformation
End Sub

Sub StopRealTimeUpdate()
    isUpdating = False
    MsgBox "실시간 업데이트가 종료되었습니다.", vbInformation
End Sub

Sub UpdateRealTimeData()
    Dim URL As String
    Dim request As Object
    Dim response As String
    Dim json As Object
    Dim currentPrice As Double
    Dim currentTime As String
    Dim elapsedTime As Double

    If isUpdating Then
        ' 업비트 API 요청 URL
        URL = "https://api.upbit.com/v1/ticker?markets=KRW-BTC"

        ' HTTP 요청 보내기
        Set request = CreateObject("MSXML2.XMLHTTP.6.0")
        With request
            .Open "GET", URL, False
            .send
            response = .responseText
        End With

        ' JSON 파싱
        Set json = JsonConverter.ParseJson(response)

        ' 실시간 데이터 가져오기
        currentPrice = json(1)("trade_price")
        currentTime = Format(Now, "HH:MM:SS")
```

```
        ' 데이터를 Sheet1의 셀에 입력
        With ThisWorkbook.Sheets("Sheet1")
            .Cells(1, 1).Value = currentPrice
            .Cells(1, 2).Value = currentTime
            elapsedTime = Timer - startTime
            .Cells(1, 3).Value = Int(elapsedTime)
        End With

        ' 1초 후 다시 실행
        Application.OnTime Now + TimeValue("00:00:01"), "UpdateRealTimeData"
    End If
End Sub


CommandButton 코드
각 CommandButton에 대한 클릭 이벤트를 다음과 같이 설정합니다.

Private Sub CommandButton1_Click()
    Call StartRealTimeUpdate
End Sub

Private Sub CommandButton2_Click()
    Call StopRealTimeUpdate
End Sub
```

코드 작성이 2개의 부분으로 나뉘어 이루어졌습니다.

앞 장에서 모듈에 대한 설명을 하고 넘어왔습니다. 복습 차원에서 다시 한번 되짚어보자면 관련된 코드와 함수를 하나의 모듈에 집중시켜 구성과 관리 및 재사용이 용이하며, 모듈 수준에서 선언된 변수와 상수는 해당 모듈 내의 모든 프로시저에서 접근할 수 있으므로 매우 유용합니다.

또한 프로젝트 내에서 다양한 기능을 분리하여 관리하는 것이 가능하므로, 코드의 가독성과 유지 보수성이 향상됩니다. 즉, 관련 코드를 기능별로 모듈에 구분하여 저장함으로써 프로젝트의 구조를 깔끔하게 유지할 수 있습니다.

이런 이유로 엑셀 워크시트 개체 코드에 [CommandButton1]과 [CommandButton2] 프로시저 관련 코드만 넣고 나머지는 모듈에 코드를 넣는 것이 여러모로 효율적입니다. 이 부분은 뒤에서 또 설명할 것입니다. 지금은 잘 이해가 안되더라도 뒤에서 다시 한번 반복하면 감이 올 것입니다.

이제 이 코드들을 어떻게 적용하는지 알아보겠습니다. 먼저 [Microsoft Excel 개체]의 하위에 있는 [Sheet1]을 클릭해보면 코드를 넣을 수 있는데, 이 부분에 그림 6-16과 같이 챗GPT가 만들어준 'CommandButton 코드'를 붙여넣기 합니다.

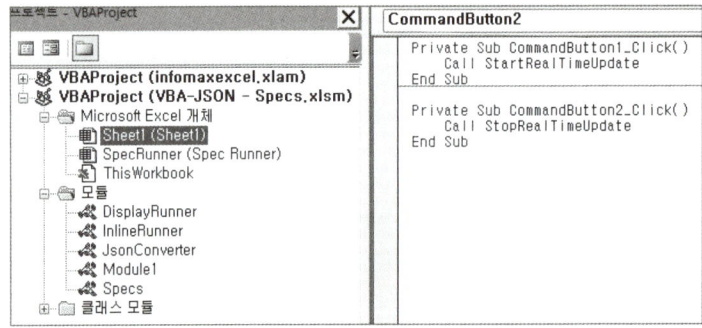

그림 6-16 개체(Sheet1) 코드 입력 화면

그다음 [Module1]을 클릭하면 모듈과 관련한 코드를 입력할 수 있는데, 여기에 챗GPT가 만들어 준 'Module 코드'를 그림 6-17과 같이 붙여넣기 해줍니다.

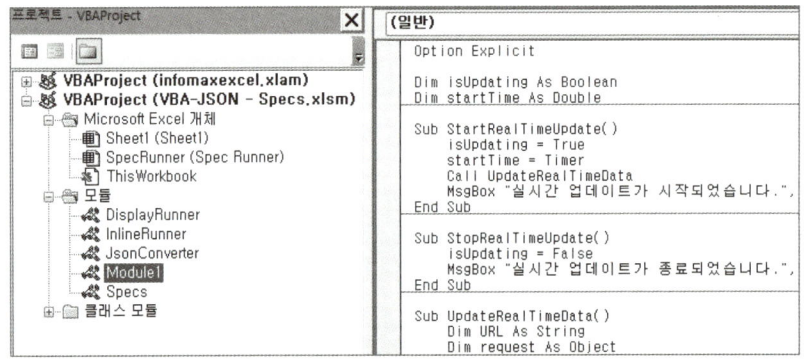

그림 6-17 모듈(Module1) 코드 입력 화면

이제 그림 6-18과 같이 최종 엑셀 파일이 만들어졌습니다.

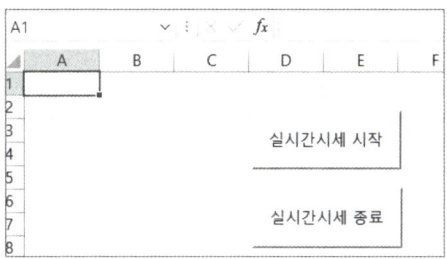

그림 6-18 **코드 입력 후 완성 화면**

[실시간시세 시작] 버튼을 실행하면 그림 6-19, 그림 6-20과 같이 실시간 업데이트가 시작되었다는 메시지 박스와 함께 A1셀에는 실시간 비트코인 시세, B1셀에는 시간, C1셀에는 시스템 카운트가 출력되는 것을 볼 수 있습니다.

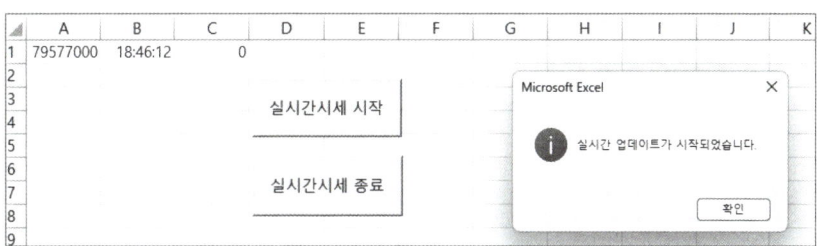

그림 6-19 **'실시간시세 시작' 버튼 동작 화면**

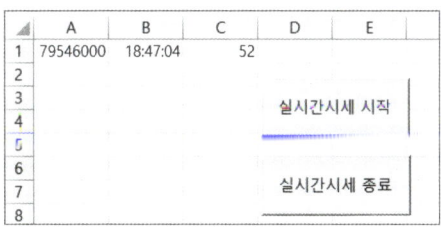

그림 6-20 **실시간 시세가 시트에 입력된 화면**

지금까지 비트코인의 실시간 시세를 받아보는 간단한 프로그램을 만들어보았습니다.

실시간 시세를 텔레그램에 전송하기

이제 앞에서 만들어본 실시간 시세 코드를 활용하여 이를 주기적으로 텔레그램에 전송하는 프로그램을 만들어보겠습니다. 앞 장에서 생성한 코드를 그대로 질문에 참고 코드로 넣는 방법으로 구현할 것입니다. 실시간 시세를 확인하는 프로그램은 잘 작동하므로 이제 챗GPT를 이용하여 텔레그램에 전송하는 과정을 살펴보겠습니다. 이번에도 앞에서 수정한 VBA-JSON - Specs.xlsm 엑셀 파일을 이용해서 구현합니다.

아래의 참고 코드는 비트코인의 실시간 시세를 보여주는 엑셀 VBA 코드입니다. 이 코드를 응용하여 다음의 요건에 맞는 코드를 만들어주세요.

CommandButton1을 실행하면 텔레그램 봇을 통해 시세를 기존 코드와 같이 엑셀에 출력함과 동시에 시세 메시지를 5초마다 텔레그램에 전송해주는 엑셀 VBA 코드를 만들어주세요.

토큰은 '7517373007:AAG1_E-_NxxxBUCJkCRJZEQhEQCORGSoUX8'이고 챗 ID는 '159941261'입니다.

참고 코드

```vba
Option Explicit

Dim isUpdating As Boolean
Dim startTime As Double

Sub StartRealTimeUpdate()
    isUpdating = True
    startTime = Timer
    Call UpdateRealTimeData
    MsgBox "실시간 업데이트가 시작되었습니다.", vbInformation
End Sub

Sub StopRealTimeUpdate()
    isUpdating = False
    MsgBox "실시간 업데이트가 종료되었습니다.", vbInformation
```

```
End Sub

Sub UpdateRealTimeData()
    Dim URL As String
    Dim request As Object
    Dim response As String
    Dim json As Object
    Dim currentPrice As Double
    Dim currentTime As String
    Dim elapsedTime As Double

    If isUpdating Then
        ' 업비트 API 요청 URL
        URL = "https://api.upbit.com/v1/ticker?markets=KRW-BTC"

        ' HTTP 요청 보내기
        Set request = CreateObject("MSXML2.XMLHTTP.6.0")
        With request
            .Open "GET", URL, False
            .send
            response = .responseText
        End With

        ' JSON 파싱
        Set json = JsonConverter.ParseJson(response)

        ' 실시간 데이터 가져오기
        currentPrice = json(1)("trade_price")
        currentTime = Format(Now, "HH:MM:SS")

        ' 데이터를 Sheet1의 셀에 입력
        With ThisWorkbook.Sheets("Sheet1")
            .Cells(1, 1).Value = currentPrice
            .Cells(1, 2).Value = currentTime
            elapsedTime = Timer - startTime
            .Cells(1, 3).Value = Int(elapsedTime)
        End With

        ' 1초 후 다시 실행
        Application.OnTime Now + TimeValue("00:00:01"), "UpdateRealTimeData"
```

```
        End If
End Sub

CommandButton 코드
각 CommandButton에 대한 클릭 이벤트를 다음과 같이 설정합니다.

Private Sub CommandButton1_Click()
    Call StartRealTimeUpdate
End Sub

Private Sub CommandButton2_Click()
    Call StopRealTimeUpdate
End Sub
```

GPT-4

텔레그램 봇을 통해 비트코인 시세를 5초마다 전송하면서, 엑셀에도 시세를 출력하는 엑셀 VBA 코드를 작성해드리겠습니다. 이 코드에서는 기존처럼 1초마다 시세를 업데이트하면서, 5초마다 텔레그램으로 메시지를 전송합니다.

```
Module1 코드

Option Explicit

Dim isUpdating As Boolean
Dim startTime As Double
Dim lastTelegramSent As Double

Sub StartRealTimeUpdate()
    isUpdating = True
    startTime = Timer
    lastTelegramSent = 0
    Call UpdateRealTimeData
    MsgBox "실시간 업데이트가 시작되었습니다.", vbInformation
End Sub

Sub StopRealTimeUpdate()
    isUpdating = False
    MsgBox "실시간 업데이트가 종료되었습니다.", vbInformation
End Sub
```

```vba
Sub UpdateRealTimeData()
    Dim URL As String
    Dim request As Object
    Dim response As String
    Dim json As Object
    Dim currentPrice As Double
    Dim currentTime As String
    Dim elapsedTime As Double
    Dim telegramURL As String
    Dim telegramMessage As String
    Dim telegramRequest As Object
    
    If isUpdating Then
        ' 업비트 API 요청 URL
        URL = "https://api.upbit.com/v1/ticker?markets=KRW-BTC"
        
        ' HTTP 요청 보내기
        Set request = CreateObject("MSXML2.XMLHTTP.6.0")
        With request
            .Open "GET", URL, False
            .send
            response = .responseText
        End With
        
        ' JSON 파싱
        Set json = JsonConverter.ParseJson(response)
        
        ' 실시간 데이터 가져오기
        currentPrice = json(1)("trade_price")
        currentTime = Format(Now, "HH:MM:SS")
        
        ' 데이터를 Sheet1의 셀에 입력
        With ThisWorkbook.Sheets("Sheet1")
            .Cells(1, 1).Value = currentPrice
            .Cells(1, 2).Value = currentTime
            elapsedTime = Timer - startTime
            .Cells(1, 3).Value = Int(elapsedTime)
        End With
        
        ' 텔레그램 메시지 5초마다 전송
```

```
            If Timer - lastTelegramSent >= 5 Then
                telegramMessage = "현재 시각: " & currentTime & vbCrLf
& " 비트코인 현재가: " & Format(currentPrice, "#,##0") & " KRW"
                telegramURL = "https://api.telegram.org/
bot7517373007:AAG1_E-_NxxxBUCJkCRJZEQhEQCORGSoUX8/
sendMessage?chat_id=159941261&text=" & telegramMessage

                ' 텔레그램 메시지 전송
                Set telegramRequest = CreateObject("MSXML2.
ServerXMLHTTP.6.0")
                With telegramRequest
                    .Open "GET", telegramURL, False
                    .send
                End With

                ' 마지막 전송 시각 업데이트
                lastTelegramSent = Timer
            End If

            ' 1초 후 다시 실행
            Application.OnTime Now + TimeValue("00:00:01"),
"UpdateRealTimeData"
    End If
End Sub

CommandButton 코드

Private Sub CommandButton1_Click()
    Call StartRealTimeUpdate
End Sub

Private Sub CommandButton2_Click()
    Call StopRealTimeUpdate
End Sub
```

이 코드에서 제일 밑의 `CommandButton1_Click`, `CommandButton2_Click` 프로시저 부분만 [Misoft Excel 개체]의 코드 작성란에 넣고, 나머지 코드는 [Module1]에 넣어야 한다는 사실을 잘 이해하고 적용해야 합니다.

[Misoft Excel 개체] 부분은 변화가 없으므로 그림 6-21과 같이 그대로 놔두면 됩니다.

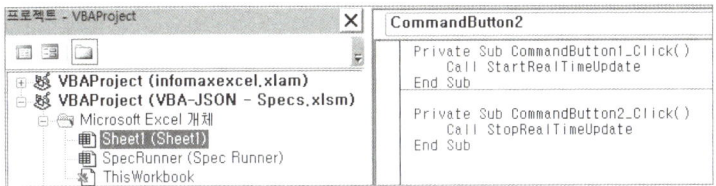

그림 6-21 개체(Sheet1) 코드 입력 화면

[Module1] 부분은 텔레그램 메시지를 보내는 부분이 추가되었으므로 'Module1 코드'라고 작성된 전체 내용을 복사하여 그림 6-22와 같이 붙여넣기 하면 됩니다.

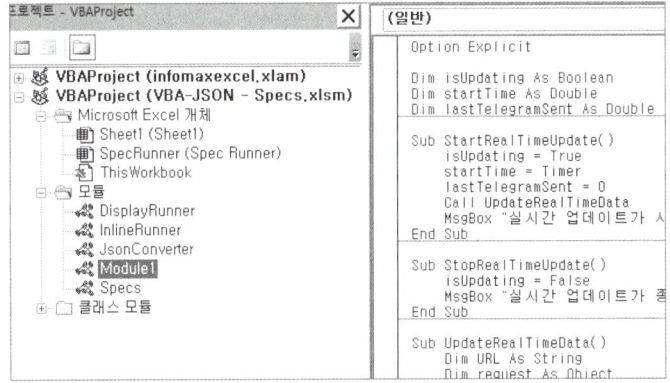

그림 6-22 모듈(Module1) 코드 입력 화면

완성된 최종 파일의 [실시간시세 시작] 버튼을 실행해주면 엑셀에서는 1초마다 시세를 A1셀에 업데이트하고, B1셀에는 업데이트 시간이 표시됩니다. 그리고 텔레그램 메시지에 시세가 약 5초마다 제대로 업데이트되며 출력됨을 알 수 있습니다.

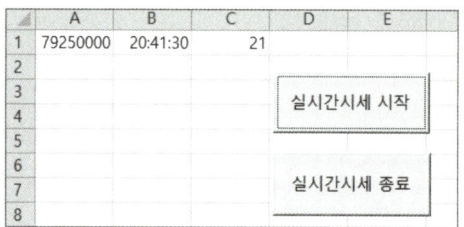

그림 6-23 '실시간시세 시작' 버튼을 누른 화면

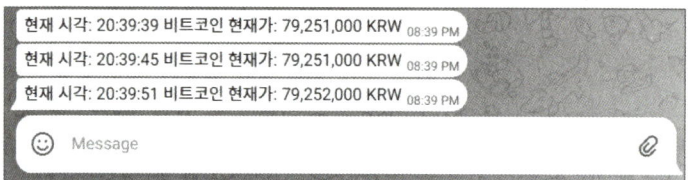

그림 6-24 텔레그램에 실시간 시세 메시지가 전송된 화면

지금까지 실시간 시세를 받아서 텔레그램 메시지로 보여주는 프로그램을 구현해보았습니다.

6.3 주식 백테스트 시스템 만들기

트레이딩 전략의 효과를 검증하는 과정에서 백테스트는 매우 중요한 역할을 합니다. **백테스트**backtest는 과거의 시장 데이터를 활용하여 특정 트레이딩 전략이 얼마나 효과적이었는지를 평가하는 방법입니다. 이 과정을 통해 우리는 전략이 실제 시장 상황에서 어떻게 작동했는지를 확인하고, 전략의 장기적인 수익성과 안정성을 판단할 수 있습니다.

이 장에서는 엑셀 VBA를 활용하여 백테스트 시스템을 구축하는 방법을 자세히 설명합니다. 엑셀 VBA는 엑셀 내에서 자동화 작업을 수행할 수 있게 해주는 프로그래밍 언어로, 이를 활용하면 반복적이고 복잡한 작업을 자동화할 수 있습니다.

특히, 주식 거래와 같은 분야에서는 대량의 데이터를 처리하고 다양한 트레이딩 전략을 테스트하는 데 매우 유용합니다.

백테스트 시스템은 과거 데이터를 기반으로 트레이딩 전략의 성과를 평가하는 도구로, 주로 다음과 같은 목적을 위해 사용합니다.

1. **전략의 유효성 평가**: 수립된 전략이 과거 시장 상황에서 얼마나 잘 작동했는지를 평가합니다. 이를 통해 전략이 실제로 수익을 낼 수 있는지, 혹은 예상치 못한 리스크가 있는지를 확인할 수 있습니다.
2. **전략의 안정성 확인**: 백테스트를 통해 전략이 다양한 시장 상황에서 일관된 성과를 보이는지 확인할 수 있습니다. 안정적인 전략은 다양한 시장 상황에서도 수익을 창출하거나 손실을 최소화할 수 있습니다.
3. **전략 최적화**: 백테스트 결과를 바탕으로 전략의 매개변수를 조정하여 최적의 성과를 낼 수 있는 설정을 찾을 수 있습니다. 예를 들어 이동평균선의 기간을 조정하거나, 매수/매도 기준을 변경하는 것 등이 가능합니다.

또한 이 장에서는 챗GPT의 도움을 받아 엑셀 VBA를 활용한 자동화 백테스트 환경을 구축하는 방법을 설명합니다. 챗GPT는 복잡한 프로그래밍 작업이나 알고리즘 설계에 대한 가이드를 제공하며, 사용자가 필요한 코드를 직접 생성하거나 수정하는 데 도움을 줍니다.

구축할 백테스트 시스템은 다음과 같은 주요 기능을 포함합니다.

1. **데이터 수집 및 정리**: 엑셀 VBA를 이용해 과거 주가 데이터를 자동으로 다운로드하고, 데이터를 정리 및 정렬하는 과정을 자동화합니다.
2. **지표 계산**: 트레이딩 전략에 필요한 주요 지표(예: 이동평균선, MACD 등)를 자동으로 계산하고 시트에 출력합니다.
3. **전략 실행**: 설정된 조건에 따라 매수 및 매도 신호를 자동으로 판단하고, 거래 내역을 기록합니다.

4. **성과 평가**: 각 거래의 수익률을 계산하고, 전체 전략의 총수익률을 계산하여 출력합니다.

이 과정을 통해 사용자는 복잡한 프로그래밍 지식 없이도 엑셀 VBA를 이용한 백테스트 시스템을 손쉽게 구축할 수 있을뿐더러 다양한 트레이딩 전략을 검증할 수 있습니다. 시스템을 구축한 후에는 실제 전략을 개선하거나 새로운 전략을 테스트할 때 유용하게 활용할 수 있습니다.

이 장에서 학습한 내용을 잘 숙지하여 활용한다면 여러분은 자신의 트레이딩 전략을 정교하게 설계하고, 그 효과를 과학적으로 검증할 수 있는 강력한 도구를 갖추게 될 것입니다. 이를 통해 실전 투자에서 보다 자신감 있게 전략을 실행할 수 있을 것입니다.

백테스트 전략 수립

백테스트를 수행하기 전에 우선 트레이딩 전략을 수립해야 합니다. 트레이딩 전략은 어떤 시점에 매수하거나 매도할지를 결정하는 규칙의 집합입니다. 이 장에서는 이동평균선과 MACD(이동평균 수렴·확산 지수)를 활용한 전략을 사용할 것입니다.

백테스트를 할 수 있는 다른 전략에는 어떤 것이 있을까요?

1. **RSI(relative strength index, 상대강도지수)**
   RSI는 주가의 상승과 하락 강도를 분석하여 과매수(70 이상)와 과매도(30 이하) 상태를 판단합니다. 이 지표를 이용해 가격의 되돌림 시점을 예측하는 전략입니다.

2. **볼린저 밴드(Bollinger band)**
   볼린저 밴드는 이동평균선과 표준편차를 기반으로 만들어집니다. 가격이 상단 밴드에 도달하면 과매수로, 하단 밴드에 도달하면 과매도로 판단해 매수 또는 매도를 결정하는 전략입니다.

3. **추세 추종 전략(trend following strategy)**
   주가의 장기적인 방향성(추세)을 따라 매매하는 전략입니다. 이동평균선의 골든 크로스와 데드 크로스, 추세선 돌파 등을 활용합니다.

4 **역추세 전략**(mean reversion strategy)

가격이 평균값에서 벗어났을 때 다시 평균으로 회귀할 것을 예상하고 매매하는 전략입니다. 주로 RSI나 볼린저 밴드를 함께 사용합니다.

5 **모멘텀 전략**(momentum strategy)

주가가 특정 방향으로 강하게 움직이는 모멘텀을 포착하여 이를 따라가는 전략입니다. 예를 들어 12개월 수익률이 높은 종목에 투자하는 방식이 포함됩니다.

6 **캔들 패턴 전략**(candlestick pattern strategy)

특정 캔들 차트 패턴(망치형, 유성형, 장대 양봉 등)을 활용하여 단기적 반등이나 하락 신호를 포착하는 전략입니다. 특히 변동성이 높은 시장에서 효과적입니다.

7 **갭 매매 전략**(gap trading strategy)

시가와 전일 종가 사이의 갭을 활용하는 전략입니다. 갭이 발생한 뒤 방향성을 확인하여 상승 갭은 매수, 하락 갭은 매도로 접근합니다.

8 **알고리즘 기반 전략**(algorithmic trading strategy)

기술적 지표나 시장의 비효율성을 자동으로 분석해 매매 신호를 생성하는 전략입니다. 고빈도 매매(HFT), 차익 거래(arbitrage) 등이 대표적입니다.

9 **거래량 기반 전략**(volume-sased strategy)

거래량 증가와 함께 가격이 큰 변화를 보일 때 매수 또는 매도를 결정하는 전략입니다. 특히 거래량이 평균 대비 급증할 때 유효합니다.

10 **펀더멘털 기반 전략**(fundamental analysis strategy)

기술적 분석이 아닌 기업의 재무제표, 산업 전망 등 기본적인 데이터를 바탕으로 투자하는 전략입니다. 성장주, 가치주 등을 구분해 투자할 때 유용합니다.

11 **계절성 전략**(seasonality strategy)

특정 시점에 따라 주가가 일정한 패턴을 보이는 계절성을 활용합니다. 예를 들어 '1월 효과'나 특정 산업의 계절적 강세를 이용하는 전략입니다.

12 **통계적 차익 거래 전략**(statistical arbitrage strategy)

가격의 상관관계를 이용하여 저평가된 종목은 매수하고, 고평가된 종목은 매도하는 전략입니다. 주로 페어 트레이딩(pair trading)에서 사용됩니다.

이 외에도 여러 전략들이 있으며, 자신의 투자 목표와 시장의 특성에 맞는 전략을 선택해 백테스트를 수행할 수 있습니다.

이동평균선은 주가의 흐름을 파악하는 데 유용한 지표로, 일정 기간 동안의 주가 평균을 계산하여 표시합니다. 일반적으로 단기이동평균선, 중기이동평균선, 장기이동평균선을 비교하여 주가의 방향성을 판단합니다.

MACD는 주가의 단기 및 장기이동평균선 간의 차이를 이용해 시장의 모멘텀을 분석하는 지표입니다. MACD와 시그널 선의 교차는 매수 또는 매도의 신호로 간주합니다. 예를 들어 MACD 선이 시그널 선을 위로 돌파할 때는 매수 신호로 판단하고, 반대로 아래로 돌파할 때는 매도 신호로 해석합니다.

이 장에서 우리는 이동평균선과 MACD의 조합을 이용해 다음과 같은 매매 전략을 수립할 것입니다.

- 20일, 60일, 120일 이동평균선이 모두 상승세를 보이며 정배열이 되었을 때를 매수 신호로 간주합니다.
- 이때 MACD 선이 시그널 선을 위로 돌파하면 매수 포지션을 취합니다.
- 매수 이후 주가가 5% 이상 상승하면 수익을 실현하고 매도합니다. 반대로 5% 이상 하락하면 손절매를 실행합니다.
- 청산 후, 조건이 다시 충족될 때까지 2일간 재진입하지 않습니다.

이 전략을 통해 우리는 주식 시장에서의 변동성을 분석하고, 전략의 수익성과 리스크를 평가할 수 있습니다.

백테스트 시스템 구현

이제 수립한 전략을 기반으로, 과거 데이터를 통해 이 전략의 성과를 평가하기 위한 백테스트 시스템을 구현합니다. 엑셀 VBA를 사용하여 삼성전자의 과거 2년간의 데이터를 다운로드하고, 이동평균선 및 MACD 지표를 계산한 후, 이를 바탕으로 매수와 매도 시점을 결정하는 자동화된 시스템을 구축할 것입니다.

시스템 구현의 주요 단계는 다음과 같습니다.

1. **기존 데이터 정리**: 백테스트를 시작하기 전에, 시트에 있는 기존 데이터를 모두 지워 초기화합니다.
2. **데이터 다운로드**: 엑셀 VBA를 이용해 삼성전자의 과거 2년간 일별 종가 데이터를 다운로드합니다. 데이터는 날짜와 종가로 구성되며, 날짜는 YYYY-MM-DD 형식으로 변환하여 엑셀 시트에 출력합니다.
3. **데이터 정렬**: 수신한 데이터를 날짜 순으로 정렬하며, 가장 오래된 데이터가 상단에 오도록 배치합니다.
4. **이동평균선 계산**: 20일, 60일, 120일 이동평균선을 각각 계산하여 출력합니다.
5. **MACD 계산**: 12일, 26일 EMA(지수이동평균)를 이용해 MACD 선을 계산하고, 9일 EMA를 이용해 시그널 선을 계산합니다.
6. **백테스트 실행**: 수립한 매매 전략에 따라 매수, 매도 조건을 판단하여 거래를 실행합니다. 매수 시점, 매도가, 매도 시점, 수익률 등을 기록합니다.
7. **총수익률 계산**: 모든 거래를 마친 후, 총수익률을 계산하여 시트에 출력합니다.

이 시스템을 통해 트레이딩 전략의 과거 성과를 손쉽게 평가할 수 있으며, 이를 기반으로 전략의 유효성을 검증하거나 수정할 수 있습니다.

이제 이런 백테스트 시스템을 만들기 위한 챗GPT 질문을 아래와 같이 구성해보겠습니다. 생성된 코드는 앞에서 만든 **키움증권API_TEST.xlsm** 파일의 코드를 수정하여 신행하도록 하겠습니다.

아래의 예제 코드는 삼성전자의 가격과 거래량을 출력해주는 엑셀 VBA 코드입니다. 이 코드를 응용하여 삼성전자의 이동평균선과 MACD를 백테스트에 사용하는 엑셀 VBA 코드를 다음의 요건대로 만들어주세요.

1. 엑셀 시트에 있는 이전의 모든 값을 지워준다. 코드는 예제 코드의 로그인 기능과 데이터 요청 및 수신 기능을 유지하면서 나머지 부분을 적절히 수정하여 진행한다.
2. 삼성전자의 2년 치 일자와 일별 종가를 A, B열에 출력한다. 각 데이터는 빈칸이 없도록 하고 일자 데이터는 YYYYMMDD로 되어 있는 형식을 mid 함수로 연, 월, 일로 분리하여 YYYY-MM-DD 형식으로 변환해준다.
3. 전체 데이터는 일자로 정렬하고 과거의 것이 제일 앞 행에 오도록 한다.
4. C, D, E열에 20일, 60일, 120일 이동평균선 데이터를 계산해서 출력한다.
5. F, G열에 MACD 선, 시그널 선 데이터를 계산해서 출력한다.
6. 20일, 60일, 120일 이동평균선이 정배열이면서 MACD 선이 시그널 선보다 위에 있을 때 1000만 원어치 매수 후 5% 이상 상승하면 수익 청산을 하고, 5% 이상 손실이 나면 손실 청산을 하도록 백테스트한다. 청산을 하고 2일이 지난 후 다시 조건을 만족하면 재진입한다.
7. I열, J열, K열, M열에 진입 일자, 진입가, 청산 일자, 청산가, 청산 수익률을 출력해준다. 이때 일자를 출력할 때 날짜를 제대로 인식할 수 있도록 시트에 출력해준다.
8. O1셀에 총수익률을 출력한다.

예제 코드

```
Private Sub CommandButton1_Click() '로그인

    Call KHOpenAPI1.CommConnect

End Sub

Private Sub CommandButton2_Click() '데이터 요청

    sRQName = "RQ_005930" '요청 이름
    sTrCode = "OPT10081" 'TR명
    sScrNo = "0001" '요청 번호
    stockcode = "005930" '삼성전자 종목 코드
    datatime = Format(Date, "YYYYMMDD") '현재 일자

    Call KHOpenAPI1.SetInputValue("종목 코드", stockcode)
    Call KHOpenAPI1.SetInputValue("기준 일자", datatime)
    Call KHOpenAPI1.CommRqData(sRQName, sTrCode, 0, sScrNo)
```

```
End Sub

Private Sub KHOpenAPI1_OnReceiveTrData(ByVal sScrNo As
String, ByVal sRQName As String, ByVal sTrCode As String,
ByVal sRecordName As String, ByVal sPrevNext As String,
ByVal nDataLength As Long, ByVal sErrorCode As String,
ByVal sMessage As String, ByVal sSplmMsg As String)
'데이터 수신

    Count = 365 '요청 데이터 개수

    Cells(1, 1) = "일자"
    Cells(1, 2) = "현재가"
    Cells(1, 3) = "거래량"

    If sScrNo = "0001" Then

        For i = 0 To Count - 1

            Cells(i + 2, 1) = Trim(KHOpenAPI1.GetCommData(
sTrCode, sRQName, i, "일자"))
            Cells(i + 2, 2) = Trim(KHOpenAPI1.GetCommData(
sTrCode, sRQName, i, "현재가"))
            Cells(i + 2, 3) = Trim(KHOpenAPI1.GetCommData(
sTrCode, sRQName, i, "거래량"))

        Next

    End If

End Sub
```

GPT-4: 아래는 예제 코드를 바탕으로, 이동평균선과 MACD를 계산하고 백테스트를 수행하는 VBA 코드입니다. 이 코드는 사용자가 요청한 모든 기능을 포함하고 있습니다.

```
Private Sub CommandButton1_Click() '로그인
    Call KHOpenAPI1.CommConnect
```

```vba
End Sub

Private Sub CommandButton2_Click() '데이터 요청 및 백테스트 수행

    ' 기존 데이터 지우기
    Sheets("Sheet1").Cells.Clear
    
    ' 데이터 요청
    sRQName = "RQ_005930" '요청 이름
    sTrCode = "OPT10081" 'TR명
    sScrNo = "0001" '요청 번호
    stockcode = "005930" '삼성전자 종목 코드
    datatime = Format(Date, "YYYYMMDD") '현재 일자
    
    Call KHOpenAPI1.SetInputValue("종목 코드", stockcode)
    Call KHOpenAPI1.SetInputValue("기준 일자", datatime)
    Call KHOpenAPI1.CommRqData(sRQName, sTrCode, 0, sScrNo)

End Sub

Private Sub KHOpenAPI1_OnReceiveTrData(ByVal sScrNo As String, _
ByVal sRQName As String, ByVal sTrCode As String, _
ByVal sRecordName As String, ByVal sPrevNext As String, _
ByVal nDataLength As Long, ByVal sErrorCode As String, _
ByVal sMessage As String, ByVal sSplmMsg As String)

    ' 데이터 수신
    Dim Count As Integer
    Count = 500 ' 요청 데이터 개수 (2년 치 데이터를 수신)
    
    ' 제목 행 추가
    Cells(1, 1) = "일자"
    Cells(1, 2) = "종가"
    Cells(1, 3) = "20일 이동평균"
    Cells(1, 4) = "60일 이동평균"
    Cells(1, 5) = "120일 이동평균"
    Cells(1, 6) = "MACD"
    Cells(1, 7) = "Signal"
    Cells(1, 9) = "진입일자"
    Cells(1, 10) = "진입가"
    Cells(1, 11) = "청산일자"
```

```vb
        Cells(1, 12) = "청산가"
        Cells(1, 13) = "청산 수익률"
        
    If sScrNo = "0001" Then
    
        Dim i As Integer
        For i = 0 To Count - 1
        
            Dim rawDate As String
            rawDate = Trim(KHOpenAPI1.GetCommData(sTrCode, sRQName, i, "일자"))
            
            ' 일자를 YYYY-MM-DD 형식으로 변환
            Dim formattedDate As String
            formattedDate = Left(rawDate, 4) & "-" & Mid(rawDate, 5, 2) & "-" & Right(rawDate, 2)
            
            Cells(i + 2, 1).Value = CDate(formattedDate)  ' 날짜 형식으로 변환하여 출력
            Cells(i + 2, 2) = Trim(KHOpenAPI1.GetCommData(sTrCode, sRQName, i, "현재가"))
            
        Next
        
        ' 데이터 일자 순서대로 정렬 (과거->현재)
        Dim lastRow As Long
        lastRow = Cells(Rows.Count, 1).End(xlUp).Row
        Range("A2:B" & lastRow).Sort Key1:=Range("A2"), Order1:=xlAscending, Header:=xlNo
        
        ' 이동평균 계산
        Call CalculateMovingAverage(lastRow)
        
        ' MACD 계산
        Call CalculateMACD(lastRow)
        
        ' 백테스트 실행
        Call RunBacktest(lastRow)
        
    End If
```

```
End Sub

Sub CalculateMovingAverage(lastRow As Long)
    Dim i As Integer
    
    ' 20일, 60일, 120일 이동평균 계산
    For i = 21 To lastRow
        Cells(i, 3) = WorksheetFunction.Average(Range(Cells(i - 19, 2), Cells(i, 2)))
    Next i
    
    For i = 61 To lastRow
        Cells(i, 4) = WorksheetFunction.Average(Range(Cells(i - 59, 2), Cells(i, 2)))
    Next i
    
    For i = 121 To lastRow
        Cells(i, 5) = WorksheetFunction.Average(Range(Cells(i - 119, 2), Cells(i, 2)))
    Next i
End Sub

Sub CalculateMACD(lastRow As Long)
    Dim i As Integer
    Dim shortPeriod As Integer: shortPeriod = 12
    Dim longPeriod As Integer: longPeriod = 26
    Dim signalPeriod As Integer: signalPeriod = 9
    
    Dim emaShort As Double
    Dim emaLong As Double
    Dim emaSignal As Double
    
    For i = longPeriod + 1 To lastRow
        If i = longPeriod + 1 Then
            ' 초기 EMA 값은 단순 이동평균으로 설정
            emaShort = WorksheetFunction.Average(Range(Cells(i - shortPeriod + 1, 2), Cells(i, 2)))
            emaLong = WorksheetFunction.Average(Range(Cells(i - longPeriod + 1, 2), Cells(i, 2)))
        Else
            ' 이후 EMA 값은 지수 이동평균 공식 사용
```

```
            emaShort = (Cells(i, 2) * (2 / (shortPeriod + 1)))
+ (emaShort * (1 - (2 / (shortPeriod + 1))))
            emaLong = (Cells(i, 2) * (2 / (longPeriod + 1)))
+ (emaLong * (1 - (2 / (longPeriod + 1))))
        End If
        
        Cells(i, 6) = emaShort - emaLong
        
        ' Signal Line 계산
        If i >= longPeriod + signalPeriod Then
            If i = longPeriod + signalPeriod Then
                emaSignal = WorksheetFunction.Average(Range(
Cells(i - signalPeriod + 1, 6), Cells(i, 6)))
            Else
                emaSignal = (Cells(i, 6) * (2 / (signalPeriod +
1))) + (emaSignal * (1 - (2 / (signalPeriod + 1))))
            End If
            
            Cells(i, 7) = emaSignal
        End If
        
    Next i
End Sub

Sub RunBacktest(lastRow As Long)
    Dim i As Integer
    Dim position As Boolean: position = False
    Dim entryPrice As Double
    Dim entryDate As String
    Dim totalProfit As Double: totalProfit = 0
    Dim rowCounter As Integer: rowCounter = 2
    Dim lastExitIndex As Integer: lastExitIndex = 0
    
    For i = 121 To lastRow - 1
        ' 정배열 및 MACD 시그널 상향 돌파 조건 확인, 청산 후 2일
후에 다시 진입 가능
        If Cells(i, 3) > Cells(i, 4) And Cells(i, 4) > Cells(
i, 5) And Cells(i, 6) > Cells(i, 7) And Not position And i >
lastExitIndex + 2 Then
            position = True
            entryPrice = Cells(i, 2)
```

```vb
                entryDate = Cells(i, 1)
                Cells(rowCounter, 9).Value = Cells(i, 1).Value
' 진입 일자 출력 (날짜 형식)
                Cells(rowCounter, 10).Value = entryPrice
' 진입가 출력
            End If
            
            ' 청산 조건 확인
            If position Then
                Dim profit As Double
                profit = (Cells(i, 2) - entryPrice) / entryPrice
                
                If profit >= 0.05 Or profit <= -0.05 Then
                    position = False
                    Cells(rowCounter, 11).Value = Cells(i, 1).Value
' 청산 일자 출력 (날짜 형식)
                    Cells(rowCounter, 12).Value = Cells(i, 2).Value
' 청산가 출력
                    Cells(rowCounter, 13).Value = Format(profit,
"0.00%") ' 청산 수익률 출력
                    totalProfit = totalProfit + profit
                    rowCounter = rowCounter + 1
                    lastExitIndex = i ' 마지막 청산 인덱스 저장
                End If
            End If
        Next i
        
        ' 총수익률 계산 및 출력
        Cells(1, 15) = "총 수익률"
        Cells(2, 15) = Format(totalProfit, "0.00%")
        
End Sub
```

이제 앞 장에서와 마찬가지 방법으로 이 코드를 **키움증권API_TEST.xlsm** 파일에 적용합니다. 그런 다음 [주식데이터 받기] 버튼을 실행하면 그림 6-25와 같은 결과가 나옵니다.

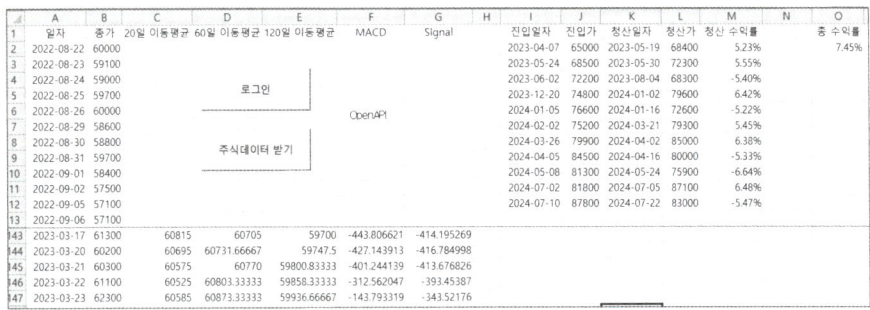

그림 6-25 '주식데이터 받기'를 실행한 화면

결과를 살펴봅시다. 2년 치 데이터에서 과거 일자가 위로 오게 설정했기 때문에 2022년 8월 22일 데이터부터 보여줍니다. 또한 20, 60, 120일 이동평균과 MACD, 시그널 선을 계산해 C~G열에 나타내고 있습니다. I~M열에는 백테스트 결과를 보여줍니다. 백테스트의 진입 조건에 만족하는 일자에 진입하고, 청산 조건에 맞는 일자에 청산하는 것을 가격과 수익률을 포함하여 표시해줍니다. 그뿐 아니라 백테스트 기간 동안의 해당 전략으로 매매를 하였을 때의 총수익률도 확인할 수 있습니다.

이제 이 예제를 바탕으로 여러분들이 원하는 전략이 과연 유효한 것인지 스스로 테스트할 수 있을 것입니다. 이는 스스로의 전략을 수립하는 데 큰 도움이 될 것입니다.

> 트레이더 이야기

노코드와 엑셀, 그리고 챗GPT

노코드(no-code)는 프로그래밍 없이도 다양한 애플리케이션, 워크플로, 웹사이트 등을 개발하거나 자동화할 수 있는 기술이나 도구를 의미합니다. 전통적인 소프트웨어 개발 과정은 복잡한 프로그래밍 언어를 학습하고 이를 활용해 코드를 작성하는 것이 일반적입니다. 하지만 노코드 도구는 사용자 친화적인 인터페이스와 직관적인 기능을 제공하여 이러한 복잡함을 제거합니다. 사용자는 코드를 직접 작성하지 않고도 드래그 앤드 드롭, 간단한 설정, 시각적 구성을 통해 원하는 기능을 구현할 수 있습니다. 대표적인 노코드 도구로는 에어테이블(Airtable), 재피어(Zapier), 웹플로(Webflow) 등이 있으며, 이들은 데이터를 연결하고 처리하거나 비즈니스 프로세스를 자동화하는 데 탁월합니다.

노코드는 특히 기술적인 배경이 없는 비전문가에게 편리함과 유용성을 제공합니다. 작은 기업의 운영자나 데이터 분석가, 디자이너 등도 노코드를 활용하면 복잡한 IT 자원을 사용하지 않고도 자신만의 도구를 만들어낼 수 있습니다. 웹사이트 제작, 데이터베이스 관리, 자동화된 워크플로 구축, 클라우드 데이터 처리 등 다양한 분야에서 사용되며, 단순히 기술적 장벽을 낮추는 것을 넘어 생산성과 창의성을 높이는 데 도움을 줄 수 있습니다.

엑셀은 이러한 노코드 개념을 일찍부터 실현한 대표적인 도구로 볼 수 있습니다. 엑셀은 함수와 수식을 통해 데이터를 처리하고 분석할 수 있으며, 매크로와 VBA 기능을 통해 자동화도 가능합니다. 즉, 코드를 작성하지 않더라도 기본적인 노코드 환경을 제공해왔던 것입니다. 하지만 엑셀은 데이터를 다루는 데 초점이 맞춰져 있어 노코드의 현대적인 확장성에는 제한이 따를 수밖에 없습니다.

하지만 여기에 챗GPT가 결합되면 이야기는 달라집니다. 챗GPT는 사용자의 요구를 이해하고 적절한 방식으로 엑셀과 같은 노코드 도구를 활용할 수 있도록 도와줍니다. 사용자가 '특정 조건에서 데이터를 필터링하고, 그 데이터를 기반으로 자동 계산된 보

고서를 생성하고 싶다'고 요청하면, 챗GPT는 엑셀의 함수와 VBA 코드를 제안하거나, 노코드 플랫폼에서 이를 구현하는 방법을 설명해줍니다. 이는 사용자가 엑셀의 기능이나 코드를 깊이 이해하지 못하더라도, 원하는 작업을 빠르게 구현할 수 있도록 돕는 역할을 할 수 있다는 것을 의미합니다.

결과적으로 노코드, 엑셀, 챗GPT의 조합은 이용자들이 새로운 차원의 생산성과 창의성의 문을 열 수 있는 길을 안내한다고 할 수 있습니다. 노코드는 비전문가도 직관적으로 도구를 활용할 수 있도록 지원하고, 엑셀은 데이터를 다루는 기본적인 환경을 제공합니다. 챗GPT는 이 두 가지를 연결해 사용자가 기술의 한계에 얽매이지 않고 본질적인 문제 해결에 집중할 수 있도록 돕습니다.

이제 여러분들이 이 책을 통해서 코딩에 대한 큰 지식 없이도 엑셀과 챗GPT를 잘 융합하여 활용하는 법을 익힌다면, 주식과 암호화폐 트레이딩 시스템을 구현하는 것에서 더 나아가 다양한 분야에서 활용하는 혁신을 이루어낼 수 있을 것입니다.

자동매매 시스템 만들기

- **7.1** 증권사 API 사용 주문 테스트
- **7.2** 주식 자동매매 시스템 개발하기
- **7.3** 암호화폐 API 사용 주문 테스트
- **7.4** 암호화폐 자동매매 시스템 개발하기

앞서 배운 내용을 바탕으로, 이번 장에서는 챗GPT를 활용해 실제로 자동매매 시스템을 구현하는 방법을 알아보겠습니다. 자동매매 시스템이란, 정해진 조건에 따라 시스템이 자동으로 매수와 매도를 수행하는 시스템을 의미합니다. 이 장에서 설명하는 기본적인 자동매매 시스템을 기반으로, 독자 여러분이 추가적인 기능을 더한다면 보다 정교하고 전문적인 알고리즘 트레이딩 시스템을 구축할 수 있을 것입니다.

여기서는 주식과 암호화폐의 기본적인 자동매매 시스템을 구현하기 위한 챗GPT의 사용법을 다룰 것입니다. 주식과 암호화폐를 자동으로 매매하기 위해서는, 각 증권사와 코인 거래소에서 계좌를 개설한 후, 이들이 제공하는 API 사용법을 익혀야 합니다. API는 증권사나 코인 거래소에서 제공하는 프로그래밍 인터페이스로, 이를 통해 각 회사가 제공하는 데이터에 접근할 수 있으며, HTS(홈 트레이딩 시스템)를 거치지 않고도 직접 주문을 실행할 수 있습니다.

이 책에서는 일반적으로 많은 사람들이 사용하는 키움증권과 암호화폐 거래소 업비트의 API를 활용하여 자동매매 시스템을 구축하는 방법을 설명하겠습니다.

7.1 증권사 API 사용 주문 테스트

먼저 키움증권 API를 통한 실제 주문 테스트를 해보도록 하겠습니다. 이전 장에서 `키움증권API_TEST.xlsm` 엑셀 파일을 만들어보았는데, 이 방식을 이용하여 `키움증권API_주문시스템.xlsm` 파일을 만들어보려고 합니다. 엑셀을 통해 키움증권 API를 이용하는 방법을 복습할 겸 다시 진행해보겠습니다.

엑셀 파일을 신규로 열고 그림 7-1과 같이 [개발 도구]→[삽입]→[ActiveX 컨트롤]
→[기타 컨트롤]을 차례로 클릭합니다.*

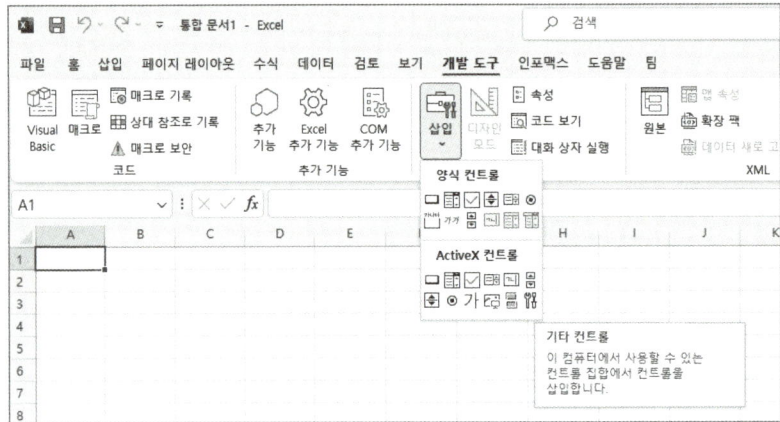

그림 7-1　ActiveX 컨트롤의 '기타 컨트롤' 삽입 화면

그림 7-2와 같이 [기타 컨트롤] 화면이 나오면 [KHOpenAPI Contrlo]을 선택해서 [확인]을 눌러줍니다.

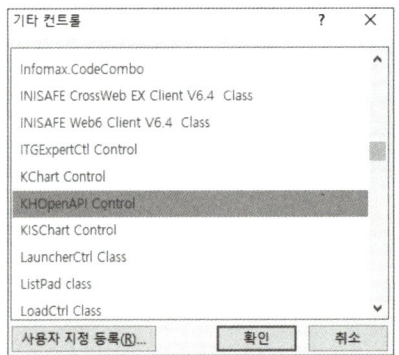

그림 7-2　키움증권 Open API 선택 화면

---

*　최신 버전의 엑셀의 경우 ActiveX 사용이 차단된 경우가 있는데, '파일 > 옵션 > 보안 센터 > ActiveX 설정'에 서 '모든 컨트롤 사용'을 선택해 ActiveX를 활성화할 수 있습니다.

이제 드래그 앤드 드롭으로 그림 7-3과 같이 엑셀 시트 위의 적당한 위치에 놓아줍니다.

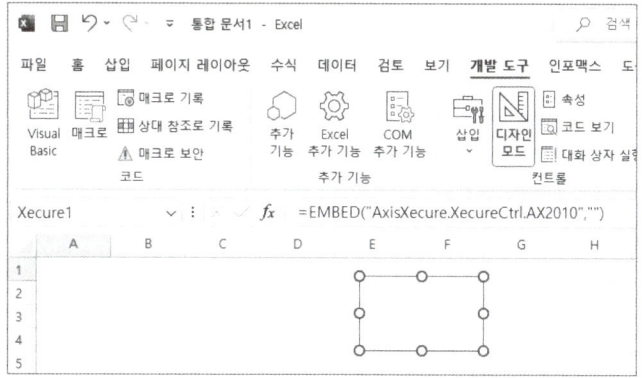

그림 7-3 **기타 컨트롤이 추가된 화면**

그런 다음, 그림 7-4와 같이 [명령 단추]를 하나 추가해줍니다.

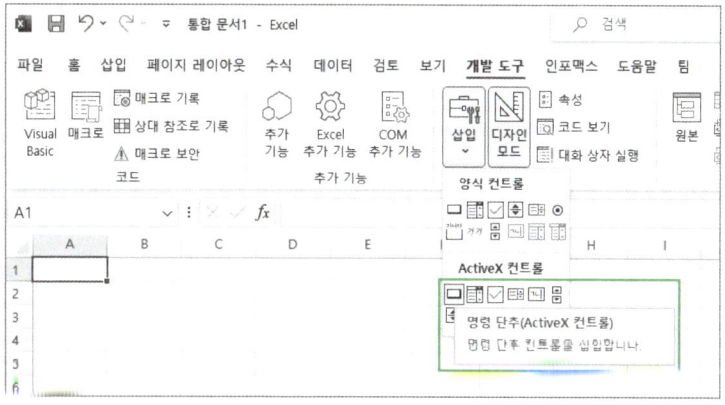

그림 7-4 **명령 단추 삽입 화면**

이제 앞에서 배운 대로 속성 창의 [Caption] 부분에서 버튼의 이름을 [로그인]으로 바꾸고 키움증권 API에 로그인하기 위한 코드를 넣어보겠습니다. `CommandButton1_Click()` 프로시저 안에 그림 7-5와 같이 `Call KHOpenAPI1.CommConnect` 명령어를 삽입합니다.

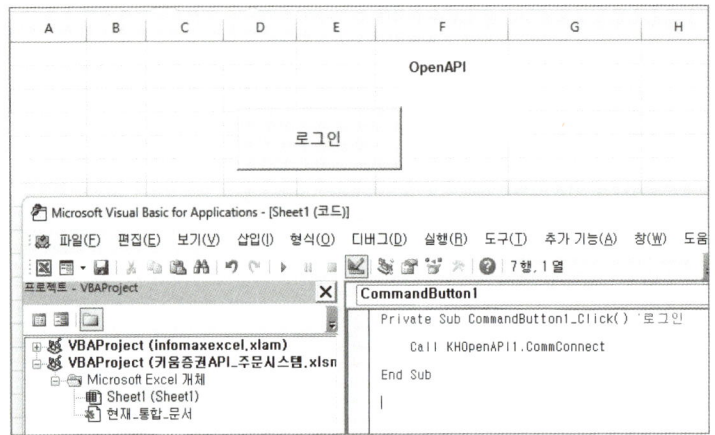

그림 7-5 캡션을 '로그인'으로 바꾸고, VBA 편집기에 코드를 입력한 화면

▼ 작성한 코드

```
Private Sub CommandButton1_Click() '로그인
    Call KHOpenAPI1.CommConnect
End Sub
```

이제 [주식 주문하기] 버튼을 추가하고 실제로 주식 주문을 넣어보겠습니다. [디자인 모드]를 선택한 상태에서 더블클릭하면 아래와 같이 코드가 자동으로 생성이 됩니다.

▼ 생성된 코드

```
Private Sub CommandButton2_Click()
End Sub
```

CommandButton2_Click() 프로시저 안에 키움증권 API의 명령어를 넣으면 주식 주문을 할 수 있습니다.

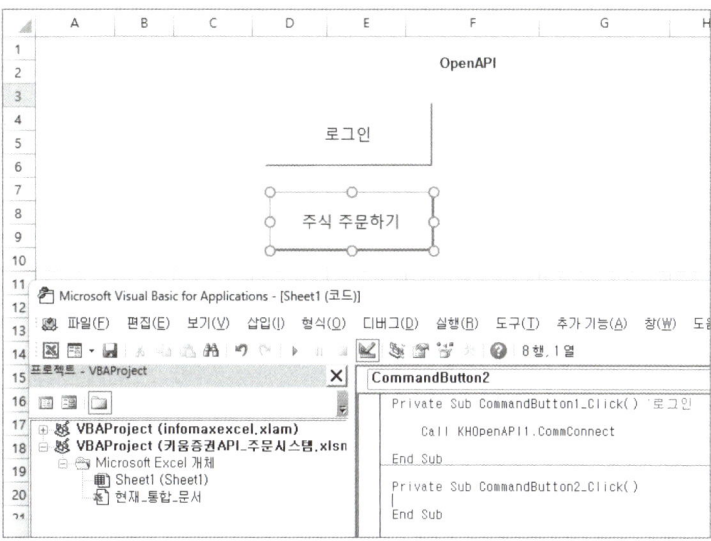

그림 7-6 '주식 주문하기' 버튼을 만들어 코드를 입력하는 화면

여기서도 오류율을 낮추기 위해 기본적인 코드는 직접 작성해서 사용하겠습니다. 작성한 코드는 다음과 같습니다.*

```
Private Sub CommandButton2_Click() '주식 주문하기

    sRQName = "RQ_BUY" '요청 이름
    sScreenNo = "0002" '화면 번호
    sHogaGb = "00" '호가구분 (00: 지정가, 03: 시장가 등)
    sOrgOrderNo = "" '원주문번호, 신규 주문 시에는 빈 문자열

    sAccNo = "8082579111" '계좌번호, 실제 사용하시는 계좌번호로 변경하세요"
    sCode = "005930" '삼성전자 종목 코드
    nQty = 1 '매수할 주식 수량
    nPrice = 70000 '매수 희망 가격

    lRet = KHOpenAPI1.SendOrder(sRQName, sScreenNo, sAccNo, 1, sCode, nQty, nPrice, sHogaGb, sOrgOrderNo)
```

---

* 전체 코드는 카페에서 복사할 수 있습니다.
https://cafe.naver.com/aiprograming/1306

```
        If lRet = 0 Then
            MsgBox "주문이 성공적으로 전송되었습니다."
        Else
            MsgBox "주문 전송에 실패하였습니다. 오류 코드: " & lRet
        End If
End Sub
```

이 코드를 살펴보면 sAccNo에 계좌번호, sCode에 종목 코드, nQty에 주문 수량, nPrice에 주문 가격을 넣을 수 있습니다. 여기서는 삼성전자 종목 코드인 '005930'을 입력하고 7만 원에 1주를 주문해보겠습니다.

VBA 편집기에 작성한 전체 코드는 그림 7-7과 같습니다.

```
CommandButton2
Private Sub CommandButton1_Click() '로그인

    Call KHOpenAPI1.CommConnect

End Sub
Private Sub CommandButton2_Click() '주식 주문하기

    sRQName = "RQ_BUY" '요청 이름
    sScreenNo = "0002" '화면 번호
    sHogaGb = "00" '호가구분 (00: 지정가, 03: 시장가 등)
    sOrgOrderNo = "" '원주문번호, 신규 주문 시에는 빈 문자열

    sAccNo = "8082579111" '계좌번호, 실제 사용하시는 계좌번호로 변경하세요'
    sCode = "005930" '삼성전자 종목코드
    nQty = 1 '매수할 주식 수량
    nPrice = 70000 '매수 희망 가격

    lRet = KHOpenAPI1.SendOrder(sRQName, sScreenNo, sAccNo, 1, sCode, nQty, nPrice, sHogaGb, sOrgOrderNo)

    If lRet = 0 Then
        MsgBox "주문이 성공적으로 전송되었습니다."
    Else
        MsgBox "주문 전송에 실패하였습니다. 오류 코드: " & lRet
    End If
End Sub
```

그림 7-7 CommandButton2_Click()에 입력한 코드 화면

이 코드를 VBA 편집기를 통해 잘 적용하여 [로그인] 버튼을 누르고 정상적으로 로그인을 한 후 [주식 주문하기] 버튼을 실행해보겠습니다. 그러면 그림 7-8과 같은 화면이 나타날 것입니다.

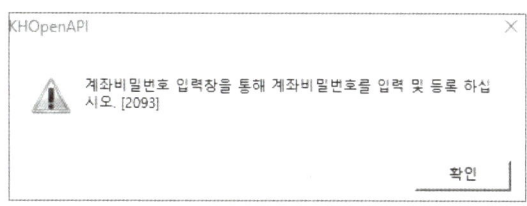

그림 7-8 계좌 비밀번호 등록 전

이 문제는 Open API의 계좌 비밀번호 설정이 제대로 되지 않아서 발생하는 것으로 다음과 같이 설정해주면 해결할 수 있습니다. 윈도우10을 기준으로 설명하겠습니다. 먼저 그림 7-9와 같이 작업 표시줄의 오른쪽 하단에서 [숨겨진 아이콘 표시]인 ⌃를 클릭합니다.

그림 7-9 윈도우 오른쪽 하단

그림 7-10과 같이 숨겨진 아이콘들이 나타나는 것이 보일 것입니다.

그림 7-10 숨겨진 아이콘 표시

여기에서 그림 7-11과 같은 Open API 아이콘에서 마우스 오른쪽 버튼을 클릭합니다.

그림 7-11 Open API 아이콘

[계좌비밀번호 저장]을 클릭하여 그림 7-12와 같은 화면이 나오면 모의계좌 비밀번호인 '0000'을 입력 후 [전체계좌에 등록]을 누릅니다. 앞으로 Open API를 실행할 때마다 로그인 ID와 비밀번호를 입력하지 않으려면 왼쪽의 [AUTO]를 체크하고 [닫기] 버튼을 클릭합니다. 그림 7-12에서 '8082579211'이 계좌번호입니다. 이것을 복사하여 앞의 코드 sAccNo 부분에 넣으면 됩니다.

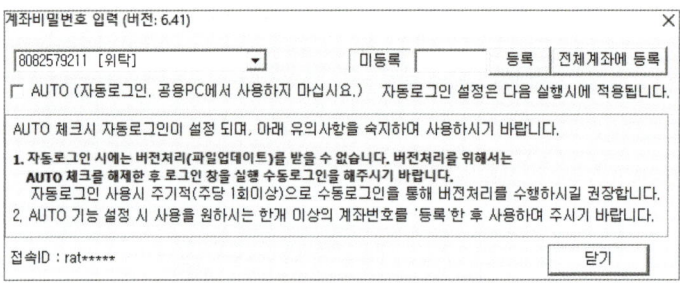

그림 7-12 **Open API 비밀번호 저장 화면**

이제 다시 [주식 주문하기] 버튼을 실행해보면 그림 7-13과 같이 주문이 성공적으로 전송되었다는 메시지 박스가 나옵니다.

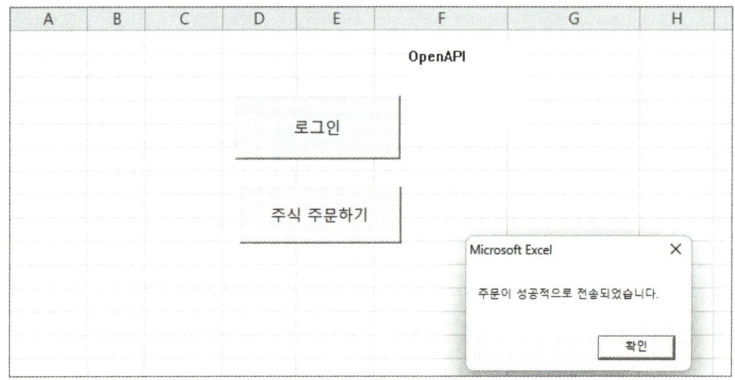

그림 7-13 **주문 성공 예시 화면 1**

실제로 주문이 잘 이뤄졌는지 HTS 창에서 확인해보겠습니다. 그림 7-14와 같이 7만 원에 삼성전자 1주 매수 주문이 나간 것을 확인할 수 있습니다.

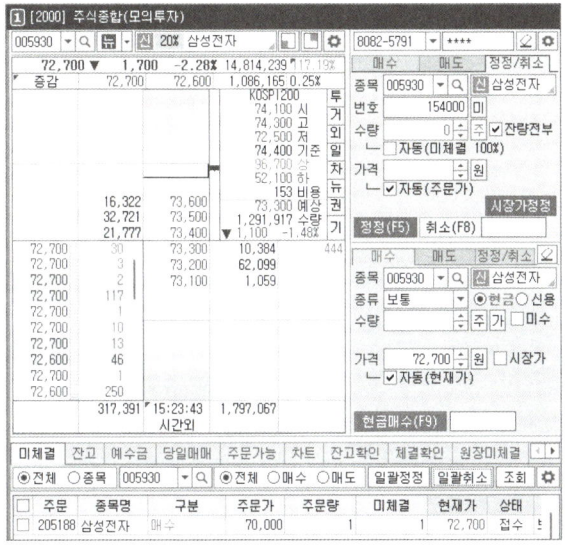

그림 7-14 주문 성공 예시 화면 2

이제 이 엑셀 파일에 실시간 시세 기능을 넣어보도록 하겠습니다.

먼저 [실시간시세 시작] 버튼 및 [실시간시세 종료] 버튼을 추가하고 현재가를 보여주는 부분을 만들어봅시다. A3셀에 '현재가'라고 제목을 입력합니다. 그러면 B3셀은 현재가의 출력 셀이 됩니다. 그런 다음 엑셀의 기본 기능을 이용하여 각 기능을 쉽게 구분할 수 있도록 테두리를 그려주고 시트의 글들을 가운데 정렬을 해주면 그림 7-15와 같이 깔끔한 엑셀 UI가 생성됩니다.

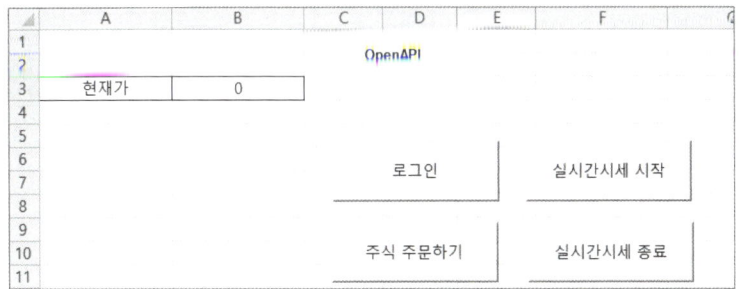

그림 7-15 버튼을 추가하고 셀 테두리를 입력한 화면

[디자인 모드]를 선택한 상태에서 [실시간시세 시작] 버튼을 더블클릭하면 아래와 같이 코드가 자동으로 생성이 됩니다.

▼ 생성된 코드

```
Private Sub CommandButton3_Click()
End Sub
```

이제 `CommandButton3_Click()` 프로시저 안에 실시간 시세를 요청하는 코드를 넣고 이 요청을 받으면 실제로 호출되는 함수인 `KHOpenAPI1_OnReceiveRealData`를 작성해보도록 하겠습니다.

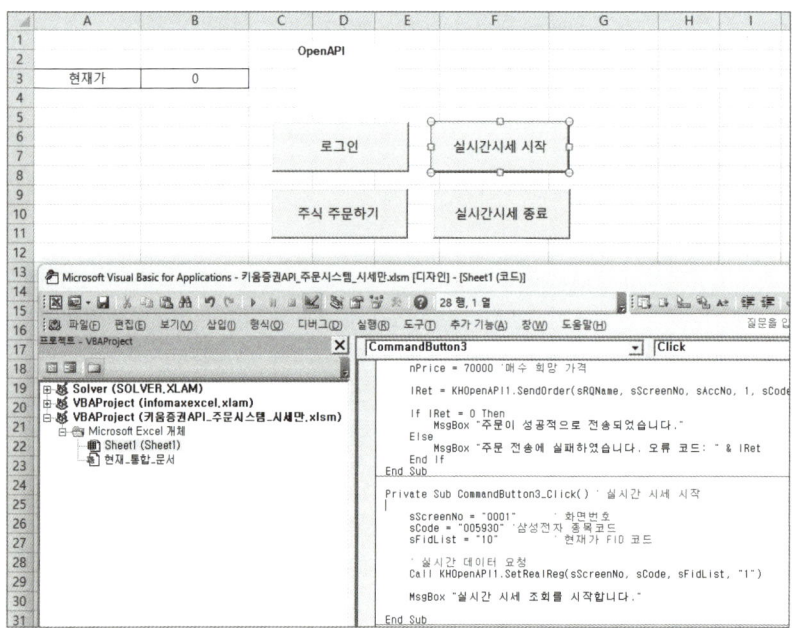

그림 7-16 나머지 버튼에도 코드를 입력하는 화면

오류를 방지하기 위해 작성한 코드는 다음과 같습니다.*

---

* 전체 코드는 카페에서 복사할 수 있습니다.
https://cafe.naver.com/aiprograming/1306

```
Private Sub CommandButton3_Click() ' 실시간 시세 시작

    sScrNo = "0001"         ' 화면번호
    sCode = "005930" '삼성전자 종목 코드
    sFidList = "10"         ' 현재가 FID 코드

    ' 실시간 데이터 요청
    Call KHOpenAPI1.SetRealReg(sScrNo, sCode, sFidList, "1")

    MsgBox "실시간 시세 조회를 시작합니다."

End Sub

' 실시간 데이터를 받을 때 호출되는 함수
Private Sub KHOpenAPI1_OnReceiveRealData(ByVal sCode As String, ByVal sRealType As String, ByVal sRealData As String)

    ' 현재가 가져오기
    currentPrice = Abs(Val(Trim(KHOpenAPI1.GetCommRealData(sCode, 10))))

    ' 현재가를 B3셀에 업데이트
    Range("B3").Value = currentPrice

End Sub
```

위의 코드를 보면 삼성전자의 실시간 시세의 데이터를 요청하고, 또한 이 요청을 받아 실제로 실시간 시세를 수신하는 **KHOpenAPI1_OnReceiveRealData** 함수로 이루어져 있습니다.

[디자인 모드]를 선택한 상대에시 [실시간시세 종료] 버튼을 더블클릭하면 아래와 같이 코드가 자동으로 생성이 됩니다.

▼ 생성된 코드

```
Private Sub CommandButton4_Click()
End Sub
```

이제 CommandButton4_Click() 프로시저 안에 다음과 같이 코드를 넣어주면 됩니다.*

```
Private Sub CommandButton4_Click() ' 실시간 시세 종료

sScrNo = "0001" ' 실시간 데이터를 등록했던 화면 번호
sCode = "005930" '삼성전자 종목 코드
    ' 실시간 데이터 해제
    Call KHOpenAPI1.SetRealRemove(sScrNo, sCode)

    MsgBox "실시간 시세가 종료되었습니다."

End Sub
```

이 코드는 삼성전자의 실시간 데이터의 수신을 해제하는 함수를 호출하는 것입니다.

최종으로 그림 7-17과 같은 엑셀 파일이 만들어집니다.

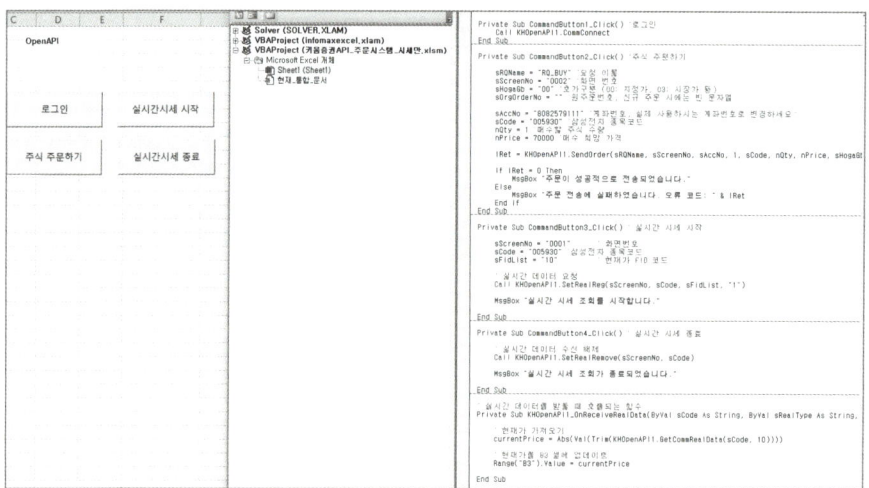

그림 7-17 완성된 엑셀 화면

---

* 전체 코드는 카페에서 복사할 수 있습니다.
  https://cafe.naver.com/aiprograming/1306

이제 이 파일을 실행시켜서 실시간 시세가 제대로 수신되는지 확인해보겠습니다. 로그인을 하고 [실시간시세 시작] 버튼을 누르면 그림 7-18과 같이 메시지 박스가 뜨면서 실행이 됩니다.

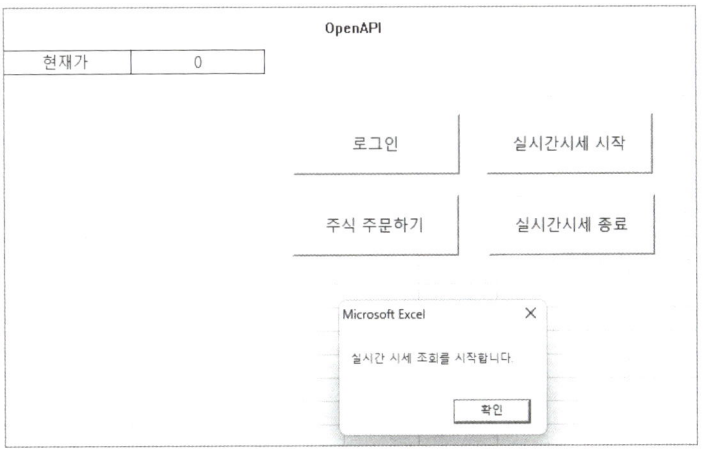

그림 7-18 '실시간시세 시작' 버튼 실행 화면

잠시 기다려보면 그림 7-19와 같이 현재가 부분에 주가가 실시간으로 움직이는 것을 볼 수 있습니다.

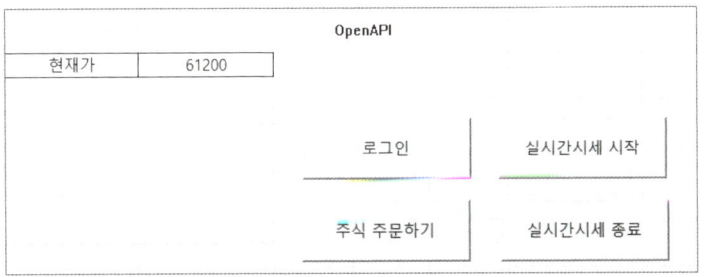

그림 7-19 '현재가'가 자동으로 업데이트되는 화면

[실시간시세 종료] 버튼을 누르면 현재가가 더 이상 업데이트되지 않고 실시간 시세가 종료된 것을 확인할 수 있습니다. 다시 [실시간시세 시작] 버튼을 누르면 실시간 시세를 보여줍니다.

지금까지 키움증권 API를 통해서 주식을 주문하고 또한 실시간 시세를 받는 간단한 엑셀 파일을 만들어보았습니다. 이 파일은 그림 7-20과 같이 **키움증권API_주문시스템.xlsm**으로 저장하였습니다.

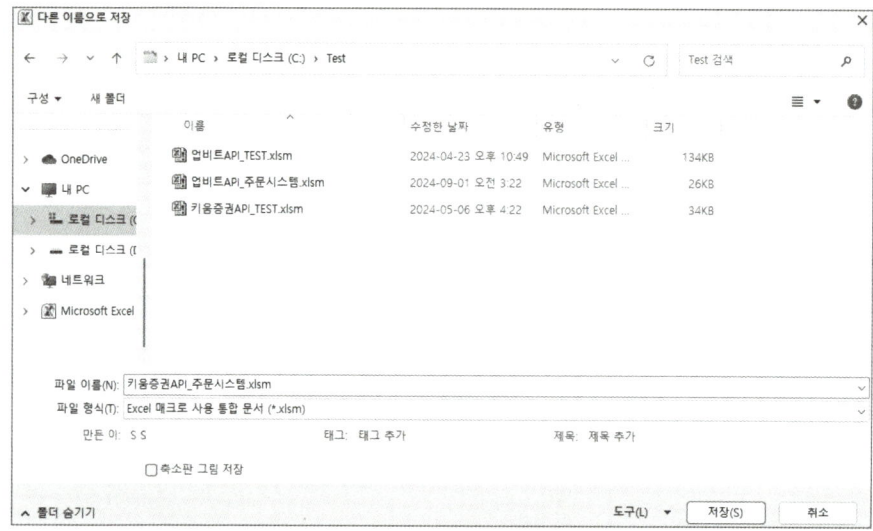

그림 7-20 엑셀 파일 저장 방법

이 코드가 실시간 시세를 제대로 받고 주문을 실행하는 것에 문제가 없는 것을 확인했습니다. 이것을 챗GPT 질문에 예제 코드로 활용하여 자동매매 시스템을 개발해보겠습니다.

7.2 주식 자동매매 시스템 개발하기

이제 본격적으로 주식 자동매매 시스템을 챗GPT로 구현하는 방법을 알아보겠습니다. 자동매매라는 정의에 맞게 주어진 조건을 모니터링하여 자동으로 주문을 넣는 시스템을 구현해볼 것입니다.

시스템 구현 목표 정하기

정해진 조건에 주식을 매수하고 이익이나 손해가 지정된 금액 이상일 때 포지션을 자동으로 청산하는 자동매매 시스템을 만들어보겠습니다.

1 암호화폐 자동매매 시스템 요건

1. 주식 현재가를 보여주는 부분, 주문실행 버튼, 진입 포지션의 손익을 보여주는 부분, 이익청산기준가 및 손실청산기준가를 입력하는 부분을 포함하고 있는 엑셀 UI를 만든다.
2. 주식 현재가가 실시간으로 화면에 업데이트되도록 구성한다.
3. 주문 버튼을 누르면 삼성전자 주식 1주를 현재가로 지정가 매수 주문을 넣는다.
4. 주문 버튼을 눌러서 주문이 이루어지면 진입 포지션의 손익을 나타내는 부분을 실시간으로 업데이트하여 보여준다.
5. 삼성전자의 가격이 이익청산기준가 이상이거나 손실청산기준가 이하이면 지정가 매도 주문을 내도록 한다.

시스템의 개발 과정은 앞에서와 마찬가지로 다음과 같은 절차로 진행해보겠습니다.

1. 시스템의 목적에 맞는 엑셀 UI 만들기
2. UI 연결을 포함한 챗GPT 질문 구성하기
3. 챗GPT를 통해서 만든 코드 적용하기
4. 만들어진 코드 실행해보기

엑셀 UI 만들기

이전에 작성한 **키움증권API_주문시스템.xlsm** 파일을 이용하여 진행하도록 하겠습니다. 이제 이 파일에서 주식 자동매매 시스템 요건에 맞도록 엑셀 파일을 수정해보겠습니다.

현재가와 손익을 나타내는 부분, 이익청산기준가와 손실청산기준가를 보여주는 부분을 만들어봅시다. 현재가 부분은 앞에서 이미 만들었지만 다시 반복해보겠습니다.

A1셀에 시스템의 이름인 '주식 자동매매시스템'을 입력하고 A3셀에 '현재가', A4셀에 '손익', A6셀에 '이익청산기준가', A7셀에 '손실청산기준가'라고 제목을 입력합니다. 그러면 B3셀은 현재가의 출력 셀이, B4셀은 손익값의 출력 셀이 됩니다. 그리고 B6셀은 이익청산기준가의 입력값을 받는 셀이, B7셀은 손실청산기준가의 입력값을 받는 셀이 됩니다. 엑셀의 기본 기능을 이용하여 각 기능을 구분할 수 있도록 테두리를 주면 그림 7-21과 같이 깔끔한 엑셀 UI가 생성됩니다.

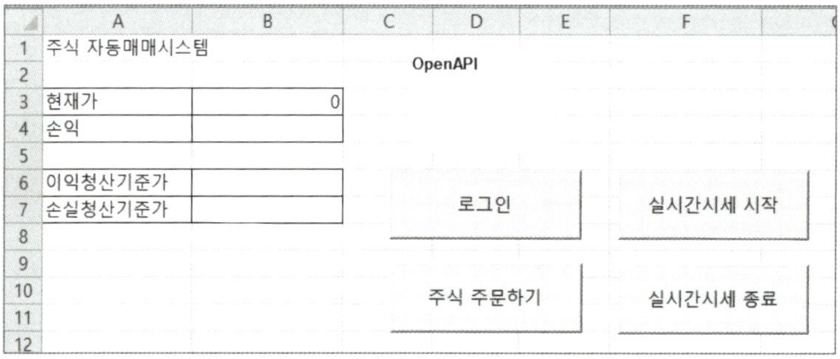

그림 7-21 **버튼 및 기본 디자인을 적용한 화면**

이제 이 엑셀 파일의 UI를 포함한 챗GPT 질문을 만들어보겠습니다.

UI 연결을 포함한 챗GPT 질문 구성하기

이제 엑셀의 UI를 포함하여 우리가 원하는 시스템을 구현하기 위해 챗GPT에 적용할 구체적인 질문을 만들어보겠습니다. UI와 연결하는 것을 포함한 모든 내용은 챗GPT가 담당하고 우리는 실행해서 확인만 할 수 있도록 시스템 요청 질문을 구성해보겠습니다. 위에서 만든 주문 관련 코드 및 실시간 시세와 관련한 예제 코드를 질문에 포함시켜 챗GPT가 2개의 예제 코드를 응용하여 올바른 답을 줄 수 있도록 구현해보겠습니다.

 아래의 예제 코드 1은 삼성전자를 7만 원에 1주 매수하는 엑셀 VBA 코드입니다. 그리고 예제 코드 2는 삼성전자의 실시간 시세를 받는 엑셀 VBA 코드입니다. 키움증권 API와 이 코드들을 응용하여 다음 요건에 해당하는 시스템의 엑셀 VBA 코드를 만들어주세요.

주식 자동매매 시스템 요건

1. 키움증권API_주문시스템.xlsm 파일을 생성해놓았다.
2. 이 엑셀 파일은 현재가 출력 부분(B3셀), 손익 출력 부분(B4셀), 이익청산기준가 입력 부분(B6셀), 손실청산기준가 입력 부분(B7셀), 그리고 로그인 버튼(CommandButton1), 주식 주문하기 버튼(CommandButton2), 실시간시세 시작 버튼(CommandButton3), 실시간시세 종료 버튼(CommandButton4)으로 구성되어 있다.
3. 로그인 버튼을 실행하면 로그인 후 B3셀, B4셀, B6셀, B7셀의 값을 공란으로 초기화한다.
4. 실시간시세 시작 버튼(CommandButton3)을 누르면 삼성전자의 현재가를 업데이트하여 현재가 출력 부분(B3셀)에 나타낸다. 이때 실시간 시세 수신에 오류가 생기면 오류를 무시하고 넘어간다.
5. 주식 주문하기 버튼(CommandButton2)을 누르면 현재가가 제대로 출력이 되는지 확인하고 삼성전자 주식 1주를 현재가로 매수한다. 주문이 체결되면 주문을 완료했다는 메시지 박스를 보여준다.
6. 주문이 이루어지면 진입 포지션의 손익을 보여주는 부분을 실시간으로 업데이트하여 손익 출력 부분(B4셀)에 나타낸다.
7. 삼성전자의 현재 가격이 이익청산기준가 입력 부분(B6셀)에서 받은 값 이상이거나 손실청산기준가 입력 부분(B7셀)에서 받은 값 이하이면 지정가 매도 주문을 내도록 한다. 청산 주문이 이루어지면 청산 주문을 완료했다는 메시지 박스를 보여주고 다시 주문을 받을 준비를 한다.
8. 실시간시세 종료 버튼(CommandButton4)을 누르면 실시간 시세를 종료한다.

예제 코드 1(주문 관련 코드)

```vb
Private Sub CommandButton1_Click() '로그인

    Call KHOpenAPI1.CommConnect

End Sub

Private Sub CommandButton2_Click() '주식 주문하기

    sRQName = "RQ_BUY" '요청 이름
    sScreenNo = "0002" '화면 번호
    sHogaGb = "00" '호가 구분 (00: 지정가, 03: 시장가 등)
    sOrgOrderNo = "" '원주문 번호, 신규 주문 시에는 빈 문자열

    sAccNo = "8082579111" '계좌번호, 실제 사용하시는 계좌번호로 변경하세요"
    sCode = "005930" '삼성전자 종목 코드
    nQty = 1 '매수할 주식 수량
    nPrice = 70000 '매수 희망 가격

    lRet = KHOpenAPI1.SendOrder(sRQName, sScreenNo, sAccNo, 1, sCode, nQty, nPrice, sHogaGb, sOrgOrderNo)

    If lRet = 0 Then
        MsgBox "주문이 성공적으로 전송되었습니다."
    Else
        MsgBox "주문 전송에 실패하였습니다. 오류 코드: " & lRet
    End If

End Sub
```

예제 코드 2(실시간 시세 관련 코드)

```vb
Private Sub CommandButton1_Click() '로그인

    Call KHOpenAPI1.CommConnect ' 키움API 로그인

End Sub

Private Sub CommandButton3_Click() ' 실시간 시세 시작
```

```
    sScrNo = "0001"          ' 화면 번호
    sCode = "005930" '삼성전자 종목 코드
    sFidList = "10"          ' 현재가 FID 코드
    
    ' 실시간 데이터 요청
    Call KHOpenAPI1.SetRealReg(sScrNo, sCode, sFidList, "1")
    
    MsgBox "실시간 시세 조회를 시작합니다."
    
End Sub

Private Sub CommandButton4_Click() ' 실시간 시세 종료

sScrNo = "0001" ' 실시간 데이터를 등록했던 화면 번호
sCode = "005930" '삼성전자 종목 코드
    ' 실시간 데이터 해제
     Call KHOpenAPI1.SetRealRemove(sScrNo, sCode)
    
    MsgBox "실시간 시세가 종료되었습니다."

End Sub

' 실시간 데이터를 받을 때 호출되는 함수
Private Sub KHOpenAPI1_OnReceiveRealData(ByVal sCode As String,
ByVal sRealType As String, ByVal sRealData As String)

    ' 현재가 가져오기
    currentPrice = Abs(Trim(KHOpenAPI1.GetCommRealData(sCode, 10)))
    
    ' 현재가 B3 셀에 업데이트
    Range("B3").Value = currentPrice

End Sub
```

이제 이 질문에 챗GPT가 어떻게 답변하는지 살펴보도록 하겠습니다.

챗GPT를 통해서 만든 코드 적용하기

챗GPT가 내놓은 답변은 다음과 같습니다.

키움증권 API를 사용하여 주식 자동매매 시스템을 엑셀 VBA 코드로 구현하는 방법은 예제 코드를 바탕으로 다양한 부분에서 기능을 추가하여 시스템 요구 사항을 만족시킬 수 있습니다. 요청하신 주식 자동매매 시스템을 구현하기 위한 엑셀 VBA 코드를 제공합니다. 각 버튼에 대한 동작과 조건에 맞게 코드를 구성하였습니다.

```vba
Option Explicit

' 전역변수 선언
Dim sAccNo As String            ' 계좌번호 (고정)
Dim sCode As String             ' 종목 코드 (삼성전자)
Dim nQty As Integer             ' 주문 수량
Dim currentPrice As Long        ' 현재가
Dim entryPrice As Long          ' 매수 가격
Dim position As Boolean         ' 포지션 보유 여부
Dim profitLoss As Long          ' 손익
Dim profitTarget As Long        ' 이익청산기준가
Dim stopLoss As Long            ' 손실청산기준가
Dim sScreenNo As String         ' 화면 번호
Dim lRet As Long                ' 주문 결과 처리 변수

' 로그인 버튼 클릭 시 실행
Private Sub CommandButton1_Click()

    ' 키움 OpenAPI 로그인
    Call KHOpenAPI1.CommConnect
    
    ' 셀 초기화
    Range("B3").Value = ""    ' 현재가
    Range("B4").Value = ""    ' 손익
    Range("B6").Value = ""    ' 이익청산기준가
    Range("B7").Value = ""    ' 손실청산기준가
```

```vb
    ' 계좌번호 고정
    sAccNo = "8082579111"    ' 고정 계좌번호
    sCode = "005930"         ' 삼성전자 종목 코드
    nQty = 1                 ' 주문 수량
    position = False         ' 초기 포지션 없음

End Sub

' 실시간 시세 시작 버튼 클릭 시 실행
Private Sub CommandButton3_Click() ' 실시간 시세 시작

    sScreenNo = "0001"       ' 화면 번호
    Dim sFidList As String
    sFidList = "10"          ' 현재가 FID 코드

    ' 실시간 데이터 요청
    On Error GoTo ErrorHandler
    Call KHOpenAPI1.SetRealReg(sScreenNo, sCode, sFidList, "1")

    MsgBox "실시간 시세 조회를 시작합니다."
    Exit Sub

ErrorHandler:
    ' 오류가 발생하면 실시간 시세 수신 종료
    MsgBox "실시간 시세 조회 중 오류가 발생하여 시세 수신을 종료합니다."
    Call KHOpenAPI1.SetRealRemove(sScreenNo, sCode)

End Sub

' 주식 주문하기 버튼 클릭 시 실행
Private Sub CommandButton2_Click() ' 주식 주문하기

    ' 현재가가 출력되는지 확인
    If Range("B3").Value = "" Then
        MsgBox "현재가가 출력되지 않았습니다. 실시간 시세를 확인하세요."
        Exit Sub
    End If

    currentPrice = Range("B3").Value
```

```vb
    ' 매수 주문 실행
    lRet = KHOpenAPI1.SendOrder("RQ_BUY", "0002", sAccNo, 1,
sCode, nQty, currentPrice, "00", "")

    If lRet = 0 Then
        MsgBox "매수 주문이 전송되었습니다."
        entryPrice = currentPrice
        position = True        ' 포지션 진입

    Else
        MsgBox "매수 주문 전송에 실패하였습니다. 오류 코드: " & lRet
        Exit Sub
    End If

    ' 주문 후 실시간 손익 업데이트
    Call UpdateProfitLoss

End Sub

' 실시간 시세 종료 버튼 클릭 시 실행
Private Sub CommandButton4_Click() ' 실시간 시세 종료

    ' 실시간 데이터 수신 해제
    Call KHOpenAPI1.SetRealRemove(sScreenNo, sCode)

    MsgBox "실시간 시세 조회가 종료되었습니다."

End Sub

' 실시간 데이터를 받을 때 호출되는 함수
Private Sub KHOpenAPI1_OnReceiveRealData(ByVal sCode As String,
ByVal sRealType As String, ByVal sRealData As String)

    On Error Resume Next    ' 오류 발생 시 무시하고 넘어감

    ' 현재가 가져오기
    currentPrice = Abs(Val(Trim(KHOpenAPI1.GetCommRealData(
sCode, 10))))
```

```
    ' 현재가를 B3 셀에 업데이트
    Range("B3").Value = currentPrice

    ' 포지션 보유 중이면 손익 계산 및 청산 조건 확인
    If position Then
        Call UpdateProfitLoss
    End If

End Sub

' 손익 업데이트 및 청산 조건 확인 함수
Private Sub UpdateProfitLoss()

    ' 손익 계산
    profitLoss = (currentPrice - entryPrice) * nQty
    Range("B4").Value = profitLoss

    ' 이익청산기준가와 손실청산기준가 가져오기
    profitTarget = Range("B6").Value
    stopLoss = Range("B7").Value

    ' 청산 조건 확인
    If (profitTarget <> 0 And currentPrice >= profitTarget) Or (stopLoss <> 0 And currentPrice <= stopLoss) Then
        ' 매도 주문 실행
        lRet = KHOpenAPI1.SendOrder("RQ_SELL", "0003", sAccNo, 2, sCode, nQty, currentPrice, "00", "")

        If lRet = 0 Then
            MsgBox "청산 주문이 전송되었습니다."
            position = False
            ' 실시간 데이터 수신 해제
            Call KHOpenAPI1.SetRealRemove(sScreenNo, sCode)
            MsgBox "포지션이 청산되었습니다."
            ' 셀 초기화
            Range("B3").Value = ""    ' 현재가
            Range("B4").Value = ""    ' 손익
            Range("B6").Value = ""    ' 이익청산기준가
            Range("B7").Value = ""    ' 손실청산기준가
        Else
```

```
                MsgBox "청산 주문 전송에 실패하였습니다. 오류 코드: "
& lRet
            End If
        End If

End Sub

' 엑셀 파일 닫힐 때 실시간 데이터 수신 해제
Private Sub Workbook_BeforeClose(Cancel As Boolean)

    Call KHOpenAPI1.SetRealRemove(sScreenNo, sCode)

End Sub
```

이제 이 코드를 어떻게 적용하는지 살펴보겠습니다. VBA 편집기에서 그림 7-22와 같이 [Sheet1] 부분을 더블클릭하면 코드를 넣을 수 있는 곳이 오른쪽에 나오는데, 이곳에 앞에서 받은 전체 코드를 복사해서 넣으면 됩니다.

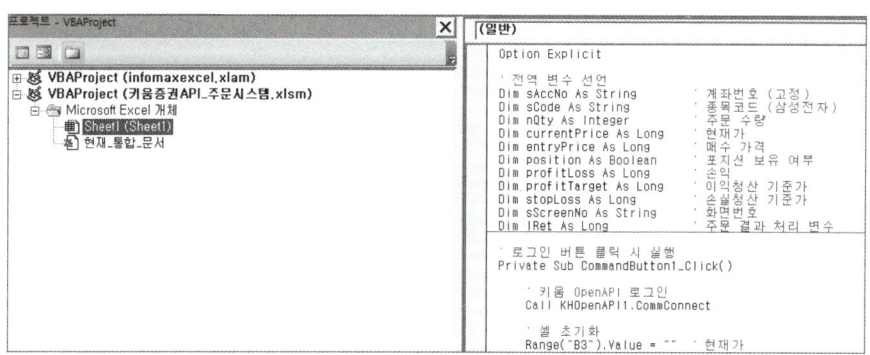

그림 7-22 VBA 편집기에서 Sheet1 개체에 코드를 입력하는 화면

코드를 적용한 후 실제로 잘 실행되는지 살펴보겠습니다.

만들어진 코드 실행해보기

최종 완성된 주식 자동매매 시스템을 로그인한 후 [실시간시세 시작]을 실행시켜보면 그림 7-23과 같이 '실시간 시세 조회를 시작합니다.'라는 메시지 박스가 뜨고 그림 7-24와 같이 현재가의 업데이트가 이루어집니다.

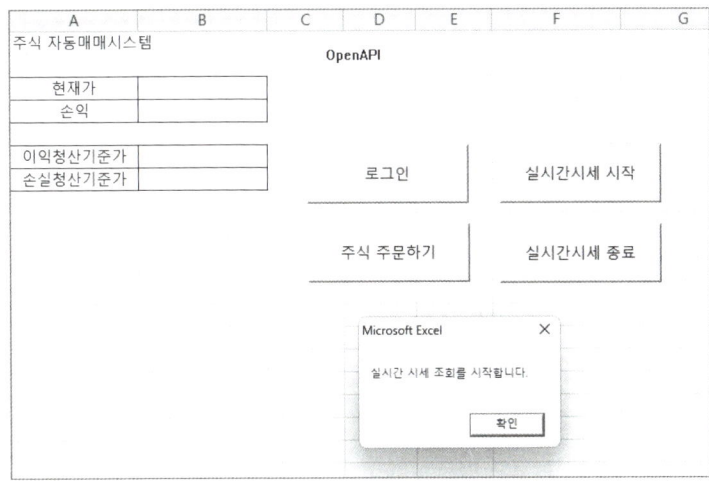

그림 7-23 '실시간시세 시작' 버튼 실행 화면

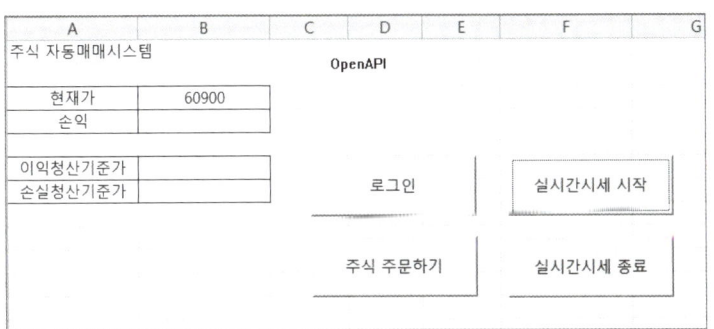

그림 7-24 현재가 업데이트된 화면

이제 여기서 이익청산기준가를 61000원, 손실청산기준가를 60800원으로 설정하고 [주식 주문하기]를 실행시켜보겠습니다.

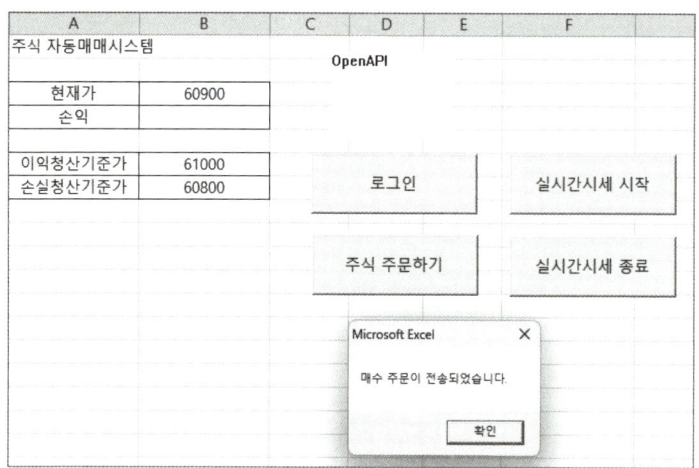

그림 7-25 '주식 주문하기' 버튼 실행 화면

그러면 그림 7-26과 같이 주문 당시의 현재가(그림 7-25)인 60900원에 삼성전자 주식 1주를 매수한 것을 볼 수 있습니다.

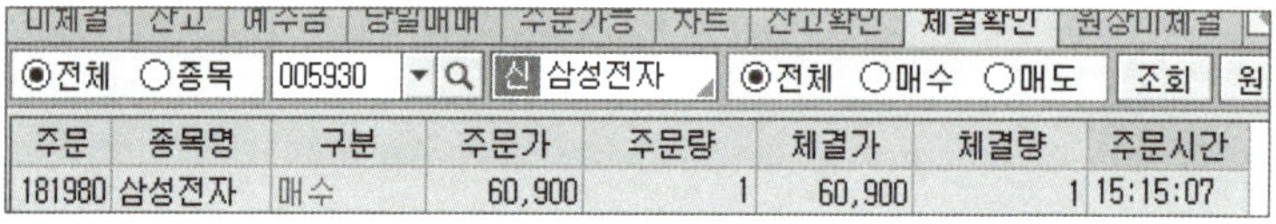

그림 7-26 주식 매수가 진행된 모습

그림 7-27과 같이 손익도 실시간으로 잘 보여주는 것을 확인할 수 있습니다.

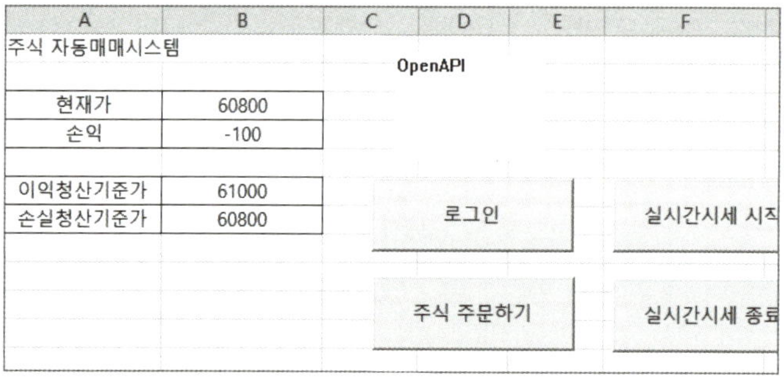

그림 7-27 손익 안내가 일어난 화면

시스템이 계속 현재가와 기준가를 모니터링하면서 현재가가 기준가를 상회하거나 하회하면 매수했던 삼성전자 주식을 익절 또는 손절하는 주문을 내게 됩니다. 잠시 기다렸더니 삼성전자의 가격이 손실청산기준가인 60800원을 하회하면서 그림 7-28과 같이 청산 주문을 넣었다는 메시지 박스가 나타납니다.

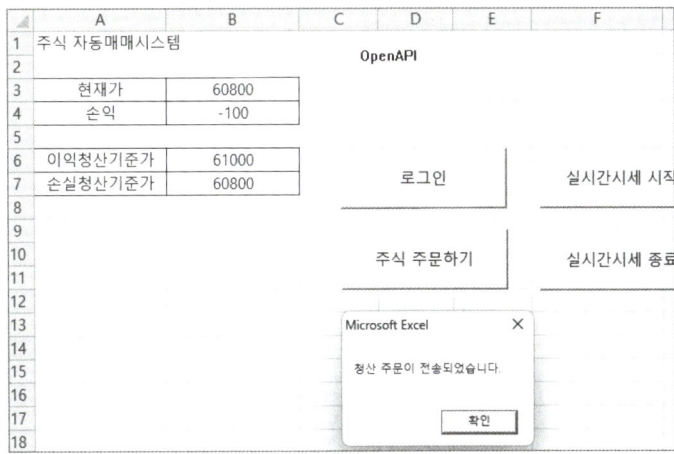

그림 7-28 **청산 주문 메시지 화면**

실제로 키움증권 HTS를 살펴보니 그림 7-29와 같이 청산이 이루어진 것을 확인할 수 있습니다.

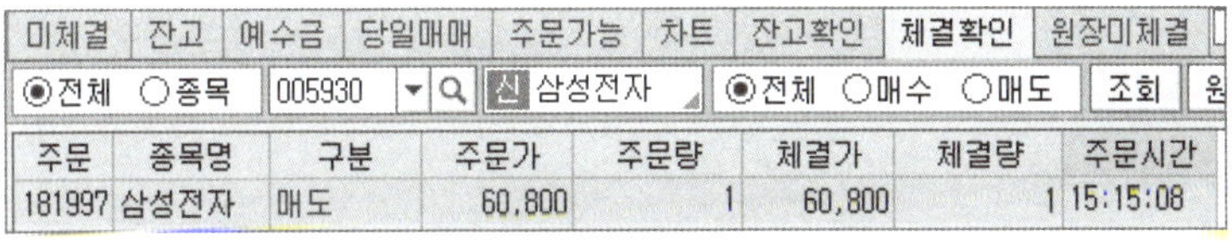

그림 7-29 **청산 주문이 진행된 모습**

이렇게 실시간 시세를 받아서 현재가 주문을 내고 보유 포지션의 이익 또는 손실 청산가를 모니터링하여 자동으로 주문을 넣어주는 시스템을 챗GPT를 활용하여 구현해보았습니다. 생각보다 쉽게 구현할 수 있으며 잘 작동하는 것을 확인할 수 있습니다.

7.3 암호화폐 API 사용 주문 테스트

이 절에서는 업비트 API를 통한 실제 주문 테스트를 해보도록 하겠습니다. 4.3절에서 습득한 'Access key'와 'Secret key'가 향후 작성할 코드에 들어가는 내용이므로 반드시 복사해두라고 했었는데, 이제 이 키들을 포함하여 코드를 만들어보도록 하겠습니다.

발급받은 키는 다음과 같다고 가정하겠습니다.

    Access key: L6wHxzGS45SRmLG1dgDdo6NtUwzOCY9Ph8q50VHy

    Secret key: ZdpvjyNwFF0FR8px9yPqeweRPSpuWLC57nZ7auxZ

앞에서 설명했던 `VBA-JSON - Specs.xlsm` 엑셀 파일을 새로 받고 [Sheet1]을 추가한 다음 [CommandButton1]을 추가합니다.

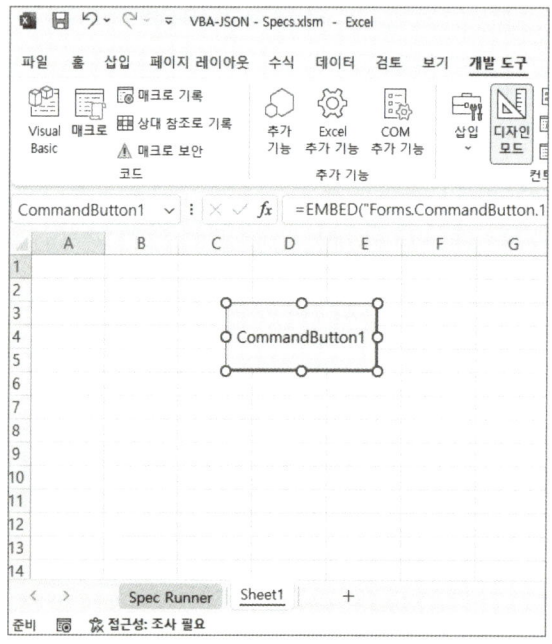

그림 7-30 **Sheet1에 버튼을 추가한 화면**

이제 [디자인 모드]를 선택한 상태에서 [CommandButton1]을 더블클릭하여 그림 7-31과 같이 코드 작성 준비를 합니다.

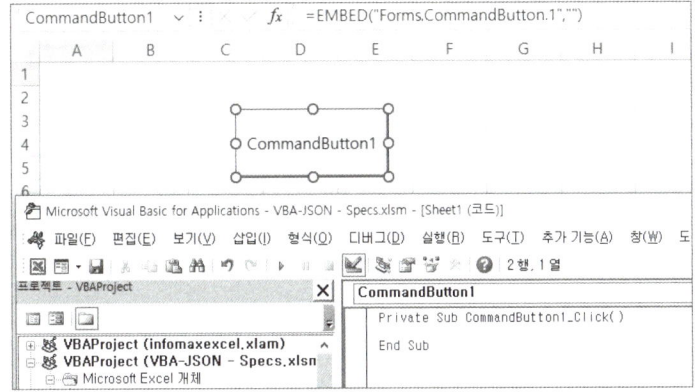

그림 7-31 버튼을 더블클릭하여 VBA 편집기 열기

그림 7-32와 같이 버튼의 이름을 [암호화폐 주문하기]로 수정하고 코드를 작성해보 겠습니다.

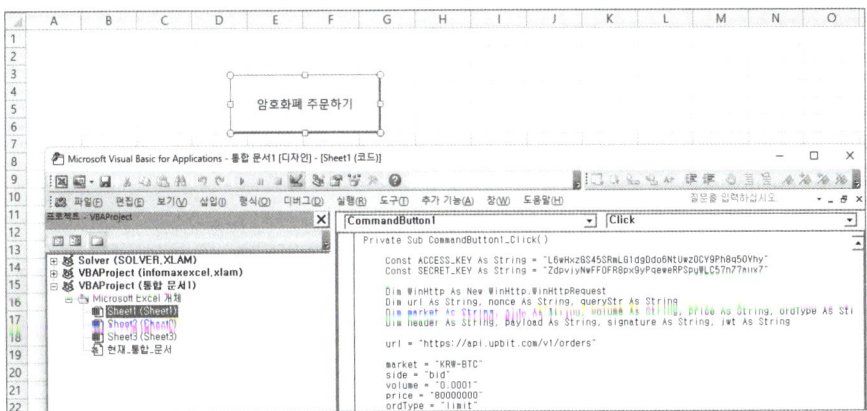

그림 7-32 '암호화폐 주문하기'로 캡션을 수정하고, 코드 작성하기

▼ 작성한 코드*

```vb
Private Sub CommandButton1_Click()

    Const ACCESS_KEY As String = "L6wHxzGS45SRmLG1dgDdo6NtUwzOCY9Ph8q50Vhy"
    Const SECRET_KEY As String = "ZdpvjyNwFF0FR8px9yPqeweRPSpuWLC57nZ7auxZ"

    Dim WinHttp As New WinHttp.WinHttpRequest
    Dim url As String, nonce As String, queryStr As String
    Dim market As String, side As String, volume As String, price As String, ordType As String ', identifier As String
    Dim header As String, payload As String, signature As String, jwt As String

    url = "https://api.upbit.com/v1/orders"

    market = "KRW-BTC"
    side = "bid"
    volume = "0.0001"
    price = "80000000"
    ordType = "limit"

    queryStr = "market=" & market & "&side=" & side & "&volume=" & volume & _
               "&price=" & price & "&ord_type=" & ordType

    nonce = DateDiff("s", "1/1/1970", Now) & Right(Timer() * 100, 3)
    header = Base64Encode(StrConv("{""alg"":""HS256"",""typ"":""JWT""}", vbFromUnicode))
    payload = "{""access_key"":""" & ACCESS_KEY & """,""nonce"":""" & nonce & """,""query"":""" & queryStr & """}"
    payload = Base64Encode(StrConv(payload, vbFromUnicode))
    signature = Base64Encode(SHA256Encrypt(header & "." & payload, SECRET_KEY))
    jwt = header & "." & payload & "." & signature

    With WinHttp
        .Open "POST", url
        .SetRequestHeader "Authorization", "Bearer " & jwt
        .SetRequestHeader "content-type", "application/json"
        .Send ("{""" & Replace(Replace(queryStr, "=", """:"""), "&", """,""") & """}")
```

---

* 전체 코드는 카페에서 복사할 수 있습니다.
https://cafe.naver.com/aiprograming/1306

```
        .WaitForResponse
        Debug.Print .ResponseText
    End With
    
    Set WinHttp = Nothing

End Sub

Function SHA256Encrypt(text As String, Optional secretKey As String = 
vbNullString) As Byte()

    Dim asc As Object, enc As Object
    Dim bText() As Byte, bKey() As Byte, bytes() As Byte
    
    Set asc = CreateObject("System.Text.UTF8Encoding")
    
    If secretKey <> vbNullString Then
        Set enc = CreateObject("System.Security.Cryptography.HMACSHA256")
        bText = asc.Getbytes_4(text)
        bKey = asc.Getbytes_4(secretKey)
        enc.Key = bKey
        bytes = enc.ComputeHash_2(bText)
    Else
        Set enc = CreateObject("System.Security.Cryptography.SHA256Managed")
        bText = asc.Getbytes_4(text)
        bytes = enc.ComputeHash_2((bText))
    End If
    
    SHA256Encrypt = bytes
    
    Set asc = Nothing
    Set enc = Nothing

End Function

Function Base64Encode(ByRef arrData() As Byte) As String

    Dim objXML As MSXML2.DOMDocument
    Dim objNode As MSXML2.IXMLDOMElement
    
    Set objXML = New MSXML2.DOMDocument
```

```
        Set objNode = objXML.createElement("b64")

        objNode.DataType = "bin.base64"
        objNode.nodeTypedValue = arrData
        Base64Encode = Replace(objNode.text, Chr(10), vbNullString)

        Set objNode = Nothing
        Set objXML = Nothing

End Function
```

이 파일을 실행하면 WinHttpRequest와 XML 부분에서 오류가 날 수 있는데 이때는 그림 7-33과 같이 VBA 편집기의 [도구]→[참조]에서 다음과 같은 2개의 엑셀 모듈(Microsoft WinHTTP 및 Microsoft XML)을 추가해줘야 합니다.

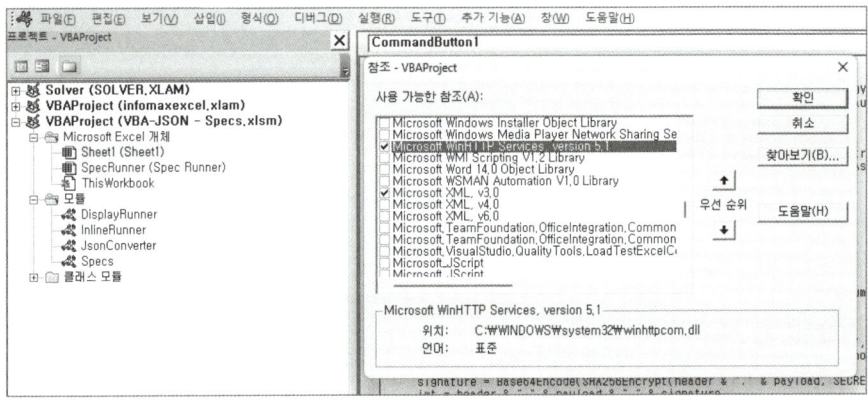

그림 7-33 엑셀 모듈 추가하기

이 코드는 앞으로 자동매매 시스템 프로젝트에서 챗GPT를 활용할 때 유용하게 쓰일 것입니다. 복잡해 보이지만 CommandButton1 프로시저 안에는 비트코인을 8000만 원에 0.0001개 매수 주문하는 내용이 들어가 있습니다. 나머지 2개의 함수인 SHA256Encrypt, Base64Encode에서는 주문을 전송하기 위한 암호와 관련된 코드가 있는데, 자세하게 이해할 필요는 없고 있는 그대로 활용만 하면 됩니다.

이 파일은 그림 7-34와 같이 **업비트API_주문시스템.xlsm**으로 저장하였습니다.

그림 7-34 엑셀 파일 저장하기

이제 이 코드를 작성 및 저장하고 [암호화폐 주문하기] 버튼을 눌러 실행해보겠습니다. 그림 7-35와 같이 비트코인이 8000만 원에 0.0001개 매수 주문에 들어간 것을 확인할 수 있습니다.

그림 7-35 비트코인 매수 주문이 실행된 화면

지금까지 업비트 API를 활용하여 비트코인을 주문하는 예제를 실습해보았습니다. 이제 본격적으로 챗GPT를 활용하여 암호화폐 자동매매 시스템을 구현해보도록 하겠습니다.

 **암호화폐 자동매매 시스템 개발하기**

앞서 알아본 주식과 비슷한 방식으로 암호화폐 자동매매 시스템을 챗GPT로 구현하는 방법을 알아보겠습니다. 암호화폐 자동매매라는 용어에 걸맞게 주어진 조건을 모니터링하여 자동으로 주문을 내주는 시스템을 구현해볼 것입니다.

시스템 구현 목표 정하기

정해진 조건에 암호화폐를 매수하고 이익이나 손해가 지정된 금액 이상일 때 포지션을 자동으로 청산하는 자동매매 시스템을 만들어보겠습니다.

1 암호화폐 자동매매 시스템 요건

1. 비트코인 현재가를 보여주는 부분, 주문실행 버튼, 진입 포지션의 손익을 보여주는 부분, 이익청산기준가 및 손실청산기준가를 입력하는 부분을 포함하고 있는 엑셀 UI를 만든다.
2. 비트코인 현재가가 1초마다 화면에 업데이트되도록 구성한다.
3. 주문 버튼을 누르면 1만 원 가치에 해당하는 비트코인을 현재가로 지정가 매수 주문을 넣는다.
4. 주문이 이루어지면 진입 포지션의 손익을 나타내는 부분을 1초마다 업데이트하여 보여준다.
5. 비트코인의 가격이 이익청산기준가 이상이거나 손실청산기준가 이하이면 지정가 매도 주문을 내도록 한다.

시스템의 개발 과정은 앞에서와 마찬가지로 다음과 같은 절차로 진행해보겠습니다.

1. 시스템의 목적에 맞는 엑셀 UI 만들기
2. UI 연결을 포함한 챗GPT 질문 구성하기

3. 챗GPT를 통해서 만든 코드 적용하기
4. 만들어진 코드 실행해보기

엑셀 UI 만들기

이전에 작성한 **업비트API_주문시스템.xlsm** 파일을 이용하여 진행하도록 하겠습니다. 이 파일을 실행하면 그림 7-36과 같이 단순히 [암호화폐 주문하기] 버튼만 있습니다.

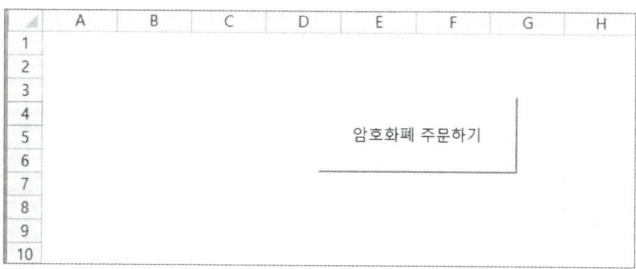

그림 7-36 업비트API_주문시스템.xlsm 파일 실행 화면

이제 이 파일에서 암호화폐 자동매매 시스템 요건에 맞도록 엑셀 파일을 수정해보겠습니다.

주식에서와 마찬가지로 현재가를 보여주는 부분과 손익을 보여주는 부분, 이익청산기준가를 보여주는 부분, 손실청산기준가를 보여주는 부분을 만들어봅시다. A1셀에 시스템의 이름인 '암호화폐 자동매매시스템'을 입력하고 A3셀에 '현재가', A4셀에 '손익', A6셀에 '이익청산기준가', A7셀에 '손실청산기준가'라고 제목을 입력합니다. 그러면 B3셀은 현재가의 출력 셀이, B4셀은 손익값의 출력 셀이 됩니다. 그리고 B6셀은 이익청산기준가의 입력값을 받는 셀이, B7셀은 손실청산기준가의 입력값을 받는 셀이 됩니다. 엑셀의 기본 기능을 이용하여 각 기능을 구분할 수 있도록 테두리를 그려주고 시트의 글들을 가운데 정렬을 해주면 깔끔한 엑셀 UI가 생성됩니다.

이어서 [CommandButton2] 버튼을 추가하고 [실시간 시작] 버튼을 추가해줍니다. 버튼은 앞에서 설명했듯이 [디자인 모드]를 클릭한 상태에서 버튼을 클릭하면 버튼의 제목 변경은 물론, 원하는 위치로 옮길 수도 있습니다. 그리고 작성된 함수를 모듈로 구성하기 위해서 그림 7-37과 같이 모듈을 추가하면 Module1이 추가됩니다.

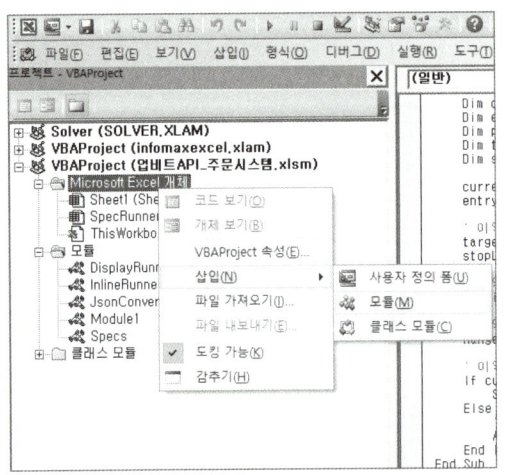

그림 7-37 **모듈(Module1) 추가하기**

그림 7-38은 완성된 엑셀 파일입니다.

이제 이 엑셀 파일의 UI를 포함한 챗GPT 질문을 만들어보겠습니다.

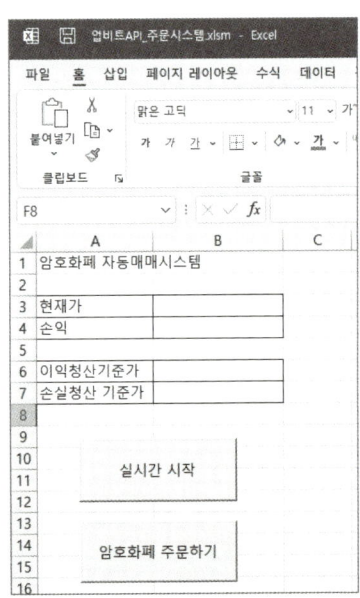

그림 7-38 **완성된 암호화폐 자동매매 시스템**

UI 연결을 포함한 챗GPT 질문 구성하기

주식에서와 마찬가지로 엑셀의 UI를 포함하여 우리가 원하는 시스템을 구현하기 위해 챗GPT에 적용할 구체적인 질문을 만들어보겠습니다. UI와 연결하는 것을 포함한 모든 내용은 챗GPT가 담당하고 우리는 실행해서 확인만 할 수 있도록 시스템 요청 질문을 구성해보겠습니다.

아래의 예제 코드는 비트코인을 8000만 원에 0.0001개 매수하는 엑셀 VBA 코드입니다. 업비트 API와 이 코드를 응용하여 다음 요건에 해당하는 시스템의 엑셀 VBA 코드를 만들어주세요.

암호화폐 자동매매 시스템 요건

1. 업비트API_주문시스템.xlsm 파일을 생성해놓았다.
2. 이 엑셀 파일은 현재가 출력 부분(B3셀), 손익 출력 부분(B4셀), 이익청산기준가 입력 부분(B6셀), 손실청산기준가 입력 부분(B7셀), 그리고 암호화폐 주문하기 버튼(CommandButton1), 실시간 시작 버튼(CommandButton2)으로 구성되어 있다.
3. CommandButton1, CommandButton2 프로시저만 엑셀 워크시트 개체 코드를 작성하는 곳에 두고, 다른 함수는 추가한 모듈인 Module1 내부에 작성한다.
4. 실시간 시작 버튼을 실행하면 B3셀, B4셀, B6셀, B7셀의 값을 공란으로 초기화하고 비트코인의 현재가를 1초마다 업데이트하여 현재가 출력 부분(B3셀)에 나타낸다. 이때 엑셀이 실시간 업데이트를 할 때 엑셀이 멈추는 일이 발생하지 않도록 루프 문을 쓰지 않는다. 실행되면 실행되었다는 메시지 박스를 보여준다.
5. 암호화폐 주문하기 버튼(CommandButton1)을 누르면 0.0001개의 비트코인을 매수하는 주문을 넣되 현재가를 지정가로 하여 주문한다. 주문이 되면 수분이 이루어졌다는 메시지 박스를 보여준다.
6. 주문이 이루어지면 진입 포지션의 손익을 보여주는 부분은 1초마다 업데이트하여 손익 출력 부분(B4셀)에 나타낸다.
7. 비트코인의 현재 가격이 이익청산기준가 입력 부분(B6셀)에서 받은 값 이상이거나 손실청산기준가 입력 부분(B7셀)에서 받은 값 이하이면 지정가 매도 주문을 내도록 한다. 청산 주문이 되면 청산이 이루어졌다는 메시지 박스를 보여준다.

예제 코드

```
Private Sub CommandButton1_Click()

    Const ACCESS_KEY As String = "L6wHxzGS45SRmLG1dgDdo6NtUwz
OCY9Ph8q50Vhy"
    Const SECRET_KEY As String = "ZdpvjyNwFF0FR8px9yPqeweRPSpu
WLC57nZ7auxZ"

    Dim WinHttp As New WinHttp.WinHttpRequest
    Dim url As String, nonce As String, queryStr As String
    Dim market As String, side As String, volume As String,
price As String, ordType As String ', identifier As String
    Dim header As String, payload As String, signature As
String, jwt As String

    url = "https://api.upbit.com/v1/orders"

    market = "KRW-BTC"
    side = "bid"
    volume = "0.0001"
    price = "80000000"
    ordType = "limit"

    queryStr = "market=" & market & "&side=" & side &
"&volume=" & volume & _
                "&price=" & price & "&ord_type=" & ordType

    nonce = DateDiff("s", "1/1/1970", Now) & Right(Timer() *
100, 3)
    header = Base64Encode(StrConv("{""alg"":""HS256"",""typ"":""
JWT""}", vbFromUnicode))
    payload = "{""access_key"":""" & ACCESS_KEY &
""",""nonce"":""" & nonce & """,""query"":""" & queryStr & """}"
    payload = Base64Encode(StrConv(payload, vbFromUnicode))
    signature = Base64Encode(SHA256Encrypt(header & "." &
payload, SECRET_KEY))
    jwt = header & "." & payload & "." & signature

    With WinHttp
        .Open "POST", url
        .SetRequestHeader "Authorization", "Bearer " & jwt
```

```
            .SetRequestHeader "content-type", "application/json"
            .Send ("{""" & Replace(Replace(queryStr, "=", """:"""), "&", ""","""") & """}")
            .WaitForResponse
            Debug.Print .ResponseText
        End With
        
        Set WinHttp = Nothing
    
End Sub

Function SHA256Encrypt(text As String, Optional secretKey As String = vbNullString) As Byte()

    Dim asc As Object, enc As Object
    Dim bText() As Byte, bKey() As Byte, bytes() As Byte
    
    Set asc = CreateObject("System.Text.UTF8Encoding")
    
    If secretKey <> vbNullString Then
        Set enc = CreateObject("System.Security.Cryptography.HMACSHA256")
        bText = asc.Getbytes_4(text)
        bKey = asc.Getbytes_4(secretKey)
        enc.Key = bKey
        bytes = enc.ComputeHash_2(bText)
    Else
        Set enc = CreateObject("System.Security.Cryptography.SHA256Managed")
        bText = asc.Getbytes_4(text)
        bytes = enc.ComputeHash_2((bText))
    End If
    
    SHA256Encrypt = bytes
    
    Set asc = Nothing
    Set enc = Nothing
    
End Function

Function Base64Encode(ByRef arrData() As Byte) As String
```

```
    Dim objXML As MSXML2.DOMDocument
    Dim objNode As MSXML2.IXMLDOMElement

    Set objXML = New MSXML2.DOMDocument
    Set objNode = objXML.createElement("b64")

    objNode.DataType = "bin.base64"
    objNode.nodeTypedValue = arrData
    Base64Encode = Replace(objNode.text, Chr(10), vbNullString)

    Set objNode = Nothing
    Set objXML = Nothing

End Function
```

이제 이 질문에 챗GPT가 어떻게 답변하는지 살펴보도록 하겠습니다.

챗GPT를 통해서 만든 코드 적용하기

챗GPT가 다음과 같이 답변을 하였습니다.

GPT-4

> 요청하신 시스템을 구현하기 위해 CommandButton1과 CommandButton2 프로시저는 엑셀의 워크시트 개체 코드에 작성하고, 나머지 관련 함수들은 Module1에 작성합니다. 각 코드 부분을 설명과 함께 제공합니다.
>
> **1. 엑셀 워크시트 개체 코드(CommandButton1 및 CommandButton2)**
>
> ```
> Private Sub CommandButton1_Click()
>     ' 암호화폐 주문하기 버튼
>     Dim currentPrice As Double
>     currentPrice = Range("B3").Value
>
>     If currentPrice = 0 Then
>         MsgBox "현재가를 불러오지 못했습니다. 다시 시도하세요."
>         Exit Sub
> ```

```vba
    End If
    
    ' 현재가로 0.0001개의 비트코인 매수
    Call PlaceBuyOrder(currentPrice)
    
    ' 손익 업데이트 시작
    Application.OnTime Now + TimeValue("00:00:01"), "UpdateProfitLoss"
End Sub

Private Sub CommandButton2_Click()
    ' 실시간 시작 버튼
    Range("B3:B7").ClearContents
    MsgBox "실시간 가격 조회가 시작되었습니다."
    
    Application.OnTime Now + TimeValue("00:00:01"), "UpdatePrice"
End Sub
```

2. Module1에 작성될 함수들

모든 API 호출 및 실시간 업데이트, 손익 계산을 포함한 주요 로직은 Module1에 작성됩니다.

```vba
' 모듈(Module1)에 작성될 코드

' 전역변수 선언
Dim entryPrice As Double
Dim hasPosition As Boolean

Const ACCESS_KEY As String = "L6wHxzGS45SRmLG1dgDdo6NtUwzOCY9Ph8q50Vhy"
Const SECRET_KEY As String = "ZdpvjyNwFF0FR8px9yPqeweRPSpuWLC57nZ7auxZ"

Sub UpdatePrice()
    Dim WinHttp As New WinHttp.WinHttpRequest
    Dim url As String
    url = "https://api.upbit.com/v1/ticker?markets=KRW-BTC"
    
    With WinHttp
        .Open "GET", url
```

```vb
            .Send
            .WaitForResponse
            Dim response As String
            response = .ResponseText
            
            ' JSON 파싱
            Dim json As Object
            Set json = JsonConverter.ParseJson(response)
            
            ' 현재가를 B3셀에 업데이트
            Range("B3").Value = json(1)("trade_price")
        End With
        
        ' 1초마다 갱신
        Application.OnTime Now + TimeValue("00:00:01"), "UpdatePrice"
End Sub

Sub PlaceBuyOrder(currentPrice As Double)
    If hasPosition = False Then
        ' 매수 주문을 넣기 전에 진입 가격을 설정
        entryPrice = currentPrice
        hasPosition = True
    End If
    
    ' 이하의 매수 주문 코드는 기존과 동일
    Dim market As String, side As String, volume As String, ordType As String
    Dim WinHttp As New WinHttp.WinHttpRequest
    Dim url As String, nonce As String, queryStr As String, header As String, payload As String, signature As String, jwt As String
    
    url = "https://api.upbit.com/v1/orders"
    market = "KRW-BTC"
    side = "bid"
    volume = "0.0001"
    ordType = "limit"
    queryStr = "market=" & market & "&side=" & side & "&volume=" & volume & "&price=" & currentPrice & "&ord_type=" & ordType
    
    nonce = DateDiff("s", "1/1/1970", Now) & Right(Timer() * 100, 3)
```

```
        header = Base64Encode(StrConv("{""alg"":""HS256"",""typ"":
""JWT""}", vbFromUnicode))
        payload = "{""access_key"":""" & ACCESS_KEY & """,""nonce"":
""" & nonce & """,""query"":""" & queryStr & """}"
        payload = Base64Encode(StrConv(payload, vbFromUnicode))
        signature = Base64Encode(SHA256Encrypt(header & "." &
payload, SECRET_KEY))
        jwt = header & "." & payload & "." & signature
        
        With WinHttp
            .Open "POST", url
            .SetRequestHeader "Authorization", "Bearer " & jwt
            .SetRequestHeader "content-type", "application/json"
            .Send ("{""" & Replace(Replace(queryStr, "=", """:"""),
"&", """,""") & """}")
            .WaitForResponse
            Debug.Print .ResponseText
        End With
        
        MsgBox "비트코인 매수 주문이 완료되었습니다."
End Sub

Sub UpdateProfitLoss()
    Dim currentPrice As Double
    Dim profitLoss As Double
    Dim exitPriceHigh As Double
    Dim exitPriceLow As Double
    
    ' 현재가를 다시 불러옵니다.
    currentPrice = Range("B3").Value
    
    ' 청산 기준가를 불러옵니다.
    exitPriceHigh = Range("B6").Value
    exitPriceLow = Range("B7").Value
    
    ' 손익 계산 (현재가 - 진입가) * 매수한 수량
    profitLoss = (currentPrice - entryPrice) * 0.0001
    
    ' 계산된 손익을 B4 셀에 업데이트합니다.
    Range("B4").Value = profitLoss
```

```vb
    ' 청산 조건 확인
    If currentPrice >= exitPriceHigh And exitPriceHigh > 0 Then
        Call PlaceSellOrder(currentPrice)
    ElseIf currentPrice <= exitPriceLow And exitPriceLow > 0 Then
        Call PlaceSellOrder(currentPrice)
    Else
        ' 1초마다 갱신
        Application.OnTime Now + TimeValue("00:00:01"), "UpdateProfitLoss"
    End If
End Sub

Sub PlaceSellOrder(price As Double)
    Dim WinHttp As New WinHttp.WinHttpRequest
    Dim url As String, nonce As String, queryStr As String, header As String, payload As String, signature As String, jwt As String
    
    url = "https://api.upbit.com/v1/orders"
    Dim market As String, side As String, volume As String, ordType As String
    market = "KRW-BTC"
    side = "ask"
    volume = "0.0001"
    ordType = "limit"
    queryStr = "market=" & market & "&side=" & side & "&volume=" & volume & "&price=" & price & "&ord_type=" & ordType
    
    nonce = DateDiff("s", "1/1/1970", Now) & Right(Timer() * 100, 3)
    header = Base64Encode(StrConv("{""alg"":""HS256"",""typ"":""JWT""}", vbFromUnicode))
    payload = "{""access_key"":""" & ACCESS_KEY & """,""nonce"":""" & nonce & """,""query"":""" & queryStr & """}"
    payload = Base64Encode(StrConv(payload, vbFromUnicode))
    signature = Base64Encode(SHA256Encrypt(header & "." & payload, SECRET_KEY))
    jwt = header & "." & payload & "." & signature
    
    With WinHttp
        .Open "POST", url
        .SetRequestHeader "Authorization", "Bearer " & jwt
```

```
        .SetRequestHeader "content-type", "application/json"
        .Send ("{""" & Replace(Replace(queryStr, "=", """:"""),
"&", """,""") & """}")
        .WaitForResponse
        Debug.Print .ResponseText
    End With
    
    MsgBox "청산 주문이 완료되었습니다."
    
    ' 포지션 초기화
    entryPrice = 0
    hasPosition = False
End Sub

Function SHA256Encrypt(text As String, Optional secretKey As
String = vbNullString) As Byte()
    Dim asc As Object, enc As Object
    Dim bText() As Byte, bKey() As Byte, bytes() As Byte
    
    Set asc = CreateObject("System.Text.UTF8Encoding")
    
    If secretKey <> vbNullString Then
        Set enc = CreateObject("System.Security.Cryptography.
HMACSHA256")
        bText = asc.Getbytes_4(text)
        bKey = asc.Getbytes_4(secretKey)
        enc.Key = bKey
        bytes = enc.ComputeHash_2(bText)
    Else
        Set enc = CreateObject("System.Security.Cryptography.
SHA256Managed")
        bText = asc.Getbytes_4(text)
        bytes = enc.ComputeHash_2(bText)
    End If
    
    SHA256Encrypt = bytes
    
    Set asc = Nothing
    Set enc = Nothing
End Function
```

```vba
Function Base64Encode(ByRef arrData() As Byte) As String
    Dim objXML As MSXML2.DOMDocument
    Dim objNode As MSXML2.IXMLDOMElement
    
    Set objXML = New MSXML2.DOMDocument
    Set objNode = objXML.createElement("b64")
    
    objNode.DataType = "bin.base64"
    objNode.nodeTypedValue = arrData
    Base64Encode = Replace(objNode.text, Chr(10), vbNullString)
    
    Set objNode = Nothing
    Set objXML = Nothing
End Function
```

이제 이 코드를 어떻게 적용해야 할지 살펴보겠습니다. 엑셀 워크시트 개체 코드에서 [Sheet1] 부분을 더블클릭하면 코드를 넣을 수 있는 곳이 나오는데 여기에 그림 7-39와 같이 [CommandButton1] 및 [CommandButton2]의 코드를 넣습니다.

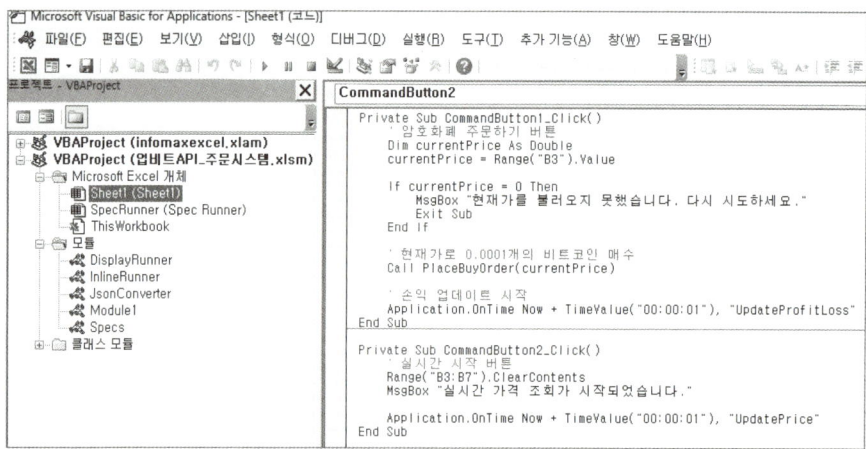

그림 7-39 개체의 시트(Sheet1)에 코드 입력하기

그리고 그림 7-40과 같이 [Module1] 부분을 더블클릭하면 코드를 넣을 수 있는 곳이 나오는데 이곳에다가 모듈에 들어가야 할 코드를 넣으면 됩니다.

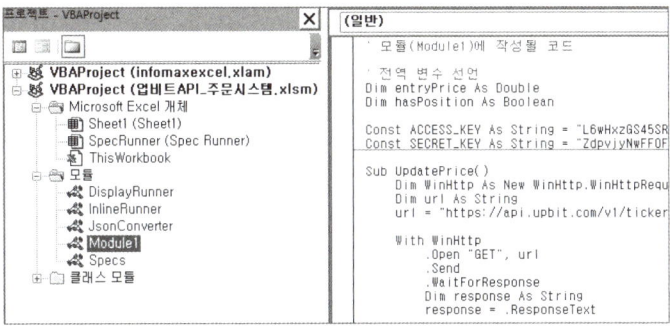

그림 7-40 모듈(Module1)에 코드 입력하기

이 코드를 적용한 후에 실제로 잘 실행되는지 살펴보겠습니다.

만들어진 코드 실행해보기

최종 완성된 암호화폐 자동매매 시스템의 [실시간 시작]을 실행시켜보면 그림 7-41과 같이 '실시간 가격 조회가 시작되었습니다.'라는 메시지 박스가 뜨고 현재가의 업데이트가 이루어지기 시작합니다.

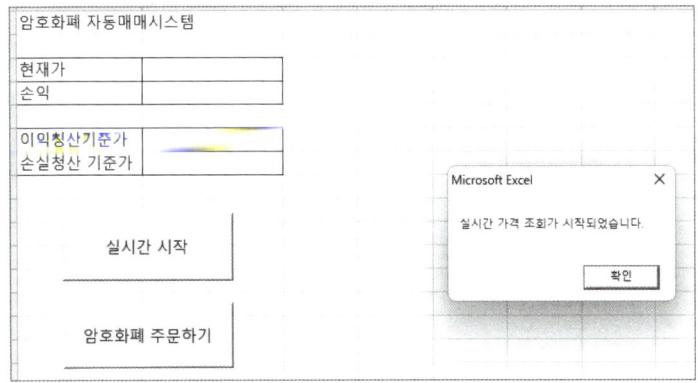

그림 7-41 '실시간 시작' 버튼 실행 화면

7.4 암호화폐 자동매매 시스템 개발하기

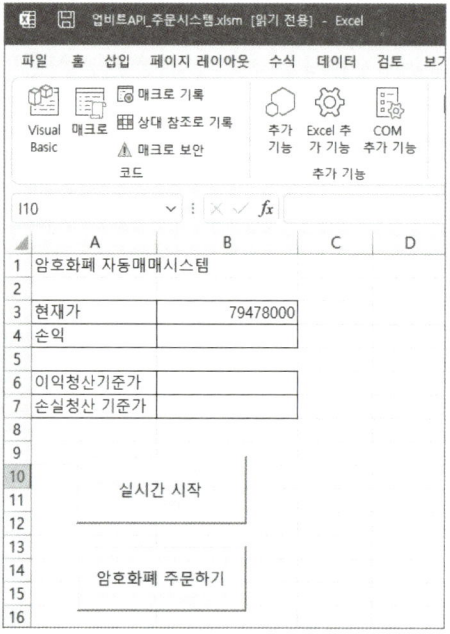

그림 7-42 현재가가 입력된 모습

이제 여기서 [암호화폐 주문하기]를 실행시켜보겠습니다.

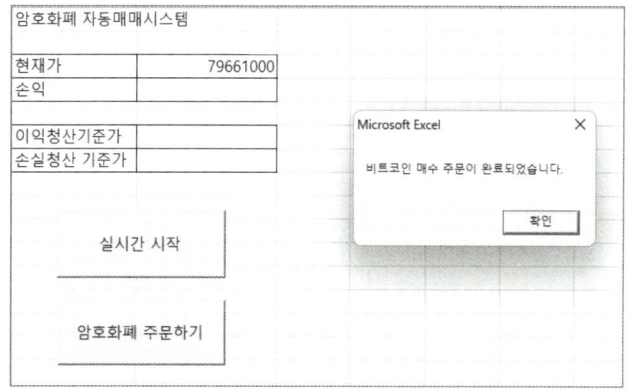

그림 7-43 '암호화폐 주문하기' 버튼 실행 화면

그러면 그림 7-44와 같이 주문하기 당시의 현재가인 79,661,000원에 0.0001개 비트코인이 매수가 된 것을 볼 수 있습니다.

주문시간	마켓명 구분	체결가격 체결금액	체결수량
2024.09.01 16:54	BTC/KRW 매수	79,661,000 7,967	0.00010000

그림 7-44 **실제 매수가 진행된 모습**

그림 7-45와 같이 이익청산기준가를 79,700,000원으로 손실청산기준가를 79,500,000원으로 설정하고 모니터링해보겠습니다. 손익도 실시간으로 잘 출력되는 것을 확인할 수 있습니다.

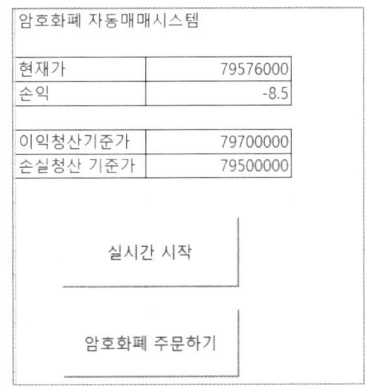

그림 7-45 **자동매매 실행 및 손익 출력이 작동하는 모습**

시스템이 계속 현재가와 기준가를 모니터링하면서 현재가가 기준가를 상회하거나 하회하면 매수했던 비트코인을 익절 또는 손절하는 주문을 내게 됩니다. 잠시 후 비트코인의 가격이 이익청산기준가인 79,700,000원을 상회하면서 그림 7-46과 같이 청산 주문이 이루어졌다는 메시지 박스가 뜬 것을 확인할 수 있습니다.

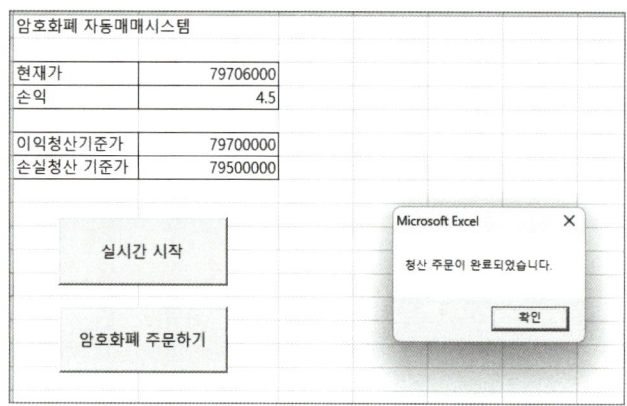

그림 7-46 자동 주문이 발생한 모습

실제로 업비트에 가서 살펴보면 그림 7-47과 같이 잘 청산이 된 것을 알 수 있습니다.

주문시간	마켓명	체결가격	체결수량
	구분	체결금액	
2024.09.01 17:02	BTC/KRW 매도	79,706,000 7,970	0.00010000
2024.09.01 16:54	BTC/KRW 매수	79,661,000 7,967	0.00010000

그림 7-47 실제 주문이 실현된 모습

챗GPT를 활용하여 간단한 암호화폐 자동매매 시스템을 구현하는 과정을 살펴보았습니다. 구현하기도 쉽고 잘 작동하는 것을 확인할 수 있습니다.

맺음말

- 8.1 이 책을 통해서 얻은 것
- 8.2 챗GPT와 엑셀 VBA를 활용한 금융 프로그래밍

8.1 이 책을 통해서 얻은 것

엑셀 VBA와 챗GPT를 활용한 코딩을 잘 따라오셨나요? 엑셀 VBA에 익숙하지 않은 독자들에게는 챗GPT를 이용해 쉽고 간편하게 따라 할 수 있는 방법을 소개하고, 이미 익숙한 분들께는 챗GPT의 뛰어난 기술력과 그 응용 가능성에 대해 방향을 제시하고자 했습니다.

엑셀 VBA라는 이름만 들어봤을 뿐 다루는 법을 전혀 모르던 분들께도 이 책이 챗GPT를 통한 첫걸음을 내딛는 데 도움이 되길 바라는 마음으로 엑셀 VBA의 기본 개념부터 하나하나 풀어나갔습니다. 코딩에 대한 막연한 두려움에 사로잡혀 엄두를 내지 못했던 분들도 쉽게 접근할 수 있도록, 챗GPT를 활용한 엑셀 VBA 코딩 방법을 최대한 쉽게 설명하기 위해 노력했습니다. 이러한 노력이 여러분께 잘 전달되었기를 바랍니다.

엑셀 VBA와 챗GPT에서 가장 중요한 것은 바로 '어떻게 질문할 것인가'라는 점입니다. 모호한 질문은 불명확한 답변을 낳고, 질문의 방향에 따라 코드 역시 달라질 수 있습니다. 하지만 질문자의 창의력과 배경 지식이 풍부할수록 챗GPT가 제공하는 결과물은 더욱 빛을 발합니다. 이는 코딩 지식의 유무와 상관없이 창의력이라는 더 큰 그림에 집중할 수 있게 도와주는 유용한 도구로 챗GPT를 활용할 수 있다는 점에서 큰 의미가 있습니다.

앞으로 챗GPT가 더욱 발전하면서 기대 이상의 품질과 속도로 엑셀 VBA 코드의 결과물을 생성할 수 있을 것이라고 생각합니다. 물론, 그 품질이 더 나아질지언정 이 책에서 다룬 기본적인 흐름에서 크게 벗어나지는 않을 것입니다. 이 책에서 다룬 엑셀 VBA와 챗GPT 코딩 연습을 통해 자신만의 스타일을 찾아가며 적용해본다면, 앞으로 챗GPT가 업그레이드될 때마다 더욱 정교한 결과물을 얻을 수 있을 것입니다.

8.2 챗GPT와 엑셀 VBA를 활용한 금융 프로그래밍

금융과 엑셀 VBA, 그리고 AI 기술인 챗GPT를 별개로 느꼈던 독자도 이 책을 통해 이 세 가지의 결합이 얼마나 큰 시너지를 발휘하는지 경험하셨을 겁니다. 금융 분야에서 방대한 정보를 일일이 확인하고 신속하게 원하는 정보를 찾는 일은 매우 어렵고 시간을 많이 잡아먹습니다. 이런 환경에서 엑셀 VBA와 챗GPT를 활용한 프로그래밍은 데이터 수집과 분석 능력을 혁신적으로 향상시키는 촉매 역할을 해줄 것입니다.

엑셀 VBA와 챗GPT를 활용해 금융 데이터를 수집하고 분석하는 능력을 최대한 활용한다면, 시장 정보를 체계적으로 분석하고 자신의 전략을 결합해 트레이딩하는 데 있어 더 높은 안정성과 수익률을 기대할 수 있습니다. 이는 단순한 직감이나 뉴스에 의존하는 거래 방식에 비해 월등한 결과를 가져올 것입니다.

이 책에서 제시한 엑셀 VBA와 챗GPT 코딩 플로$_{flow}$를 적극 활용해보기를 바랍니다. 특별한 비용 없이도 자신만의 금융 프로그램을 하나씩 만들어가며 실제 트레이딩에도 적용해볼 것을 권합니다.

진솔한 시평을 올려주세요!

이 책 또는 이미 읽은 제이펍의 책이 있다면, 장단점을 잘 보여주는 솔직한 서평을 올려주세요.
매월 최대 5건의 우수 서평을 선별하여 원하는 제이펍 도서를 1권씩 드립니다!

- **서평 이벤트 참여 방법**
  1. 제이펍 책을 읽고 자신의 블로그나 SNS, 각 인터넷 서점 리뷰란에 서평을 올린다.
  2. 서평이 작성된 URL과 함께 review@jpub.kr로 메일을 보내 응모한다.

- **서평 당선자 발표**
  매월 첫째 주 제이펍 홈페이지(www.jpub.kr)에 공지하고, 해당 당선자에게는 메일로 연락을 드립니다.
  단, 서평단에 선정되어 작성한 서평은 응모 대상에서 제외합니다.

독자 여러분의 응원과 채찍질을 받아 더 나은 책을 만들 수 있도록 도와주시기를 바랍니다.

찾아보기

A

API (application programming interface)　79, 87, 88, 101, 105

B

back office　202
backtest　230
Bollinger band　147, 148, 194

C

ChatGPT　3, 4, 9, 10, 54
Claude　9, 63
Copilot　9, 60
correlation　121, 122

D

dead cross　149
divergence　186

F

front office　200
function　46

G

Gemini　9, 57
global variable　38
golden cross　149

L

local variable　38

M

MACD (moving average convergence divergence)　148, 166
middle office　201
module　38
momentum indicator　147
moving average　147, 148, 149

O

overbought　147, 185
oversold　147, 185

P

procedure　39

public key	105

R

RSI (relative strength index)	147, 148, 185

S

secret key	105
subroutine	46

T

Telegram	207
trend indicator	147

V

VB (Visual Basic)	29
volatility indicator	147
volume indicator	147
VWAP (volume weighted average price)	147

ㄱ

거래량 가중 평균 가격(VWAP)	147
거래량 지표	147
골든 크로스	149
공개 키	105
과매도	147, 185
과매수	147, 185

ㄷ

다이버전스	186
데드 크로스	149
데이터 타입	40

ㄹ

리스크 관리	24

ㅁ

모듈	38
모멘텀 지표	147
문자열	41
미들 오피스	201

ㅂ

반복문	44
배열	45
백 오피스	202
백테스트	230
변동성 지표	147
변수	37
변형형	42
볼린저 밴드	147, 148, 194
불형	42
비밀 키	105
비주얼 베이직(VB)	29

ㅅ

상관관계	121, 122
상대강도지수(RSI)	147, 148, 185
생성형 AI 질문법	52
서브루틴	46
손익 관리	24
시그널 선	166
실수형	41

ㅇ

엑셀	24
엑셀 VBA	5, 6, 29, 78, 115
이동평균선	147, 148, 149

ㅈ

전역변수	38
정수형	41
제미나이	9, 57
조건문	43
주석	47
지역변수	38

ㅊ

챗GPT	3, 4, 9, 10, 54
추세 지표	147

ㅋ

코파일럿	9, 60
클로드	9, 63

ㅌ

텔레그램	207
트레이딩 시스템	25

ㅍ

프런트 오피스	200
프로시저	39

ㅎ

함수	46